Walt Unsworth ist Chefredakteur der Zeitschrift »Climber«, einer führenden Bergsteiger- und Trekker-Zeitschrift in Großbritannien. Er ist Autor mehrerer Bücher und zahlreicher Artikel über das Thema Reisen, Wandern und Bergsteigen in der ganzen Welt.

Die Autoren, die er für dieses Wanderbuch gewonnen hat, sind alle versierte, bekannte Wanderer, Trekker und Bergsteiger, die sich durch verschiedenste Publikationen einen Namen gemacht haben.

15 ausgewählte Wanderwege
ISLAND
7
6
NORWEGEN
IRLAND
13
GROSSBRITANNIEN
12
BRD
11
9
1
2
ÖSTERREICH
FRANKREICH
SCHWEIZ
3
10
4
15
5
14
ITALIEN
SPANIEN
8
GRIECHENLAND

Walt Unsworth (Hrsg.)

Europa zu Fuß

15 ausgewählte Wanderwege

Frederking & Thaler

CIP-Titelaufnahme der Deutschen Bibliothek

Europa zu Fuss : 15 ausgewählte Wanderwege / Walt Unsworth (Hrsg.). Übers.: Christine Wolfrum. – München : Frederking u. Thaler, 1990
(Reisen, Menschen, Abenteuer)
Einheitssacht.: Classic walks in Europe <dt.>
ISBN 3-89405-055-1
NE: Unsworth, Walt [Hrsg.]; EST

REISEN · MENSCHEN · ABENTEUER

Originaltitel: Classic Walks in Europe/Classic Walks of the World
erschienen bei Oxford Illustrated Press, Oxford
Aus dem Englischen von Christine Wolfrum

Titelfoto: St. Magdalena im Villnößtal, Südtirol; Wiedergabe mit freundlicher Genehmigung des Tappeiner Verlags, Lana
Fotos: von den jeweiligen Autoren. Zusätzlich wurden Fotos zur Verfügung gestellt von: Bayer. Schlösserverwaltung (S. 20); Verkehrsamt Fünfseenland (S. 14); Verkehrsamt Pforzheim (S. 152/154); Tillmann Roeder (S. 203/212); Verkehrsamt Steingaden (S. 18); Kurverwaltung Titisee-Neustadt (S. 157)
Produktion: Tillmann Roeder
Gesamtherstellung: Presse-Druck Augsburg
ISBN: 3-89405-055-1

Inhalt

Einleitung

Ich hatte das Glück, im Lauf der Jahre die Welt auf alle erdenklichen Arten bereisen zu können, vom Helikopter bis zum Elefanten, vom Bus bis zum Fahrrad. Und dabei entdeckte ich, daß viel sehen und erleben keine Frage der Entfernung, sondern der Zeit ist. Der Autoreisende sieht weniger als der Radler, der Radler weniger als der Wanderer, der sich mit viel Zeit an der Hand darauf konzentrieren kann, die Landschaft mit allen Sinnen zu erleben. Und er erreicht zu Fuß Gegenden, die anders unerreichbar bleiben. Und dann macht das Wandern an sich Spaß. Sich wieder einmal seiner körperlichen Kraft bewußt, genießt man tüchtiges und gleichmäßiges Vorankommen.

Die Kondition spielt dabei gar keine so entscheidende Rolle. Natürlich braucht jemand, der 50 Wochen im Jahr herumsitzt, etwas Training, um eine richtige Bergtour zu schaffen, aber keine Wanderung in diesem Buch erfordert mehr, als an einem Tag eine Distanz von höchstens 30 km zurücklegen zu können, meistens bedeutend weniger – wenn auch manchmal kräftig bergauf und bergab.

Wichtig ist sorgfältige Planung. Dazu gehören Ausrüstung, Unterkunft, Verpflegung ebenso wie die Entscheidung, ob man alleine oder in der Gruppe wandern will. Die Auswahl der Gefährten kann ausschlaggebend für den Erfolg einer Tour sein, da auch die genaueste Organisation unliebsame Situationen nicht ausschließen kann. Da geht es nicht ohne Sympathie und kameradschaftliches Verhalten. Ich bin in Gruppen gewandert und alleine und habe beides genossen. Inzwischen ist mir am liebsten, mit einer gleichgesinnten Wanderbegleitung die Tour zu genießen.

An der Ausrüstung sollte man nicht sparen, jedoch auch nichts Überflüssiges mitschleppen. Für den König-Ludwig-Weg braucht man nun mal keinen Eispickel. Unbedingt notwendig sind: richtige Wanderschuhe, Rucksack, Regenzeug, aber alles von guter Qualität. Die Schuhe müssen vor allem leicht sein und vor der Tour schon etwas eingelaufen; Turnschuhe haben sich nicht bewährt. Gegen den Regen gibt es inzwischen Bekleidung, die luft-, aber nicht wasserdurchlässig ist. Wichtig ist hier die Verarbeitung der Nähte, großzügiger knielanger Schnitt und reichlich Taschen. Überhosen und Gamaschen schützen nicht nur vor Regen, sie verhindern auch, daß Schnee oder Steine in die Schuhe geraten. Die Größe des Rucksacks richtet sich nach Ihrem Vorhaben: Wollen Sie kampieren, so müssen Sie auch mehr mit sich tragen können. Medikamente und sonstige kleine oft gebrauchte Dinge sollten leicht erreichbar im Rucksack verstaut werden: Aspirin, Pflaster, Toilettenpapier, Trillerpfeife (Notsignal!), Taschenlampe, Schere, Bandagen. Da im Gebirge – speziell auf Gletschern – die UV-Strahlung wesentlich höher ist als im Flachland, empfiehlt es sich, extrem schützende Sonnencremes und eine Sonnenbrille mitzunehmen.

Nun zu den Wanderwegen. Da gibt es zum einen diejenigen, die der Autor in herrlicher Landschaft selbst erkundet hat. Diese Routen halten sich nicht immer an Wege oder Pfade und sind so offen für Varianten. Bei der zweiten Art ist das nicht immer möglich. Hier handelt es sich um markierte Wege, denen man gewöhnlich leicht folgen kann und die häufig mit Schutzhütten entlang des Weges ausgestattet sind. Die Franzosen z. B. nennen diese Wege *Grandes Randonées* (GR), die Italiener *Via.* Es gibt für jeden dieser Wanderwege meist mehrere Reiseführer und -beschreibungen (die dieses Buch übrigens nicht ersetzen kann oder soll). Daher kann es natürlich vorkommen, daß eine solche Tour überlaufen ist und die Pfade abgenutzt. Mancher Wanderer mag sich dadurch in seiner Freiheit beschränkt fühlen.

Doch ob wir nun ausgetretenen Pfaden folgen oder auf eigene Faust über einsame Hügel wandern, wir sollten die Welt um uns immer voller Neugierde und Entdeckerlust betrachten.

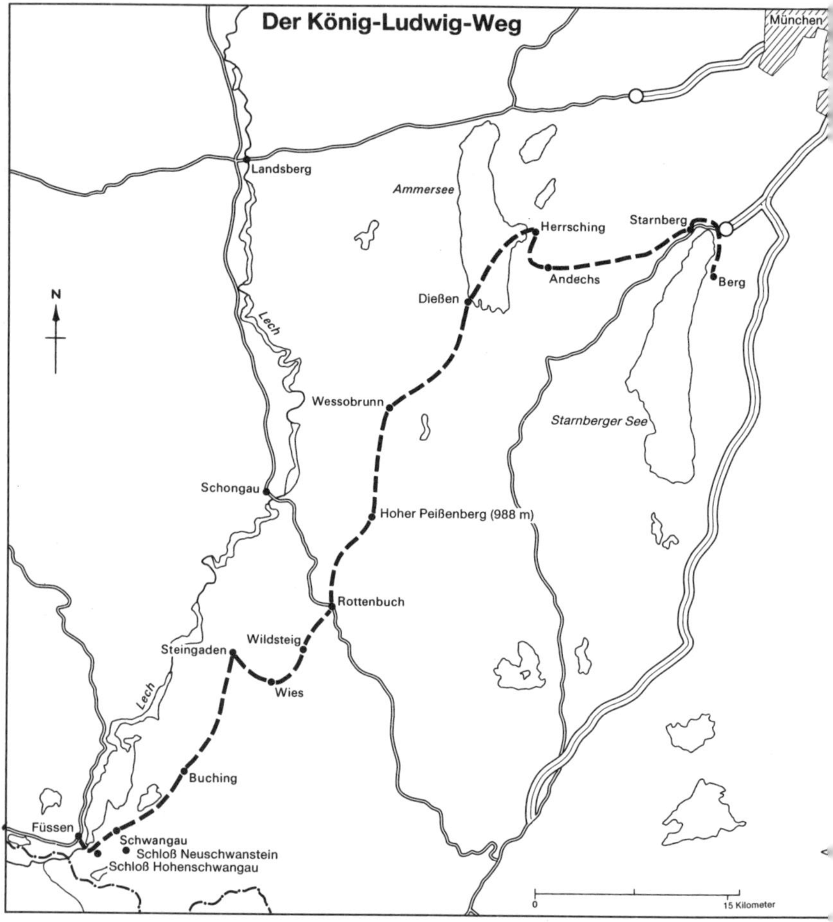
Der König-Ludwig-Weg
München
Landsberg
Ammersee
Herrsching
Starnberg
Andechs
Berg
Dießen
N
Lech
Wessobrunn
Starnberger See
Schongau
Hoher Peißenberg (988 m)
Rottenbuch
Wildsteig
Steingaden
Wies
Lech
Buching
Füssen
Schwangau
Schloß Neuschwanstein
Schloß Hohenschwangau
0
15 Kilometer

1. Der König-Ludwig-Weg

von *Fleur* und *Colin Speakman*

Auf den Spuren des Märchenkönigs

Das einfache Holzkreuz am Ufer des Starnberger Sees ist ein seltsamer Beginn für einen Fernwanderweg. Der König-Ludwig-Weg ist eine Route, die mit dem Leben eines der schillerndsten und widersprüchlichsten Könige Europas verbunden ist: Ludwig II. von Bayern, der »Märchenkönig«.

Die 110 km lange Strecke durch Oberbayern durchquert die herrliche Landschaft des Voralpenlandes. Vom Starnberger See bei München führt der Weg durch den Pfaffenwinkel zu Ludwigs Märchenschloß Neuschwanstein, dann nach Füssen, der Allgäuer Grenzstadt am Fuß der Alpen, die sich am Rand der sanften Hügellandschaft gewaltig auftürmen.

Es ist leichtes, ziemlich entspanntes Wandern ohne schwindelerregende Höhen, jedoch bieten sich genügend dramatische Ausblicke. Die eigentliche Besonderheit dieses Weges aber sind die erstaunlich vielen kulturellen Stätten, zum einen durch die Verbindung zu König Ludwig II., zum anderen – ebenso wichtig – durch die große Anzahl unglaublich schöner Barockkirchen.

Der Wanderweg wurde 1977 geschaffen und entwickelte sich rasch zu einem der beliebtesten Fernwanderwege in Deutschland. Der Grund liegt wohl darin, daß er nicht nur dem Kunst- und Geschichtsinteressierten einiges zu bieten hat, sondern auch denjenigen anspricht, der auf gut markierten Wegen nicht mehr als eine tägliche Strecke von durchschnittlich 20 bis 25 km wandern will.

Doch wie kommt man auf diesem Weg mit König Ludwigs Vergangenheit in Berührung? Um den König, der auch jetzt noch für manche Bayern eine Art Volksheld ist, ranken sich viele Geschichten und Gerüchte. Sein Leben endete unter mysteriösen Umständen am 13. Juni 1886. Man fand seine Leiche und die seines Arztes im Starnberger See, dort, wo jetzt das Holzkreuz steht. Bis heute weiß niemand, ob es Mord oder Selbstmord war. Auf jeden Fall endete so seine turbulente Herrschaft. Er starb als unglücklicher, einsamer Mensch, dem manche Geistesgestörtheit und wilde Ausschweifungen nachsagten. Wenn er vielleicht nicht gerade der fähigste Herrscher war, so hinterließ er doch ein Erbe prächtiger romantischer Schlösser von heute unschätzbarem Wert.

Es ist durchaus angebracht, einen Wanderweg nach ihm zu benennen, da Ludwig selbst ein leidenschaftlicher Wanderer war, der die bayerische Landschaft und besonders ihre Wälder über alles liebte. Am eigenen Hof isoliert, fiel es ihm auf seinen Wanderungen leicht, mit dem gewöhnlichen Volk in Kontakt zu kommen.

Da König Ludwig II. nicht die Macht besaß, große politische Ereignisse zu beeinflussen, vernachlässigte er seine Staatsgeschäfte immer mehr und flüchtete sich in die Kunst, wobei es ihm die Musik Wagners, den er großzügig finanziell unterstützte, besonders angetan hatte. Die Großzügigkeit dem Meister gegenüber schuf viel böses Blut in München, aber das hinderte Ludwig nicht daran, Neuschwanstein zu bauen, das zu Stein gewordene ritterlich-heroisch-romantische Schloß im Sinne Wagners, eines der gigantischsten Spielzeuge der Welt. Man erreicht es am Ende der Wanderung. Die mit den Jahren zunehmende Exzentrik Ludwigs – etwa sich nach der Mode des 18. Jahrhunderts zu kleiden, lange Nachtfahrten mit Pferdeschlitten zu unternehmen oder aufwendige Theaterstücke nur für sich alleine aufführen zu lassen – wurde immer mehr als Geistesgestörtheit ausgelegt. Eine Kommission wurde nach Neuschwanstein gesandt, um den offensichtlich Regierungsunfähigen festzunehmen. Obwohl dieser erste Versuch mit der Verhaftung der Kommission endete, hatte später eine zweite Erfolg, und Ludwig mußte, zugunsten seines Onkels Luitpold, abdanken.

Wie einen Gefangenen brachte man Ludwig von Neuschwanstein zu seinem Schloß Berg am Starnberger See, wo er unter strenger Aufsicht gehalten wurde. Doch schon bald nach seiner Ankunft fand man ihn tot im See, unter Umständen, die bis heute nicht geklärt sind.

Macht man sich nun in umgekehrter Richtung als der König vom Starnberger See nach Neuschwanstein auf, führt der Weg durch eine Landschaft aus Wäldern und Weiden mit prachtvollen Bauernhöfen, sanften Hügeln, bewaldeten Schluchten und eilig dahinfließenden Flüssen.

Mit einiger Berechtigung wird von Bayern als dem Land der »Bauern, Künstler und Mönche« gesprochen. Landwirtschaft findet man hier überall. Hauptsächlich ist es Milchwirtschaft, die auf großen, weit auseinanderliegenden Einödhöfen betrieben wird. Die vielen bekannten Mönche und Künstler stammen aus der Zeit vor 1803, als die Klöster noch nicht säkularisiert und dabei im 17. und 18. Jahrhundert ungewöhnlich reich und mächtig waren und ihre Äbte und Bischöfe sich als große Förderer der Künste erwiesen. Entlang des König-Ludwig-Weges sind prächtige Klöster und Kirchen des Barock und Rokoko zu bewundern, herrlich ausgeschmückt von den größten Künstlern der Zeit. Die Kirchen in Andechs, Dießen, Rottenbuch, Steingaden, Wessobrunn und vor allem die Wies sind überwältigende Meisterwerke der Kunst des 18. Jahrhunderts. Die Route des König-Ludwig-Wegs wurde so angelegt, um dem Wanderer besonders diese kulturellen Kostbarkeiten zu zeigen.

Aber nun zur Route selbst. Der Weg ist problemlos zu finden, gut markiert mit einem kleinen gekrönten »K«. Auf den meisten Wanderkarten ist dieser Weg deutlich ausgezeichnet.

1. Tag: Von Starnberg bis zum Ammersee

Für den ersten Tag sind 21 km eingeplant. So weit ist es zu Fuß von Starnberg nach Herrsching am Ammersee, einschließlich der Schiffahrt über den See nach Dießen.

Der Weg führt südwestlich aus Starnberg hinaus in die Maisinger Schlucht. Hochgewachsene, schlanke Buchen werfen kühlen Schatten. Danach geht es durch das Naturschutzgebiet am Maisinger See mit sumpfigen Wiesen voller Schilfgras, Weidenbäumen und farbenprächtigen Blumen, die besonders im Frühsommer auf den tiefer liegenden Almen bewundert werden können. Hinter Aschering steigt der Weg langsam an, am Eßsee entlang, und führt durch Nadelwälder geradewegs zu einer kleinen Friedenskapelle mit Kreuzweg. Dieser Kreuzgang endet in Andechs am Fuß des »Heiligen Berges«. Auf diesem Hügel thront das Kloster Andechs mit seiner prächtigen Kirche und der dazugehörigen berühmten Brauerei. Das Kloster wurde im Mittelalter gegründet, um Reliquien aus den Kreuzzügen zu beherbergen. Man findet in der Kirche auch eine reiche Sammlung von Votivkerzen aus dem 17. und 18. Jahrhundert.

Kloster Andechs – Pilgerort für Gläubige und Bierliebhaber gleichermaßen

Weit mehr Menschen allerdings lockt das Bier an, besonders das Starkbier, von den Mönchen als Nahrung während der Fastenzeit entwickelt. Weil so viele »Pilger« nach dessen Genuß ihre Andacht liegend unter dem Tisch fortsetzten, soll in Zukunft an Wochenenden und Feiertagen nur noch normales Bier ausgeschenkt werden.

Von der Kirche geht es nun über einen Waldweg in das tiefe Kiental hinab. Ein bequemer Weg führt von hier weiter nach Herrsching am Ammersee, von wo man mit dem Schiff nach Dießen weiterfährt. In beiden Städtchen läßt es sich gut übernachten.

2. Tag: Von Dießen bis Hohenpeißenberg

Der zweite Tag beginnt mit einem architektonischen Schatz, der Klosterkirche von Dießen, 1986 restauriert. Ursprünglich ein Augustiner-Chorherrenstift, wurde sie einige Male neu erbaut, zuletzt von dem Barockarchitekten Johann Michael Fischer um 1730. Bemerkenswert sind außen die Eingangsfassade und die ursprüngliche Kupferkuppel, innen die Fresken und die überwältigende barocke Stuck- und Goldpracht.

Jetzt braucht es ein wenig Umsicht, um den Weg zu finden. Er schlängelt sich nach St. Georgen und dann südwärts in das waldige Naturschutzgebiet an der Mechthildsquelle. Über ausgetretene Feld- und Waldwege im dunklen Staatsforst von Bayerdießen, wo das Holz noch mit Pferden aus dem Wald geschafft wird, erreichen wir die Landstraße nach Wessobrunn.

Das Kloster von Wessobrunn wurde bereits im 8. Jahrhundert gegründet. Ein Graf Tassilo soll im Traum eine Leiter gesehen haben, die über drei Quellen führte. Am nächsten Tag entdeckten seine Jäger dann tatsächlich die drei Quellen, und von diesem klaren Zeichen Gottes beeindruckt, erbaute der Graf ein Benediktinerkloster mit dem Namen »Wezzos Brunnen«. Es wurde zu einer Stätte der Gelehrsamkeit, in der das älteste Zeugnis deutscher Sprache entstand, das »Wessobrunner Gebet«, Anfang des 9. Jahrhunderts aufgezeichnet. Gegenüber vom Hotel zur Post findet man eine Kopie dieser Schrift, 1875 dort in Stein geritzt. Besichtigungszeiten für die Abtei (heute ist sie ein Erholungsheim) erfragt man am besten am Ort.

Auf der Zimmermannstraße verläßt man Wessobrunn. Hier lebten in der Barockzeit die beiden berühmten Brüder Zimmermann, Johann Baptist, der Maler, und Dominikus, der Architekt.

Der Weg durchquert eine kleine Schlucht, führt auf schmalen Pfaden nach St. Leonhard, bis wir über einen breiteren Waldweg den Hohen Peißenberg (988 m) erreichen. Dieser erste wirkliche Anstieg wird jedoch gebührend belohnt: Vor uns liegt zum Greifen nah das gewaltige Alpenpanorama. Zu diesem Bild gesellt sich eine wunderschöne Barockkirche und die älteste bayerische Wetterbeobachtungsstation, von Augustinern 1780 gegründet. Seit 1781 wurden hier Wetterdaten aufbewahrt.

Das Städtchen Hohenpeißenberg am Fuß des Berges ist ein ländlicher Kurort, wie geschaffen zum Ausruhen, Essen und Übernachten. Nach 26 km wohlverdient!

3. Tag: Durch die Ammerschlucht bis Wildsteig

Am dritten Tag (23 km) erwarten uns die wildromantische Ammerschlucht und eine der schönsten Waldstrecken. Schon nach drei Kilometern auf Feldwegen erreicht man den dichten Wald. In einer kleinen Lichtung bei Schnaltz gibt es einen Jägerstand, einen Brunnen und eine einladende Bank. Von dort wendet sich der Weg westwärts und mündet in einen Pfad zur Ammerschlucht.

Die Ammer ist hier ein richtiger, reißender Gebirgsfluß, wild schießt das kalte, grüne Wasser dahin. Es muß sich seinen Weg durch aufgetürmte Felsen bahnen und hat so eine tiefe Klamm ausgewaschen.

Vorbei an einer malerischen überdachten Holzbrücke (die wir aber nicht überqueren!) kommen wir zu steilen Stufen, die den Beginn des heikelsten Teils unseres Weges markieren. Besonders bei feuchtem Wetter wird es glitschig und rutschig auf den Holzbrücken und Pfaden. Weil Geländer fehlen, brauchen Ungeübte vielleicht eine helfende Hand. Es kommt vor, daß nach starkem Regen der untere Teil überflutet ist. Dann empfiehlt es sich, den markierten Weg zur Schnaidalm und damit zur höhergelegenen Hauptstraße zurückzugehen. Lohnender allerdings ist der Weg die Schlucht entlang zwischen Buchen, Erlen und farbenprächtigen Blumen, unten der reißende Fluß.

Von der Klamm führt der Pfad nach oben und mündet in einen Feldweg, der immer wieder eindrucksvolle Ausblicke bietet, bis man – wieder die Schlucht entlang – nach Rottenbuch gelangt.

Rottenbuch war seit dem 10. Jahrhundert Klostersitz. In der Stiftskirche aus dem 18. Jahrhundert können kunstvolle Barockverzierungen und Arbeiten des Wessobrunner Meisters Joseph Schmutzer bewundert werden.

Auf der B 23 Richtung Garmisch verlassen wir das Dorf, und schon bald biegen wir in eine Seitenstraße mit Blick auf die Lechtaler und Ammergauer Alpen. An der Straße nach Steingaden beginnt dann ein Wiesenpfad nach Wildsteig, einem Dorf mit Gasthof und der unvermeidlichen Barockkirche. Hier findet man überraschend gute Übernachtungsmöglichkeiten.

4. Tag: An der Wieskirche vorbei bis Berghof

Der vierte Tag stellt uns vor eine schwierige Wahl. Nach Buching oder Berghof führt ein direkter Weg von 18 km Länge mit ein oder zwei beachtlichen Höhepunkten. Die Alternative über Steingaden ist 7 km länger, bietet dafür aber eine Anzahl unvergeßlicher Eindrücke.

In beiden Fällen geht es zunächst von Wildsteig auf den Feldweg nach Unterbauern mit seiner einnehmenden Barockkirche, wo man den König-Ludwig-Weg verläßt, um über Wiesen und Sumpfland, reich an Orchideen und anderen Blumen, zum Schwarzenbachwald zu wandern. An der Schule findet man dann den Pfad zur Wieskirche, einem der schönsten Bauwerke der Barockzeit.

Die Wieskirche bei Steingaden

Die Geschichte der Kirche ist bemerkenswert. Im späten Mittelalter schufen zwei Mönche aus Steingaden eine Figur des gegeißelten Christus aus älteren Holzstatuen, die sie in Leintücher wickelten und realistisch mit Wunden und Blutflecken bemalten. Als das Ergebnis in der Karfreitagsprozession durchs Dorf getragen wurde, waren die Gläubigen so sehr betroffen, daß man die Figur fortbrachte und zu einem Pfeiler umformte. Diese Säule mit den Malen der Geißelung bildet nun das Zentrum des Altars der Wies.

Dominikus Zimmermann entwarf die Kirche, sein Bruder Johann Baptist schmückte sie aus. Sie enthält wunderbare Skulpturen von Ägidus Verhelst dem Älteren und ist in Eleganz und Helligkeit, Virtuosität des Entwurfs und Feinheit der Ausführung ein Glanzstück deutscher Barockkunst.

Der direkte Weg führt jetzt die Landstraße südwärts am Wald entlang zum Oberen Landegger See und dem Weiler Resle. Dann wendet er sich westwärts nach Schober und überquert das Flüßchen Ach. Man kann hier einen Abstecher zum kleinen Naturschutzgebiet um den Buchsee bei Hainzenbichl (eine frühe keltische Siedlung) machen, bevor man wieder auf die Landstraße nördlich von Trauchgau gelangt. Hinter der Stockinger Farbenfabrik führt ein Pfad ans Flußufer, und wenn man sich rechts hält, flußaufwärts, erreicht man die Roßwegbrücke und einen hübschen Feldweg (Nr. 118, der auf den Karten nicht eingezeichnet ist). Geradewegs durch die Felder wandern wir nach Berghof und zur Kapelle St. Peter. Dabei bietet sich eine atemberaubende Aussicht auf die mächtigen Alpengipfel, aufreizend nah und fast das ganze Jahr hindurch mit hohen Schneefeldern bedeckt, die in der Nachmittagssonne glitzern. Übernachten kann man sowohl in Berghof als auch in Bayerniederhofen; man findet in beiden Orten mehrere Gasthöfe.

Für die, die den Umweg über Steingaden nehmen wollen: Er beginnt in Wies an einem Brettersteig beim Gasthof Moser. Zunächst geht er über Heideland mit herrlicher Aussicht zurück auf die Wieskirche, dann nordwärts durch Wald über Haarseck nach Steingaden, einer sympathischen Kleinstadt, deren Kirche als Schaubild bayerischer Kirchenarchitektur von Romantik bis Barock beschrieben worden ist.

Nach Steingaden durchqueren wir den Weiler Steingadele und wandern südwärts über ein weiteres Heidegebiet nach Prem. Dann folgt der Weg dem Ufer des Lechpremersees bis Küchele, Zwingen und Hans, bevor man bei Achmühle wieder auf die Hauptroute von Trauchgau nach Berghof stößt.

5. Tag: Neuschwanstein und Hohenschwangau bis Füssen

Heute muß man nur noch 18 km wandern, doch die sollten im wesentlichen bis Mittag geschafft sein, wenn Sie die Schlösser Neuschwanstein und Hohenschwangau besichtigen wollen.

Von Berghof führt der kleine Weg nach Bayerniederhofen, um auf die Hauptstraße nach Pfaffenbichl zu kommen, bevor man den ruhigen Weg südwärts nach Greith und dem Hergratsriedersee er-

Das Märchenschloß Neuschwanstein, im Hintergrund die bayerischen Voralpen

reicht. Er ist asphaltiert, doch neben Fußgängern nur für Radler erlaubt. Immer wieder tauchen über der Waldsilhouette die märchenhaften Türme von Neuschwanstein auf. Richtung Brunne gehen wir jetzt am Ufer des Forggensees entlang bis zum Mühlberger Wildbach. Diesem folgen wir bis zur recht befahrenen Hauptstraße, überqueren die Brücke und gehen nun die linke Bachseite entlang (jetzt heißt er Lußbach). Wir halten uns bei den Weiden bis zu den alten Steinbrüchen (heute ein Sägewerk). Direkt dahinter führt der Weg hinauf in die steile Pöllatschlucht, ein gewaltiger Einschnitt unterhalb der Zinnen von Neuschwanstein. Wir ersteigen sie über Stufen mit Geländer und sehen schon bald die 90 m hohe Marienbrücke, die über die Schlucht zum Schloß führt. Bevor man sie erreicht, muß man noch durch eine enge Klamm klettern.

Es lohnt sich, jetzt nicht gleich zum Schloß zu gehen, sondern erst den Weg nach links zur Marienbrücke einzuschlagen, um die herrliche Aussicht hinunter in die Schlucht und zum Schloß zu genießen.

Doch seien Sie gewarnt. Dort und am Schloß befinden Sie sich plötzlich mitten im Touristenbetrieb. Wenn Sie nicht außerhalb der Hauptsaison kommen, erwarten Sie Menschenschlangen und überall Führer, die Sie möglichst schnell durch die reich ausgestatteten Räume mit ihrer erstaunlichen Stilmischung schleusen wollen.

Trotzdem: Nehmen Sie das Gedränge auf sich. Das Schloß ist überwältigend, was Architektur und Ausführung betrifft. Gefährlich hoch sitzt es auf seinem steilen Felsen. Es ist eine gigantische Mischung aus mittelalterlichen Stilen und reiner Phantasie, wie ein ungeheures Bühnenbild. Z. B. der große Thronsaal, Ludwigs einsame Vision der königlichen Macht – schon damals überholt im Zeitalter der Maschinen und Massenproduktionen; die Sängerhalle, der Wartburg nachempfunden, dem Schauplatz von »Tannhäuser«, jedoch ausgeschmückt mit Szenen aus »Parsifal«; die überladenen Schlafzimmermöbel, an denen 14 Holzschnitzer vier Jahre lang arbeiteten. Kein Wunder, daß das Schloß bei Ludwigs Tod noch nicht fertig war. Julius Hoffmann wurde 1886 mit der Vollendung beauftragt – zur Freude der Touristen.

In der Küche gibt es eine moderne Zentralheizung, die Ludwig selbst entworfen hat, was beweist, daß seine angebliche Verrücktheit recht kreativ war.

Von Neuschwanstein nach Hohenschwangau braucht man etwa eine Viertelstunde – für die Wandermüden gibt es Pferdekutschen. Ein Stufenweg führt vom Wirtsgarten an der Kreuzung zum Eingang des ockergelben Schlosses Hohenschwangau.

Es wurde von Ludwigs Vater Maximilian gebaut und ist in vieler Hinsicht und durch seine wesentlich menschlicheren Ausmaße eher ein königliches Zuhause als Neuschwanstein. In der Halle der Schwanenritter wird das Wappentier der Wittelsbacher dargestellt. Es erinnert an die alte Lohengrin-Sage, was vielleicht den Ursprung von Ludwigs Wagner- und Helden-Besessenheit erklärt. Das Ritterthema findet sich im königlichen Studienzimmer wieder, das Gemach der Königin ist mit Szenen aus dem Leben mittelalterlicher Hofdamen geschmückt. Man kann auch den Klavierflügel betrachten, auf dem Wagner seinem Gönner vorspielte.

Aber der vielleicht prächtigste Aspekt Hohenschwangaus ist der Blick aus dem Fenster über die beeindruckende Alpenlandschaft mit Alpsee und Schwansee und natürlich auf das verzauberte Neuschwanstein.

Der offizielle Schlußteil des König-Ludwig-Wegs könnte kaum enttäuschender sein: die vielbefahrene Bundesstraße nach Füssen. Doch gibt es auch den Alpenrosenweg, der oben an der Zufahrt nach Hohenschwangau beginnt. Die deutliche Markierung weist uns eine felsige, bewaldete Kuppe hinauf, um dann in einen stufigen Pfad zu münden, der oberhalb des Schwansees durch den Wald führt. Man geht auf diesem Pfad einige Kilometer bis fast zur österreichischen Grenze (auf Steinschlag achten!), bis man auf einen Wegweiser »Füssen« stößt. Diesem folgt man nach rechts durch ein flaches Tal bis zum Weg, der direkt oberhalb der Lechfälle auf die Hauptstraße nach Füssen führt. Geradeaus über die

Brücke geht es in das hübsche Grenzstädtchen mit seinen alten Festungsmauern.

Füssen, ein schöner Abschluß unseres Fernwanderwegs. Es ist eine Stadt mit Charakter, vielen Gasthäusern, Geschäften und Restaurants. Man kann sich hier gut ein Weilchen aufhalten. Mit der Bahn geht es dann zurück nach München.

Das wäre er also, der König-Ludwig-Weg. Nicht der längste und auch nicht der großartigste der europäischen Fernwanderwege, aber eigenwillig und interessant, der durch schönste oberbayerische Landschaft führt mit reichem kulturellem Erbe, dazu ein kleiner Einblick in die Persönlichkeit eines exzentrischen Monarchen – das hinterläßt einen tiefen, bleibenden Eindruck.

Entfernung: 110 km
Zeitdauer: 5 Tage
Art der Wanderung: Durch Wiesen, Wälder und Täler auf Wirtschafts- und Forstwegen. Zahlreiche Kulturdenkmäler
Ausgangspunkt: Starnberg, von München aus mit der S-Bahn zu erreichen
Ziel: Füssen
Beste Jahreszeit: Mai bis Oktober

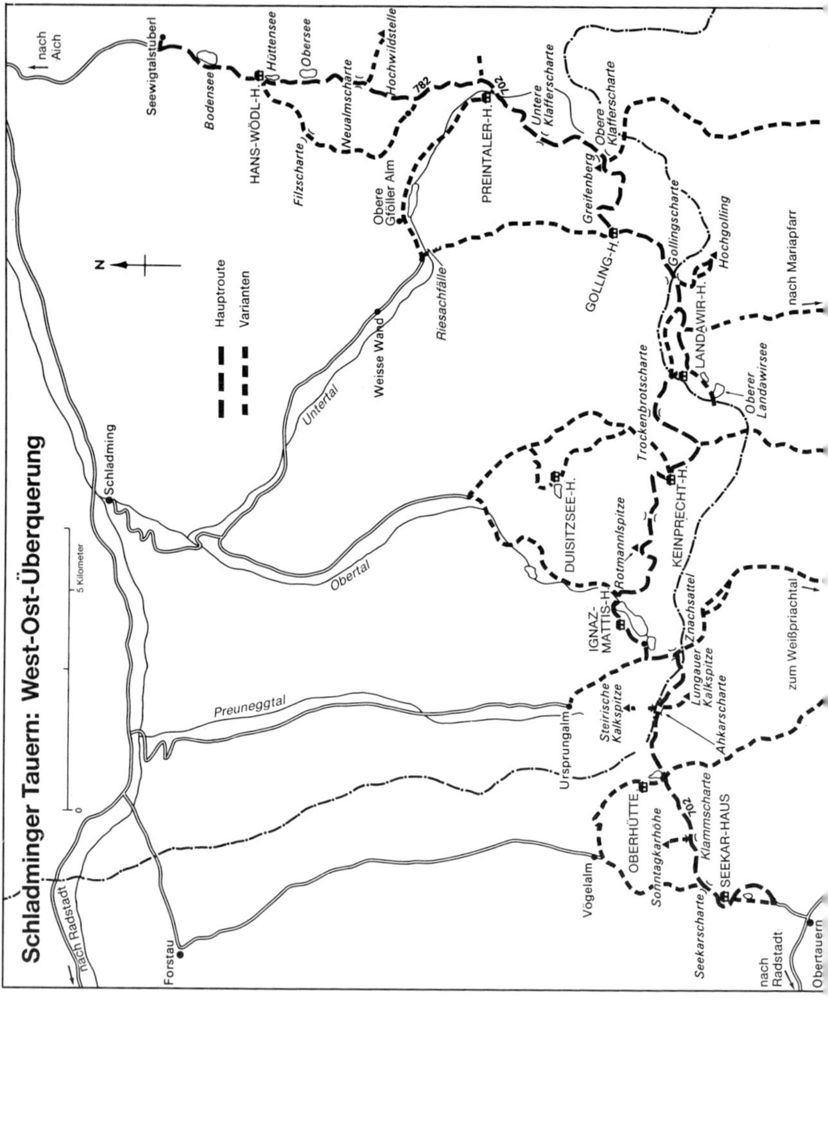
Schladminger Tauern: West-Ost-Überquerung
Hauptroute
Varianten
N
0
5 Kilometer
nach Aich
Seewigtalstüberl
Bodensee
Hüttensee
Obersee
HANS-WÖDL-H.
Filzscharte
Neualmscharte
Hochwildstelle
782
Obere Gföller Alm
PREINTALER-H.
702
Untere Klafferscharte
Obere Klafferscharte
Greifenberg
GOLLING-H.
Gollingscharte
Hochgolling
Riesachfälle
Weisse Wand
Untertal
Schladming
Obertal
DUISITZSEE-H.
Rotmannlspitze
Trockenbrotscharte
KEINPRECHT-H.
LANDAWIR-H.
Oberer Landawirsee
nach Mariapfarr
IGNAZ-MATTIS-H.
Znachsattel
Lungauer Kalkspitze
Ahkarscharte
Steirische Kalkspitze
Ursprungalm
Preuneggtal
zum Weißpriachtal
OBERHÜTTE
Sonntagkarhöhe
Klammscharte
702
SEEKAR-HAUS
Seekarscharte
Vögelalm
Forstau
nach Radstadt
nach Radstadt
Obertauern

2. Die West-Ost-Überquerung der Schladminger Tauern

von *Cecil Davies*

Eine noch unberührte Alpenlandschaft

Östlich der Hohen Tauern im Schatten des Großglockners, Österreichs höchstem Berg, liegen die Niederen Tauern, deren Mittelpunkt und schönster Teil die Schladminger Tauern sind. Nach der Stadt Schladming im Ennstal benannt, werden sie im Norden von der Enns, im Süden vom Murtal begrenzt. Östlich enden sie am Sölkpaß und westlich am Radstädter Tauernpaß. Dieses Schmuckstück liegt ziemlich genau in der Mitte von Österreich und ist eines der wenigen übriggebliebenen Gebiete Mitteleuropas mit unzerstörter Natur. Es gibt weder Durchgangsstraßen noch (bis jetzt!) Wasserkraftwerke, und es liegt nur am Rand des sonst alles verschlingenden Skizirkus-Wahnsinns. Kein Wunder also, daß man seit den 50er Jahren versucht, die Schladminger Tauern zum Nationalpark zu erklären.

Die West-Ost-Überschreitung des Massivs (Teil des Tauern-Höhenwegs Nr. 702, der durch die gesamten Tauern verläuft) ist fraglos eine der schönsten gletscherfreien Wanderungen dieser Länge in den österreichischen Alpen. Weil der erste Erforscher dieser Gegend, Hans Wödl, in seinem vielgelesenen Reiseführer vom Jahr 1924 die Route von Ost nach West beschrieben hat, blieb diese Tradition in späteren Führern erhalten, und die meisten Wanderer nehmen diese Richtung. Dabei ist die andere, also von West nach Ost, der herkömmlichen Route überlegen, sowohl aus ästhetischer Sicht – die Schönheit des Panoramas nimmt ständig zu – als auch aus praktischer Sicht: Die steilen Anstiege macht man im morgendlichen Schatten.

Es gibt mehrere Stellen, an denen man dem Wanderweg »entkommen« kann (wenn zum Beispiel das Wetter umschlägt), und natürlich kann man an denselben Punkten auch „einsteigen". Zum Norden hin laufen die Routen in Schladming zusammen. Dort gibt es einen guten Campingplatz. Der Besitzer gewährt einen angemessenen Preisnachlaß, wenn Wanderer ihre leeren Zelte einige Tage am Platz stehenlassen – vorausgesetzt, er wird vorher informiert.

1. Tag: *Von Obertauern zur Ignaz-Mattis-Hütte*

Es beginnt nicht gerade vielversprechend in Obertauern, einem lieblos entwickelten Skiort, der öde an der Straße von Radstadt nach Mauterndorf liegt. Obertauern kann mit dem Postbus oder dem Auto erreicht werden. Kommen Sie per Auto, so biegen Sie auf der Straße von Radstadt links ab und fahren an der Tennishalle vorbei zum Seekar-Haus (1797 m). Dort können Sie als Gast des Hauses Ihr Auto für die Zeit der Wanderung abstellen. Falls Sie die Hütte zu Fuß erreichen wollen, ziehen Sie sicherlich den verkehrsfreien Pfad auf der anderen Seite des kleinen Sees vor, der in der Nähe der Tennishalle links abgeht (Wegweiser). Ursprünglich Teil der alten Kupfermine, wurde die Hütte vom Österreichischen Alpenverein in den 20er Jahren vor dem Verfall gerettet. Man kann hier gemütlich übernachten.

Gleich die erste Wegmarkierung nach der Hütte finden wir zugegebenermaßen an einem Liftpfeiler, doch ist der Aufstieg zur Seekarscharte (2010 m) wirklich erfreulich und läßt das häßliche Obertauern schnell völlig vergessen.

Von der Seekarscharte führt der Tauernhöhenweg Nr. 702 angenehm durch Hügelland ostwärts, aufgelockert durch Seen und reiche Flora, zu einem zweiten Paß, der Klammscharte. Wenn Sie sich schon so früh am Tag einen Abstecher zutrauen, so bietet weiter nördlich (links) die Sonntagkarhöhe (2245 m) einen leichten – wenn auch pfadlosen – Aufstieg mit schöner Aussicht. Von der

Klammscharte aus erkennt man die Umrisse der Steirischen Kalkspitze und der Lungauer Kalkspitze, dazwischen die Ahkarscharte (2315 m), den höchsten Punkt der heutigen Etappe.

Der Pfad windet sich steil hinab zum Oberhüttensattel (1866 m), ein nord-südlicher Paß zwischen Forstautal (Vögelalm) und Weißpriachtal. Genau nördlich davon liegt der wunderschöne Oberhüttensee mit der Oberhütte (Privatpächter, Erfrischungen). Unsere Route führt etwa einen halben Kilometer entfernt daran vorbei, und wir lassen die Hütte deshalb besser links liegen, denn ein 500-m-Anstieg zur Ahkarscharte steht uns bevor.

Bei schönem Wetter wäre es eine Schande, nicht eine der beiden Kalkspitzen »mitzunehmen«, entweder die Steirische (2459 m) zum Norden hin, mit etwas Kletterei, oder die höhere, unkomplizierte Lungauer Kalkspitze (2471 m) im Süden. Trotz des Namens haben diese zwei Berge keine Kalksteingipfel, sie sind aus Gneis! Beide sind jedoch auffallend »weiße« Berge. Die Aussicht auf das Dachsteinmassiv im Norden ist überwältigend. Zum Osten hin sind die Felsfarben reichhaltiger, warme Rottöne bestimmen das Bild.

Die Ignaz-Mattis-Hütte am Unteren Giglachsee wirkt recht nahe, aber der Weg dorthin ist ziemlich umständlich. Von der Ahkarscharte südöstlich einen Kamm entlang bis zu einer Höhe von 2238 m, dann östlich steil bergab zum Znachsattel (2059 m). Dann geht es zunächst nach Norden über den Paß zwischen Preuneggtal und dem Tal der Znach weiter an der neuen Giglachsee-Hütte vorbei (westlich vom Giglachsee, privat geführt und zu nahe am Ziel, um uns in Versuchung zu führen) zum Preuneggsattel (1952 m). Nun wendet sich der Pfad nordöstlich, weit oberhalb der beiden Giglachseen, wo oft schöne Haflingerpferde zu sehen sind, zur Ignaz-Mattis-Hütte (1986 m), unserem heutigen Ziel.

2. Tag: *Über die Rotmannlspitze zu den Landwirseen*

Von der Ignaz-Mattis-Hütte geht der Weg hinunter und um das Nordostende des Unteren Giglachsees herum, an einem großen

Der Oberhüttensee im Seewigtal von der Neualmscharte aus gesehen

Viehstall vorbei und südöstlich wieder hinauf über Grashänge, dann südlich durch das Vetternkar, dessen verfallene Hütten vom früheren Bergbau zeugen. In ungefähr 2200 m Höhe knickt der Pfad scharf nach Nordnordost ab und klettert noch steiler die rötliche Flanke der Rotmannlspitze (2453 m) hinauf. Obgleich selbst unbedeutend, bietet der Gipfel einen außergewöhnlichen Rundblick: im Norden über dem Ennstal der Dachstein, im Westen die zwei Kalkspitzen, im Süden die Engelkar- und die Vetternspitze, die über das Vetternkar ragen, im Osten der große Keil des Hochgolling, der das Panorama prägt. Ganz hinten im Nordosten kann man den 900 m tiefer gelegenen, friedlichen Duisitzsee erkennen, mit einer privat geführten, gastfreundlichen Hütte. An einem sonnigen Morgen ist die Rotmannlspitze wirklich herrlich, doch ein plötzlicher Wetterumschwung kann den Abstieg beschwerlich und sogar gefährlich machen: Ich weiß es aus Erfahrung!

Steil führt der Pfad vom Gipfel herab, zunächst über Geröll und ein paar Felsen (für kurze Strecken gibt es Alternativen) in ein riesiges Gelände voller Felsbrocken – die nördlichen Abhänge des Saubergs. Durch dieses Labyrinth zur Krugeckscharte (2303 m) wurde ein bequemer Weg angelegt und markiert. Die Scharte öffnet die nächste wundervolle Aussicht auf den Hochgolling. Bald erscheint unterhalb die Keinprecht-Hütte. Um sie zu erreichen, muß man einen langen Abstecher nach Osten machen, oberhalb gefährlicher Abstürze, allerdings ist der Pfad mit einem Seil gesichert. Eine Gedenktafel oben an den Felsen erinnert an den Tod eines jungen Mannes, der eine Abkürzung nehmen wollte.

In den 70er Jahren war die Keinprecht-Hütte (1871 m) noch ganz winzig, mit Klo im Freien und einer Leiter an der Außenwand zum Matratzenlager unterm Dach. Seither hat sie ihre Größe verdoppelt, ohne aber an Behaglichkeit oder der freundlichen Atmosphäre zu verlieren. Sollte Ihre Zeit jedoch begrenzt sein und das Wetter gut, so können Sie auch am selben Tag zur Landwirsee-Hütte (1986 m) weiterwandern (auch »Landawirsee« und »Landwiersee«).

Verlassen Sie die Keinprecht-Hütte, als ob Sie in das Obertal absteigen wollten, doch biegen Sie dann rechts ab, wobei Sie an einem kleinen Gebäude vorbeikommen, um dann auf lieblichen Wiesen das Ende des Obertales zu durchqueren. (Kommen Sie nicht in Versuchung, dem Feldweg zu folgen, den die Hüttenbesitzer hinunter nehmen!)

Nach dieser weitgeschwungenen Kurve um das Talende herum verläuft der Pfad fast direkt nach Osten und klettert steil zur Trockenbrotscharte (2237 m) hinauf. Ihr Reiseführer berichtet vielleicht von einem direkten Pfad hier herauf, der von der Neualm, der höchsten Alm im Obertal, abgeht, da, wo auch der Höhenweg zur Duisitzsee-Hütte abzweigt. Doch uns wurde gesagt, daß dieser Weg schon lange unbenutzt und unmöglich zu gehen sei. An der Trockenbrotscharte weist eine Markierung den Aufstieg zum Pietrach (2396 m).

Unterhalb liegt nun die Landwir-Hütte, und es bietet sich eine nicht durch Berge verstellte Sicht auf den Hochgolling und die Gollingscharte. Nach ungefähr einem Drittel des Abstiegs zur Hütte markiert die Warnung »Nur für Geübte« den Hochgebirgspfad nach links zur Gollingscharte. Diese Route (die kaum Höhe verliert) wird unter bestimmten Bedingungen tatsächlich gefährlich; gehen Sie sie nicht gegen den Rat des Hüttenwirts, denn obwohl er seine Hütte eher lässig führt, muß er in Sachen Bergsteigen ernst genommen werden.

Die Hütte, 1911 gebaut und 1923 erweitert, wurde von einer Lawine zerstört und erst Ende der 70er Jahre wiederaufgebaut. Diese Hütte ist der beste Stützpunkt für eine Hochgolling-Besteigung (2863 m), denn sie liegt 300 m höher als die Golling-Hütte (1683 m). Viele Leute klettern *en route* zwischen den Hütten auf den Gipfel und lassen ihre Rucksäcke an der Gollingscharte (2326 m). Doch diese Tour ist von der Landwir-Hütte aus auch ein herrlicher Tagesausflug ohne Rucksack, und wenn Sie dann noch etwas Zeit haben, locken die zwei Landwirseen zu einem Spaziergang. Vielleicht können Sie hier auch ein Murmeltier aus nächster Nähe sehen.

3. Tag: *Von der Landwir-Hütte über den Hochgolling*

Ob Sie nun den Hochgolling erklimmen oder nicht, auf jeden Fall verlassen Sie die Hütte auf dem Ziehweg. Nach etwa 200 m Höhenverlust zweigen Sie links ab zur Gollingscharte, zunächst über Gras, dann – auf der linken Seite einer schmalen Schlucht – über Fels. Beachten Sie links etwas oberhalb der Klamm den Hinweis auf den Höhenweg. Den eventuell bedenklichen Abschnitt sieht man deutlich oberhalb einer extrem steilen Rinne voller Schnee. Über Geröll und fast immer Schnee führt er zur Gollingscharte.

Von hier aus wirkt die Nordseite des Hochgolling gleichzeitig beeindruckend und abschreckend. Aber keine Angst, die schwar-

Der Gipfelgrat des Hochgolling

zen Türme umgehen wir. Eine rot-weiß-rote Markierung mit Pfeil »778 Golling« weist den Aufstieg auf den höchsten Berg nicht nur der Schladminger Tauern, sondern der ganzen Steiermark.

Wir beginnen mit einer sanft ansteigenden Querung; an den schwierigsten Stellen sind U-förmige Eisentritte im Fels angebracht, doch Vorsicht bei Eis und Neuschnee! (Ein Sicherungsseil am Weg bietet leider nirgends richtigen Halt.) Der Pfad führt um eine Kante zu den wilden, steilen Felsformationen und jähen Karen der Westflanke. Folgen Sie der Markierung hinauf und über diese Westseite. Schon bald zeigt ein Schild die Abzweigung der Route über den Nordwestgrat (links) vom Normalweg (rechts) an. Diese Variante hat wegen etwas ausgesetzter Kletterei den Schwierigkeitsgrad II, d. h., ein Seil wäre vernünftig. Da der Aufstieg hier besser als der Abstieg zu bewältigen ist, unternehmen viele eine Rundtour und kommen über den Normalweg zurück.

Gleich nach dem Schild haben wir wieder die Wahl zwischen zwei Wegen: Die obere (linke) Route enthält ein oder zwei schwierige Felsplatten, die untere ist problemlos, verliert aber etwas an Höhe. Die Pfade treffen sich wieder an einem auffallenden Steinhaufen auf einem Vorsprung. Der obere Teil der Route ist steiler, doch eine früher unangenehme Stelle wurde inzwischen mit Eisentritten gesichert. Der Kamm wird direkt nördlich vom Gipfelkreuz erreicht, das ebenso wie das Gipfelbuch und der Stempel die Inschrift trägt:

> MÖGEN DIE VÖLKER DER ERDE DURCH
> DAS KREUZ GEMAHNT DEN FRIEDEN FINDEN!
> BURSCHENSCHAFT LESSACH AUGUST 1956.

Es ist auch für Nichtchristen inspirierend, auf einem Gipfel so begrüßt zu werden, besonders von einer Burschenschaft, von der man eher martialische Töne erwartet.

Die Aussicht ist in jede Richtung herrlich, wenn nicht, wie so oft, Wolken den Gipfel einhüllen. Einen Großteil des Wegs hierher kann man mit den Augen zurückverfolgen. Vielleicht sehen Sie weiter weg die höheren, schneebedeckten Spitzen und 40 km südwestlich den Ankogel (3246 m). Im Nordosten steht der Greifenberg, der nächste Gipfel auf dem Weg, neben dem zerklüfteten Rauhenberg. Möglicherweise am beeindruckendsten ist der Blick die 1400 Meter ins Göriachtal, im Südwesten, hinunter. Kehren Sie auf demselben Weg zur Gollingscharte zurück. Der Abstieg ist kaum schneller als der Aufstieg.

Wenn Sie sich für den Hochgolling keinen Extratag gegönnt haben, gehen Sie auf der R 702 nach Osten zur Golling-Hütte weiter. Laufen Sie nicht im Schnee hinunter, der hier gewöhnlich liegt, sondern halten Sie sich strikt rechts an die Markierungen: Leicht kommt man sonst zu tief ins Kar. Steile, weite Serpentinen führen rechts am Kar abwärts bis zu einer Kreuzung an der linken Seite eines Wildbachs, und dann geht es weiter hinunter zum ebenen, grünen Boden des Gollingwinkels, ungefähr 600 m unterhalb der Gollingscharte und 1200 m unter dem Gipfel.

Die Golling-Hütte

Die Nordostflanke des Hochgolling fällt senkrecht ab ins Tal und macht den Gollingwinkel zum »größten natürlichen Amphitheater der Welt«, zumindest behaupten das die Einheimischen. Angenehmes, ebenes Wandern, vorbei an der früheren Oberen Steinwenderalm, bringt uns zur Golling-Hütte (1683 m). (Die Hütte kann auch vom Untertal her erreicht werden, eine vom Panorama her reizvolle Route, bei der nur die letzten 200 m – vorbei an schönen Wasserfällen – des 600 m langen Aufstiegs steil sind.)

Die letzten drei Hütten, die wir noch auf unserer Wanderung benutzen – Golling-Hütte, Preintaler-Hütte, Hans-Wödl-Hütte –, gehören nicht dem Alpenverein, sondern der Alpinen Gemeinschaft »Preintaler«, einem exklusiven Wiener Verein. Er wurde 1885 gegründet, und seine Mitgliederzahl ist auf 30 beschränkt. Alpenvereinsmitglieder brauchen eine gültige Hüttenmarke, um in diesen Hütten Nachlaß zu erhalten.

4. Tag: *Von der Golling-Hütte über den Greifenberg*

Der Weg von hier zur Preintaler-Hütte ist sogar noch schöner als der über die Gollingscharte. Vom Panorama her der Höhepunkt, enthält er auch den höchsten Gipfel, den Greifenberg (2618 m), den wir ohne Umweg besteigen. Kaum aus dem Haus, überqueren wir den Wildbach, gehen an einem großen Felsen vorbei, dem Klettergarten der Kinder, und queren nordöstlich ansteigend einen Hang, der mit buschigen Erlen bewachsen ist. Eigentlich gibt es keine Schwierigkeiten, doch kann ein Ausrutscher böse Folgen haben.

»Nie wieder!« japste eine Frau, als sie die Golling-Hütte betrat. Sie und ihr Freund waren offensichtlich den steilen, bewachsenen Hang hinuntergestürzt. Der Freund hatte ernsthafte Schürfungen davongetragen und war arg mitgenommen.

Der Pfad steigt in Serpentinen empor – in einem Abschnitt mit Seil gesichert –, wendet sich ostwärts, dann südlich und schließlich in Richtung Ostsüdost zu einem ausgedehnten flachen Kessel und dem unglaublichen See, der wie durch ein Wunder genau auf dem

Sattel zwischen Greifenberg und Pöllerhöhe (2601 m) liegt. (Der letztere kann leicht, wenn auch ohne Weg, in einer knappen Stunde bezwungen werden.)

Wenn die Morgensonne den Nebel durchdringt, eröffnet sich auf diesem zauberhaften Fleckchen eine wundervolle Aussicht, malerischer als vom Greifenberg aus, der mit seiner unattraktivsten Seite den Blick nach Norden verstellt. Prächtig erhebt sich der Dachstein im Nordwesten; der Hochgolling lugt im Südwesten herüber; der See blinkt wie ein Kleinod, zum Osten hin sieht man die Haifischzähne der Klafferschneide, und tief unten südöstlich liegt die weite Senke mit dem Lungauer Klaffersee und dem Zwerfenbergsee am Ende des Lesachtals (ein südlicher Zugang zum Klafferkessel).

Nach einer mühsamen halben Stunde erreichen wir das Gipfelkreuz des Greifenbergs. Unter uns breitet sich der Klafferkessel aus. Dieser, eines der Naturwunder der Schladminger Tauern, ist noch außergewöhnlicher als der Gollingwinkel. Er bildete sich während der Eiszeit und besteht aus zwei Kesseln, die ineinander übergehen. Das Ganze neigt sich nach Norden, als ob der riesige »Pott« ins Tal geleert würde. Sein Durchmesser beträgt fast 2 km, der Höhenunterschied zwischen Oberer (2516 m) und Unterer Klafferscharte (2286 m) mehr als 200 m. Zahllose Seen liegen verstreut zwischen Felsen und winterhartem Gras am Grunde dieses gigantischen Topfes, etwa 40 davon sind von beachtlicher Größe und einige zum Teil ständig zugefroren. Die größten sind der Untere Klaffersee, der Rauhenbergsee und der Obere Klaffersee. Rundherum erheben sich großartige Gipfel wie der Rauhenberg (2585 m), der Greifenberg (2618 m) und das Waldhorn (2702 m). Im Norden bewacht der mächtige Greifenstein (2397 m) die Untere Klafferscharte.

Unsere Route fällt vom Gipfelkreuz über Geröll ab nach Süden, dann queren wir auf schönem Fels (Sicherungsseil) östlich zur Oberen Klafferscharte (2516 m). Hier mündet eine Abzweigung der Tour zur Preintaler-Hütte vom Lesachtal aus ein. Steil nordöstlich bergab geht es in den Klafferkessel.

Den zermürbenden Weg durch ein Labyrinth aus Seen und kleinen Hügeln verliert man leicht. Halten Sie sich deshalb genau an die Markierungen, besonders bei Nebel. Wenn Sie nicht trödeln (bei gutem Wetter ist die Versuchung dazu groß), schaffen Sie den Klafferkessel in einer knappen Stunde.

Bis zur Preintaler-Hütte dauert es wahrscheinlich länger, als Sie annehmen: Es sind laut Karte immerhin 2½ km Entfernung und 600 m Höhenunterschied! Der Pfad fällt 1 km lang nach Nordosten ab, wendet sich dann scharf nach rechts, quert einen Wildbach, läuft am Rand einer Schlucht entlang und über einen Vorsprung, um endlich hinunter zur Hütte und zur nahen Waldhorn-Alm zu führen. Die hauptsächlich Käse produzierende Alm war noch Mitte der 70er Jahre recht primitiv. In den letzten Jahren hat sie sich bescheiden »entwickelt« und bietet heute ein Matratzenlager – hauptsächlich wohl von jungen Leuten besucht.

Die mehrmals ausgebaute Preintaler-Hütte ist ein äußerst freundlicher Ort, der seine Atmosphäre hauptsächlich den Betreibern verdankt. Auch diese Hütte besitzt einen schönen, direkten Zugang von Norden her. Mit Bus oder Auto fährt man zum Gästehaus »Weiße Wand« (1058 m) im Untertal. Um aus dem Tal zu kommen – wie wir wissen, führt es zur Golling-Hütte –, nehmen wir einen Pfad, der links verläuft, und gehen an den spektakulären Riesach-Fällen – die höchsten in der Steiermark – hinauf zur Oberen Gfölleralm. Hier gibt es Erfrischungen und herrliche Ausblicke auf den Riesachsee und die Berge dahinter. Wir bleiben auf der linken, nördlichen, Seite des Riesachsees und gehen an der malerischen Kot-Alm vorbei zur Preintaler-Hütte hinauf. Insgesamt ein außergewöhnlich schöner und interessanter Weg.

5. Tag: *Von der Preintaler-Hütte zur Hans-Wödl-Hütte*

An der Waldhorn-Alm vorbei und über einen Wildbach erreichen wir einen nordöstlich ansteigenden Hang. Wir gehen bis zur Gabelung. Hier verlassen wir den Tauern-Höhenweg Nr. 702, der nach rechts abbiegt und nach St. Nikolai im Sölktal führt.

Unsere Route nimmt die linke Abzweigung Nr. 782, zu Ehren des Erbauers von hier bis zur Hans-Wödl-Hütte »Robert-Höfer-Steig« genannt. Er läuft fast ständig nach Norden, mit hübschem Rückblick auf den gestrigen Abstieg vom Klafferkessel. Nach etwa 1½ Kilometern gabelt sich der Weg schon wieder: Nr. 782 steigt nach rechts steil an, während die Nr. 781 nach links zur Neualm (1857 m) abfällt. Bis zum Juni oder bei Neuschnee sollte man der Nr. 781 folgen, an der Neualm vorbei, nach 2 km rechts abbiegen (Schild), Richtung Kaltenbachschulter und Filzscharte (2201 m), von wo der Pfad nordostwärts zur Hans-Wödl-Hütte führt. Dieser Weg dauert zusätzlich 3 Stunden (mindestens 7 Stunden also von Hütte zu Hütte). Die kürzere Tour auf der Nr. 782 steigt stetig nordnordöstlich bis fast zum Scheitelpunkt und schwenkt dann scharf nach Osten zur Neualmscharte (2347 m), einer felsigen, schmalen Kerbe im Bergrücken, dessen Hauptpfeiler der Hochstein und die Hochwildstelle sind. So vom Südwesten her erklommen, zeigt sich der Kamm nicht von seiner sanftesten Seite. Über einen markierten Pfad, auf Geröll und Gras, kann man von hier den Gipfel der Kleinen Wildstelle (2577 m) in einer halben Stunde ersteigen. Eine weitere halbe Stunde luftiger Kletterei, an manchen Stellen Schwierigkeitsgrad I, bringt uns über die Seewigscharte und den Nordwestgrat auf die Hochwildstelle (2747 m).

Nach der Neualmscharte kommt plötzlich das Seewigtal mit seinen drei Seen in Sicht: der Obersee, der Hüttensee und – gerade noch zu sehen – der Bodensee, eine winzige Kamee, verglichen mit seinem bekannten Namensvetter, aber für viele schöner.

Die ersten paar hundert Meter, davon speziell die allerersten, geht es auf Geröll sehr steil bergab. Dies ist ein Abschnitt, den man früh im Jahr und nach Schneefall vermeiden muß, indem man auf den Weg Nr. 781 ausweicht. Sogar bei guten Verhältnissen findet der Fuß wenig Halt. Weiter unten stoßen wir auf eine willkommene Quelle. Nach dem langen Abstieg (fast 700 m), über den nur die Schönheit des Tals und der Seen hinwegtröstet, ist es eine Wohltat, endlich den lieblichen Obersee entlang zu spazieren, wo Tagesausflügler sich vergnügen. Dann geht es noch einmal

170 m steil hinab zum Hüttensee, diesen entlang und an seinem südlichen Ende sanft zur Hans-Wödl-Hütte hinauf. Man spricht von der »schönsten Hütte in diesem Gebiet, was Lage und Aussicht betrifft«.

In der Tat eine angenehme und freundliche Hütte, die von einem Zwillingspaar geführt wird, Männern von echter, altertümlicher Höflichkeit, die ohne den Bart des einen nicht zu unterscheiden wären. Der Preintaler-Club hat seine Hüttenwarte sorgfältig ausgewählt!

6. Tag: *Am Bodensee vorbei – Ende der Tour*

Zum Abschluß der ganzen Expedition folgt am nächsten Morgen wieder ein Abstieg. Auf schön angelegtem Pfad, an einem herrlichen Wasserfall vorbei, geht es weitere 400 m hinunter zum Bodensee. Sogar von diesem dritten See aus fällt noch die scharfe Kerbe der Neualmscharte ins Auge, daneben ihr charakteristischer Felsturm. Wir kommen am Forellenhof vorbei (wie der Name schon sagt, gibt es hier ausgezeichnete Forellen!) und gehen die Straße hinunter zum Seewigtalstüberl.

Nun sind wir am Ende unserer Wanderung angelangt. Der Weg Nr. 782 läuft zwar noch weiter, 6 km lang auf einer vielbefahrenen Straße nach Aich im Ennstal, doch das tun wir uns nicht an. Wenn Sie ungern per Anhalter fahren und noch etwas Geld übrig haben, dann bitten Sie doch die Bedienung im Stüberl, ein Taxi zu rufen. Es ist's wert.

Entfernung: Ungefähr 40 km
Aufstiegshöhe: Ungefähr 3700 m
Zeitdauer: 6 Tage
Art der Wanderung: Nicht vereist, steile Auf- und Abstiege; Schnee kann die Schwierigkeit beträchtlich vergrößern
Ausgangspunkt: Obertauern
Ziel: Seewigtalstüberl bei Aich
Beste Jahreszeit: Juli bis September (oft Schnee zu Beginn der Saison)

FRANKREICH, SCHWEIZ

3. Auf der GR 5 durch die Chablais-Alpen

von *Walt Unsworth*

Vom Genfer See durch die sanften Hügel der Chablais-Alpen zum Montblanc

Es gibt kaum eine bessere Einführung in das Alpenwandern als die ersten Tage auf der GR 5 vom Genfer See nach Chamonix. Bis auf ein oder zwei Ausnahmen ist der Weg gut markiert, kaum anstrengend, und es gibt viele Übernachtungsmöglichkeiten. Die Tagestouren kann man je nach Laune ausdehnen oder kürzen. Unterbrechungen sind jederzeit möglich, weil auf der gesamten Strecke Bahn oder Auto gut erreichbar sind.

1. Tag: *Von St. Gingolph bis zu den Bise-Hütten*

Genf ist wohl der beste Ausgangsort für diese Wanderung, obwohl man auch Montreux wählen könnte. Beide Orte sind durch öffentliche Verkehrsmittel mit dem Anfang bzw. dem Ende der Wanderung verbunden.

Der Weg beginnt in der Kleinstadt St. Gingolph am Genfer See. Den Ort erreicht man entweder romantisch per Dampfer von Montreux aus oder eher alltäglich mit der Bahn über Genf. Gingolph selbst liegt an der französisch-schweizerischen Grenze, die genau über die Brücke in der Mitte der Hauptstraße verläuft.

Der Wanderweg bleibt auf der französischen Seite und folgt dem Grenzbach Morge bis zum Weiler Novel. Er führt auf einem hübschen, zuweilen steilen Pfad durch den Wald, bis nach etwa eineinhalb Stunden Anstrengung Novel zu sehen ist. Es ist ein malerisch zusammengewürfelter Ort, was zu seinem siebenhun-

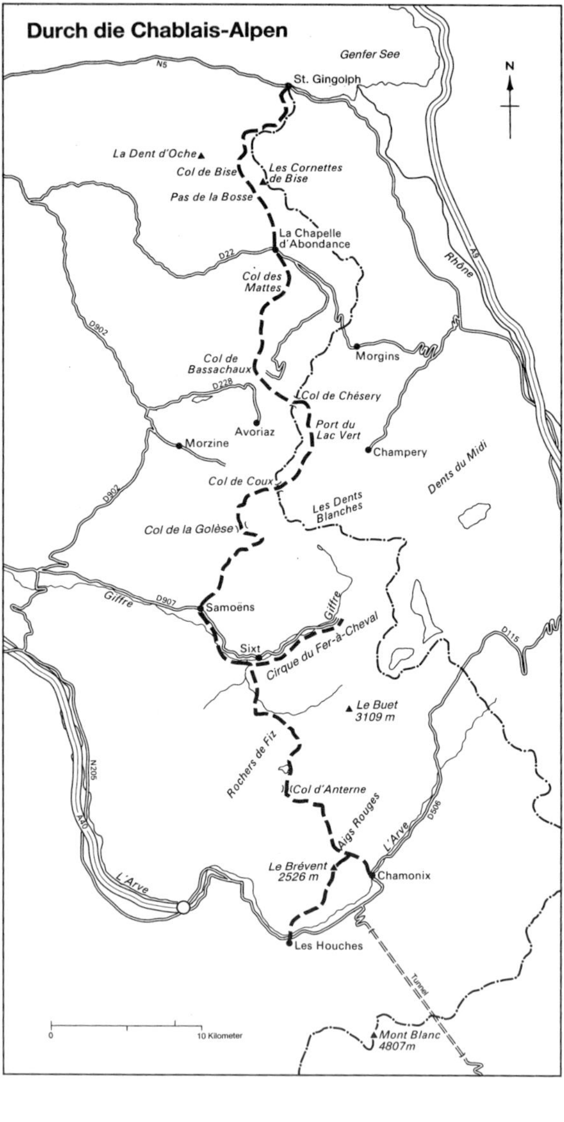
Durch die Chablais-Alpen
Genfer See
N
N5
St. Gingolph
La Dent d'Oche
Col de Bise
Les Cornettes de Bise
Pas de la Bosse
La Chapelle d'Abondance
D22
Col des Mattes
Rhône
A9
D902
Morgins
Col de Bassachaux
D228
Col de Chésery
Port du Lac Vert
Avoriaz
Morzine
Champery
Dents du Midi
Col de Coux
Les Dents Blanches
Col de la Golèse
Giffre
D907
Samoëns
Giffre
Cirque du Fer-à-Cheval
Sixt
D115
Le Buet 3109 m
Rochers de Fiz
Col d'Anterne
Aigs Rouges
N205
A40
D506
L'Arve
L'Arve
Le Brévent 2526 m
Chamonix
Les Houches
Tunnel
0
10 Kilometer
Mont Blanc 4807m

dertjährigen Alter zu passen scheint. Kaum zu glauben, daß die ganze Ortschaft 1924 niedergebrannt ist.

Nach dem Dorf läßt man bald auch die Bäume hinter sich. Das Tal endet weiter vorn in einem Ring von Kalksteingipfeln. Herrliche Wiesen dehnen sich davor aus. Es lohnt sich, hier eine Pause einzulegen, um zurück ins Morge-Tal in Richtung See – jetzt tausend Meter unterhalb – zu blicken. Auf beiden Seiten ragen die Felsen steil auf, besonders auf der schweizerischen Seite, wo die scharfen, grauen Bergspitzen des Grammont sich in wilder Schönheit zeigen.

Beim Weitergehen scheint es, als würde der Weg einem natürlichen Tal nach links folgen, das sanft zu einem Gebirgspaß hinaufführt. Aber das täuscht, denn schon bald führt der Pfad einen steilen Vorsprung entlang, der von Felsnasen immer wieder unterbrochen wird. Rechts erhebt sich der recht felsige Dent d'Oche bis hinauf zu 2222 m, und der Blick zurück zum See wird immer gewaltiger. Schließlich steigt der Weg in Zickzackkurven zu einer Spalte im Gebirgskamm empor, hinter der sich ein sanftes Hochtal dahinzieht.

Hier geht der Weg an der Ruine der Sennhütte Neuteu vorbei, ein exzellenter Unterschlupf bei plötzlichem Sturm, wie ich selbst eines Tages erfahren konnte.

Jetzt heißt es die Stelle ausfindig zu machen, wo der Weg scharf nach links zum Col de Bise (1916 m) abbiegt, sonst befindet man sich plötzlich auf dem Pfad nach Thonon-les-Bains. Bei klarem Wetter kann man das Holzkreuz oben am Paß als Erkennungszeichen benutzen. Bei schlechtem Wetter ist es jedoch kaum sichtbar. Glücklicherweise ist der Paß schon nach kurzem Anstieg erreicht.

Vom Paß aus läuft der Weg durch ein Tal abwärts. Ein Felsvorsprung verdeckt jegliches Anzeichen menschlicher Behausungen, und am Ende des Tales erscheint wuchtig und felsig der beeindrukkende Kalksteingipfel der Cornettes de Bise.

Der Abstieg erweist sich als angenehm und ziemlich kurz. Nach einer knappen Stunde erscheinen die Chalets de Bise, eine einsam gelegene Gruppe von Bauernhöfen mit ihren Kuh- und Ziegenher-

Blick auf die Aiguilles de la Vanoise

den. Der melodische Klang der Kuhglocken zur Melkzeit bleibt unvergeßlich. In der Hütte des Club Alpin Français kann man übernachten.

2. Tag: *Über den Pas de la Bosse bis Chapelle*

Die nächste Etappe ist kurz und anstrengend. Von der Clubhütte aus läuft der Weg unter den Cornettes de Bise entlang und steigt dann in scharfen Serpentinen zum Pas de la Bosse (1815 m) hinauf. Es ist kaum zu verstehen, warum manche der alpinen Bergkämme mit dem Begriff *col* (Bergsattel) und andere mit dem bedeutender klingenden *pas* (Gebirgspaß) bezeichnet werden, obwohl überhaupt kein Unterschied zu erkennen ist. Jedenfalls haben wir hier eine grandiose Aussicht auf das Dranse-Tal. Vom Paß führt ein liebliches, bewaldetes Tal, von weißen Kalksteinfelsen gesäumt, hinunter in das Haupttal. Diesem Tal folgt man bis zu den Chalets von Chevanne, wo der Weg sich zu einer Straße verbreitert, die in das kleine Dorf La Chapelle d'Abondance führt.

Die Wanderung von den Bise-Hütten nach Chapelle dauert ungefähr drei Stunden, der Tag hat also gerade angefangen. Trotzdem empfiehlt es sich, hier zu übernachten und sich auf die Anstrengungen des kommenden Tages vorzubereiten, statt sofort weiterzudrängen. Chapelle d'Abondance selbst bietet kaum Zeitvertreib, aber das größere Abondance mit einer Abtei aus dem 14. Jahrhundert liegt etwas weiter unten im Tal. Der Weg dahin dauert zu Fuß etwa eineinhalb Stunden, doch mit Glück erwischt man den Dransetal-Bus. Diese Gegend ist recht befahren, denn hier liegt eine beliebte Strecke nach Morgins und Champéry, auch die einzige Möglichkeit, per Auto zwischen dem Genfer See und dem Chamonix-Tal über das Gebirge in die Schweiz zu gelangen.

3. Tag: *Von Chapelle über den Porte du Lac Vert*

Sogar der Reiseführer warnt vor dem ersten Teil der heutigen Wanderung, denn der Aufstieg vom Dransetal aus war zumindest

Das Abondance-Tal. Links im Hintergrund die Cornettes de Bise und der Pas de la Bosse

bei meinem letzten Besuch noch sehr unübersichtlich. Zusammen mit einem Freund kämpfte ich mich stundenlang durch dichten Wald, in dem Versuch, den Pfad zu finden. Forstwirtschaftliche Markierungen, die genauso aussahen wie die Zeichen der GR5, hatten uns verwirrt. Also Vorsicht! Inzwischen hat mir das Fremdenverkehrsbüro in Chapelle versichert, daß der Weg jetzt besser markiert sei.

Ganz harmlos fängt er mit einem steilen, aber malerischen Aufstieg an, führt an einem herabstürzenden Wasserfall entlang und dann durch Wälder zum alten Chalet sur Bayard. Ab jetzt wird es nötig, den Reiseführer genau zu lesen und noch genauer die Landkarte zu studieren.

Sie tauchen bald aus dem Wald auf und erreichen einen Kamm, von dem aus Sie eine überwältigende Aussicht auf die fernen, schneebedeckten Alpen haben. Von hier führt der Weg an dem herausragenden Crête de Coicon entlang bis zu einem alten Bauernhof bei Lenlevay, wo Käse noch nach altem Brauch in großen Kesseln über offenem Holzfeuer hergestellt wird.

Jetzt kommt der Col de Bassachaux (1783 m). Neben dem Paß gibt es ein beliebtes Restaurant, und von dort führt ein breiter Weg zu einem Talende und weiter zum Col de Chésery (2025 m). Der Aufstieg ist nicht sehr steil, er schlängelt sich – gemächlich an Höhe gewinnend – zu einem breiten, hügeligen Paß mit alten Zollgebäuden. Wir befinden uns an der Schweizer Grenze, obwohl das an nichts zu merken ist – nicht einmal ein Schild mit der Aufschrift »Schweiz« gibt es.

Es ist nicht die beste Einführung in das Land der Schneeberge und der berühmten Präzisionsuhren. Die Berge sind klein und eintönig. Was vielleicht die größte Aufmerksamkeit erregt, ist ein eher mickrig aussehender See, der Lac Vert. Auf der anderen Seite des Sees erkennt man den Weg zum nächsten Paß, dem Porte du Lac Vert (2157 m) (*Porte* ist eine zusätzliche, aber seltenere Variante von *col* oder *pas*, doch ebensowenig von ihnen zu unterscheiden).

Der mühselige Aufstieg zum Paß ist unglaublich steil aber gnädigerweise kurz. Und oben ...

Oben erwartet Sie eines der eindrucksvollsten Panoramen der Alpen. Vor Ihnen fällt die Landschaft in ein breites Tal ab, an dessen äußerstem Rand die majestätischen Dents du Midi, eine sich gewaltig auftürmende weiße Gipfelwand, emporragen. Im Vordergrund leuchten saftig grüne Alpenhänge, gesprenkelt mit Chalets wie auf Schokoladetafeln. Im Hintergrund fesselt das Blau, Lila und Weiß des Hochgebirges.

Vom Paß aus sind es nur noch zwanzig Minuten bis hinunter zum einfachen Hotel in Planachaux.

Die weiße Gipfelwand der Dents du Midi

4. Tag: *Von Planachaux bis Samoëns*

Ein breiter Pfad verläuft von Planachaux unterhalb des Grenzkamms, bis er, von Alpenrosen gesäumt, steil zum Col de Coux (1925 m) ansteigt. Der Weg ist sehr schön, besonders mit den Dents du Midi als Hintergrund, aber auf Schritt und Tritt stören Leitungen, als ob ein verrückter Kabelleger am Werke gewesen wäre. Natürlich sind das keine Telegraphendrähte, sondern das schleichende Vorrücken von Drahtseilbahnen, Ski- und Sessellifte, die unsere Berge zerstören. Heutzutage regiert das Skilaufen die Alpen. Alle anderen seit jeher ausgeübten Aktivitäten wie Bergsteigen oder Wandern – ja sogar die Landwirtschaft – müssen sich diesem Götzen beugen.

Am Col de Coux endet die Stippvisite in die Schweiz, und der Weg wendet sich wieder Frankreich zu. Oben auf dem Paß öffnet sich die Aussicht auf das Ende eines Tales, das wie eine Mulde zwischen den Hängen eingebettet ist, sehr bewaldet und ausnehmend schön. Links ragt Felsspitze neben Felsspitze auf, mit eindrucksvoll vielfältigen Gesteinsschichtungen, passend Les Terres Maudites (das verfluchte Land) genannt. Schnell fällt der Pfad ab und taucht in die Wälder ein, wo er wegen Planierarbeiten leider nur noch schwer zu begehen ist. Doch dies bessert sich kurze Zeit später, und ein hübscher kleiner Weg führt hinauf zum Talrand, unterhalb zerklüfteter Felsklippen entlang, um dann zum Col de la Golèse (1659 m) aufzusteigen.

Diese Öffnung zwischen den Hügeln ist ein wichtiger Durchgang für Zugvögel und Insekten. Forscher haben herausgefunden, daß manche Vögel, etwa Kohlmeisen, nur jedes zweite Jahr auf ihrem Weg in den sonnigen Süden hier hindurchfliegen; andere wiederum, wie die Blaumeisen, benutzen jährlich diesen Paß. Wissenschaftler erforschen aber auch Wanderinsekten wie Mücken und Schmeißfliegen.

Es ist schade, daß wir nicht wie die Vögel und Insekten fliegen können, denn der Abstieg vom Col de la Golèse in die Stadt Samoëns ist lang und beschwerlich. Er scheint niemals enden zu wollen, zunächst als ein steiler Pfad, dann als Asphaltstraße – das bedeutet gut drei Stunden tüchtiger Marsch. Der einzige Trost liegt darin, daß man den Weg nicht in umgekehrter Richtung laufen muß! Weiter unten gibt es einen Fußweg, auf dem man die Straße umgehen kann. Aber inzwischen sind die meisten Wanderer zu erschöpft, um sich mit solchen Feinheiten zu befassen. Übrigens hat man von der Straße aus immer wieder die Sicht auf einen wunderschönen Fluß mit kleinen Seen. Dann gibt es noch einen kristallklaren Seitenarm, der wohl als Mühlbach eine der Mühlen des Weilers Moulins am Ende von Samoëns antrieb.

Mit Ausnahme von Chamonix, dem Schlußpunkt der Wanderung, ist Samoëns bei weitem der größte Ort auf dem Weg. Es ist eine angenehme Stadt, und ich erinnere mich gern an einen Festtag, den ich hier verbrachte. Ein Blasorchester spielte auf dem Stadtplatz, und überall herrschte reges Markttreiben. Früher fuhr von hier aus eine dampfbetriebene Bahn nach Annemasse am Rande von Genf. Die 50 km lange Reise dauerte damals drei Stunden. Spuren dieses alten Transportmittels sind immer wieder zu entdecken. Heute legt man die Strecke weniger romantisch – dafür in der Hälfte der Zeit – mit dem Bus zurück.

5. Tag: *Abstecher zum Fer-à-Cheval*

Obwohl der Fer-à-Cheval im Sixttal strenggenommen nicht auf der GR 5 liegt, wäre es schade, in der Gegend zu sein und ihn nicht gesehen zu haben. Seine Steinformationen gehören zu den eindrucksvollsten in den Alpen. Eigentlich kann man den 5. Tag als Unterricht in Sachen Landschaftsformen betrachten.

Von Samoëns aus folgt man etwa eine dreiviertel Stunde der Straße nach Sixt bis zu der Brücke von Perret. Man kann die Brücke auch über einen Wiesenpfad erreichen – oder sogar mit dem Bus, wenn man es sich gemütlich machen will. Überqueren Sie den Giffre, und folgen Sie einem bequemen Pfad entlang der tiefen Schlucht des Flusses, in deren Grund die reißenden Wasser toben. Über die Jahre hat der Fluß sich ein neues Bett gegraben, denn nach ein paar Minuten klettert der Pfad hinauf zur Vieille Gorge des Tines, dem früheren Flußbett des Giffre. Kalksteinfelsen ragen steil empor, und mit Hilfe von angebrachten Leitern klettert man an drei Stellen den Felsen hinauf.

In Le Fay mündet der Weg wieder in die Talstraße, und von da aus sind es noch etwa zwanzig Minuten bis nach Sixt. Das Dorf selbst ist eher enttäuschend, obwohl es im 19. Jahrhundert ebenso bei Bergsteigern wie der feinen Genfer Gesellschaft sehr beliebt war. An der Schulmauer des Ortes hängt eine Gedenktafel an Jacques Balmat, der 1786 als erster den Montblanc bezwang. 1834 wurde er in den Bergen oberhalb von Sixt vermißt – manche vermuten dahinter ein Verbrechen.

Der Weg durch das Tal in Richtung Fer-à-Cheval dauert über eine Stunde und hält sich entlang einer engen und vielbefahrenen Straße. Man kann sie umgehen, indem man mit dem Bus zur Endstation Plan du Lac fährt, wo es am Ufer des Giffre ein Restaurant gibt. Von hier aus führt ein breiter Weg weiter durch das Tal bis zu einem kleinen Café an der Brücke. Man braucht nicht weiterzugehen, denn alles Sehenswerte kann zwischen Plan du Lac und hier genossen werden.

Das Talende ist von wild aussehenden Kalksteingebirgen umschlossen: dem Mont Ruan, dem Pic de Tenneverge und den Dents Blanches, aber das wirklich Aufsehenerregende ist der Fer-à-Cheval, der finster auf den Plan du Lac herunterblickt. Unzählige Klippen und Felsspitzen ragen hinauf in die Höhe, und Wasserfälle stürzen aus Felslöchern herab. Im Frühjahr nach der Schneeschmelze können es sogar bis zu dreißig Kaskaden sein. Bei schlechtem Wetter, wenn die Wolken sich an den rauhen Felsen aufreißen, gleicht diese Szenerie einem Bühnenbild aus der Götterdämmerung.

Die Rückkehr durch das Tal nach Sixt kann mit dem Bus verkürzt und der Weg wieder bei Maison Neuve aufgenommen werden. Inzwischen hat er sich zu einer Straße entwickelt, die bis zu den Chalets de Lignon führt. Man kommt an der beeindruckenden Cascade de Rouget vorbei, wo sich das Wasser über zwei Felsstufen mehr als sechzig Meter in die Tiefe stürzt. Die Straße endet dann, und der Pfad steigt durch den Wald steil an bis zu weiteren Wasserfällen: den Cascades de Pleureuse und La Sauffla. Dort gabelt sich der Weg. Einer klettert die Schlucht bis zum Pas de Sales hoch, der andere führt über steile Hänge unterhalb des Pt. de Sales zum Collet d'Anterne (1800 m) hinauf. Wir folgen der zweiten Route und staunen wieder einmal, daß es noch ein weiteres Wort für einen Paß oder ein Joch gibt – *collet*, was wohl einen kleinen *col* bezeichnet, obwohl ich auch hier nicht den Unterschied zu sagen wüßte. Herrliche Aussicht hat man jetzt zurück in Richtung Samoëns und den Col de la Golèse. Mit ein wenig Glück können Sie sogar einen ersten Blick auf den Montblanc erhaschen.

Vom Paß aus braucht man nur noch eine halbe Stunde durch ein wildes, mit Felsen übersätes Hochtal bis zur Schutzhütte Chalet d'Anterne. Es ist ein langer Tag gewesen – ungefähr neun Stunden –, mit dem schwierigsten Teil am Schluß, und man freut sich auf ein Bett. Wenn man mit dem Bus nach Fer-à-Cheval fährt, wird die Tagestour erheblich vereinfacht.

6. Tag: *Vom Chalet d'Anterne über den Brévents-Gipfel*

Am nächsten Tag führt der Weg über das leicht hügelige Heidemoor des Plateau d'Anterne zu den dunklen, geheimnisvollen Wassern des Lac d'Anterne, der in einer einsamen Mulde liegt. Manchmal ist er sogar noch im Sommer zugefroren, und es kann in diesem wilden Bergtal auch noch stellenweise Schnee liegen. Der See besitzt keinen Abfluß. Das Wasser versickert im brüchigen Kalkgestein.

Die Route, die wir von Sixt aus genommen haben, ist sehr alt. Ende des letzten Jahrhunderts wurde sie zugunsten eines neuen Maultierpfades fast völlig aufgegeben. Dieser neue Pfad führt das Fonts-Tal hinauf durch Les Frassettes und die Chalets des Fonts. Er erreicht den Lac d'Anterne am Bas de Col d'Anterne, der die Heidelandschaft dieser Hochebene abrupt beendet. Hier bietet sich eine ausgezeichnete Aussicht auf Le Buet (3109 m).

Ein langsamer Anstieg führt in etwa einer halben Stunde zum hölzernen Kreuz des Col d'Anterne (2265 m), wo zum ersten Mal die gesamte Herrlichkeit des Montblanc-Massivs vor uns aufragt. Der Kontrast zwischen der Öde des Kalkgesteins im Vordergrund und der weißen Schönheit der hohen Gipfel ist überwältigend.

Der Weg läuft in steilen Serpentinen den Paß hinunter, führt über die wilde Klamm an der Quelle des Flusses Diosaz und am *refuge* des alten Chalet de Moëde vorbei. Eine wirklich wilde Gegend mit seinen kargen Kalksteinklippen und dem zunehmend tiefer werdenden Tal, das sich zu den beeindruckenden Schluchten des Diosaz entwickelt. (Es lohnt sich, diese von Servoz aus an einem Halbtagesausflug zu besichtigen.) Der Weg gewinnt langsam an Höhe, bis er sich kurz hinter einigen Häuserruinen gabelt, wobei der linke Weg – dem Sie folgen – in steilem Zickzack den Berg bis zum Col de Brévent (2386 m) hinaufsteigt. Der Boden ist steinig, aber der Weg gut. Vielleicht liegt noch vereinzelt Schnee.

Vom Paß wandert man bequem den Gebirgskamm entlang bis zum Gipfel des Brévents (2525 m), dem höchsten Punkt und auch dem Höhepunkt der ganzen Wanderung. Wie kann man die Aussicht über das Chamonixtal in Richtung Montblanc und die Aiguilles in Worte fassen? Es ist eines der berühmtesten Panoramen der Welt, und gleichgültig, wie oft man es genießt, der überwältigende Eindruck verblaßt niemals. Plötzlich wird einem der ganze Aufbau dieser Wanderung bewußt: Man sieht, wie die Pässe vom Ausgangspunkt am Genfer See aus Schritt für Schritt immer höher wurden, erste verstohlene Blicke über die Alpen freigaben, vom Col des Mattes, dem Porte du Lac Vert, dem Col d'Anterne, und jeder Ausblick fügte dem vorherigen etwas hinzu bis zum Höhepunkt auf dem Brévent.

Unten liegt Chamonix: das Ende der Wanderung. Eine Gondel verbindet den Berggipfel mit dem Dorf, aber dieses Unternehmen verdient einen besseren Abschluß. Vielleicht wählt man den bekannten Weg nach Les Houches, den man auf der Tour du Mont Blanc benutzt und der auch hier vorbeiläuft. Oder man nimmt den Abstieg über den Col de Brévent und Planpraz (la Cheminée, der

Kamin, wäre eine aufregendere Variante, die aber kurzes und leichtes Bergklettern einen Gebirgskamm hinunter verlangt). Es gibt viele Wege ins Tal, und Sie können den Ihren je nach Laune wählen. Es ist ziemlich gleich, an welcher Stelle Sie unten im Tal ankommen, denn die hervorragenden Busverbindungen bringen Sie schnell nach Chamonix.

Entfernung: 60 km
Zeitdauer: 6 Tage
Art der Wanderung: Dem Verlauf der Höhenzüge nach eine Reihe hoher Pässe
Ausgangspunkt: St. Gingolph am Genfer See
Ziel: Chamonix
Beste Jahreszeit: Juli bis September

4. Auf der Alta Via 1

von *Martin Collins*

Die klassische Dolomitenüberquerung

Schon 1789 berichtete der Marquis de Dolomieu, ein französischer Geologe, begeistert von der Schönheit der Berge an der Nordgrenze Italiens. Nach ihm wurde diese Gegend »Dolomiten« benannt.

Seitdem war dieser Gebirgszug ein Hauptschauplatz bergsteigerischer Entwicklung. Schon vor dem Ersten Weltkrieg erprobte man an den wuchtigen Felsblöcken und Pfeilern der Westalpen die Kletterei bis zu den »künstlichen« Klettertechniken mit Haken, Hämmern und Leitern.

Jede neue Bergsteigergeneration wurde von den Dolomiten inspiriert und gefordert. Im Sommer gibt es hier neben extremster Freikletterei weitere Klettermöglichkeiten aller Schwierigkeitsgrade, und im Winter finden sich traumhafte Skiabfahrten.

Diese bizarre, majestätische Landschaft ist aber nicht eine exklusive Domäne der Kletterer und »ganzen Kerle«, auch dem Bergwanderer bieten sich unvergleichliche Möglichkeiten. Ein enges Wegnetz reicht von den Tälern und Hügeln bis hinauf in die höchsten Massive. Trotz extrem steiler Felswände führen die Pfade weiter, verwandeln sich in *vie ferrate*, freiliegende Routen, ausgestattet mit Sicherungsseilen, Sprossen und hohen Leitern, mit deren Hilfe schwindelfreie Bergwanderer extreme Höhen erreichen können.

Eine angenehme Seite der Dolomitentouren sind die vielen Hütten am Wege. Bis auf einige entlegene Gegenden liegen sie selten mehr als eine oder zwei Wegstunden auseinander.

Es gibt sieben Hochtouren – *alte vie* – für Fernwanderer, die Fußwege, Saumpfade und alte Militärstraßen miteinander verbin-

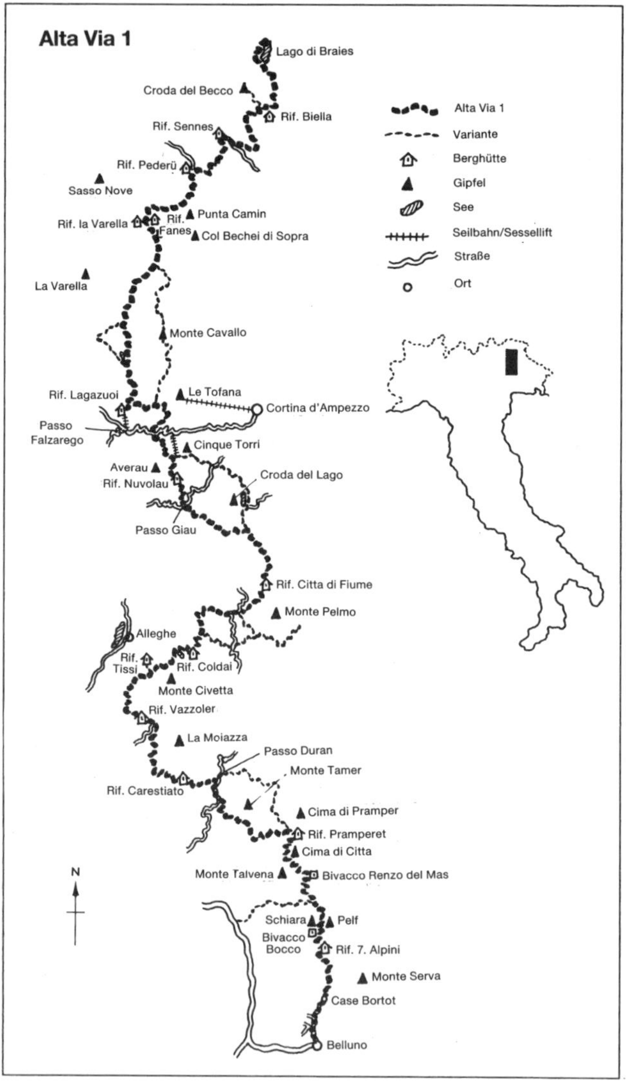
Alta Via 1
Lago di Braies
Croda del Becco
Rif. Biella
Rif. Sennes
Rif. Pederü
Sasso Nove
Rif. la Varella
Rif. Fanes
Punta Camin
Col Bechei di Sopra
La Varella
Monte Cavallo
Rif. Lagazuoi
Le Tofana
Cortina d'Ampezzo
Passo Falzarego
Cinque Torri
Averau
Rif. Nuvolau
Croda del Lago
Passo Giau
Rif. Citta di Fiume
Monte Pelmo
Alleghe
Rif. Tissi
Rif. Coldai
Monte Civetta
Rif. Vazzoler
La Moiazza
Passo Duran
Monte Tamer
Rif. Carestiato
Cima di Pramper
Rif. Pramperet
Cima di Citta
Monte Talvena
Bivacco Renzo del Mas
Schiara
Pelf
Bivacco Bocco
Rif. 7. Alpini
Monte Serva
Case Bortot
Belluno
N
Alta Via 1
Variante
Berghütte
Gipfel
See
Seilbahn/Sessellift
Straße
Ort

den. Bei der Planung dachte man an erfahrene Bergsteiger, denn die Wege winden sich beständig durch höchste Regionen. Sie sind rauh und steinig, staubige Pfade wechseln mit Querungen durch steile Geröllhalden und Schnee, Aufstiege in den Wald folgen, dann gelegentliches Klettern an festverankerten Metallseilen oder Sprossen. Manchmal empfehlen sich Seil und Karabiner.

Die Alta Via 1, die älteste Route, gilt immer noch als die klassische und schönste Route. Die genaue Länge läßt sich schwer messen, sie liegt etwa bei 120 km. In Nord-Süd-Richtung gelangt man vom südlichsten Tirol durch eines der beeindruckendsten Dolomitenpanoramen nach Belluno am Rande der Ebene von Venedig.

1. Etappe: *2 – 3 Tage vom Lago di Braies bis zur Lagazuoi-Hütte*

Der Nordhang des Croda del Becco wird vom Lago di Braies dominiert, einem türkisfarbenen See, eingebettet in eine tiefe bewaldete Mulde am Ende des Valle di Braies. Der See ist bisher trotz seiner malerischen Lage noch nicht vom Tourismus verdorben. Seine kleinen Kiesstrände, die sich von allen Seiten im klaren Wasser spiegelnden Gipfel und der würzige Pinienduft lassen den Reiz der Bergwelt ganz besonders intensiv erleben.

Die Alta Via 1 führt oberhalb des Südufers auf eine Schlucht zu, Serpentinen steigen zunächst in lichtem Wald empor, dann hinaus auf Geröllhalden. Die Silhouette eleganter, mit Schnee bedeckter Gipfel – das entfernte Tirol – entfaltet sich mit zunehmender Höhe am Horizont. Unter zerfurchten Klippen schlängelt sich der Pfad höher und steigt endlich ein felsiges Tal hinauf zum ersten Paß, in Italien gewöhnlich *forcella* genannt.

Die Porta Sora 'l Forn, fast 900 m über dem Ausgangspunkt, bietet eine unerwartete, wunderschöne Aussicht und macht den Wanderer zum ersten Mal mit den Bergen bekannt, deren Anblick ihn auf dem Weg nach Süden begleiten wird: die eisbedeckte Marmolada, der höchste Dolomitengipfel und Höhepunkt der parallel verlaufenden Alta Via 2; der beeindruckende Keil des Monte

In der Nähe der Biella-Hütte

Pelmo; nicht zuletzt die von Pfeilern gestützte Pyramide im Südosten, der Monte Cristallo.

Der Rifugio Biella, die erste der vielen Hütten am Weg, liegt unterhalb des Passes an einem Forstweg. Dieser ehemaligen Militärstraße folgt man, umrundet somit die blumenreiche Alpe di Sennes und steigt ab zum Rifugio Sennes, eine knappe Stunde Weg. Auf einer holprigen Straße über den Pian de Lasta (*pian* heißt ebenes Gebiet) und dann steil bergab erreicht man die Pederü-Hütte, von der aus eine befahrene Straße nach Val Badia führt.

Ein kleiner Bus befördert zahlungswillige Reisende das staubige Vallone di Rudo hinauf. Wegen der ausgebauten Straße ist dieses Gebiet bei Tagesausflüglern beliebt; den Groll der Wanderer über die Staubwolken gelegentlich vorbeifahrender Jeeps in Richtung Fanes- und Varella-Hütte kann man gut verstehen. Nicht weit von hier zieht der Lago di Limo an schönen Sommertagen viele Besucher an. Aber das unberührte Land um uns herum lockt den Reisenden zu sich auf die Alta Via 1 hinüber.

An einer Alm *(malga)* erreicht man einen Saumpfad und bald darauf eine Kreuzung mit einer der offiziellen Routenvarianten. Diese hier klettert das Vallon Bianco hinauf bis zum Kamm zwischen Monte Castello und Monte Cavallo, ein Gebirgsrücken, der während des Ersten Weltkriegs stark befestigt wurde und noch Reste von Schützengräben, Tunneln und künstlichen Simsen aufweist. Aber der Aufstieg ist beschwerlich und die Wand hinab ins Val Travenanzes gefährlich steil, wodurch die Durchquerung für manchen ziemlich riskant erscheinen mag.

Die meisten Wanderer bleiben auf der Hauptroute, die über die rauhe Ostflanke des Val di Fanes führt, wo man über Geröll zum deutlich sichtbaren Engpaß Forcella del Lago klettert. Bis jetzt scheint unsere Route mit ihren vielen breiten Wegen recht einfach zu sein, doch der Abstieg zerstört diese Illusion schnell. Loses Geröll und Felsstücke stürzen, von den Füßen losgetreten, unter uns in die Leere. Starke Nerven und gutes Schuhwerk sind angebracht. (Für Wanderer, die jetzt abgeschreckt sind, gibt es eine weniger steile Tour über die Forcella Col Locia, die am beeindruckenden Lago di Lagazuoi in die Hauptroute mündet.)

Vom Rifugio Monte Lagazuoi trennen uns nun noch Schieferhänge, im Winter Skipisten – ein mühseliger Marsch. Doch die Anstrengung wird reichlich belohnt. Die Hütte liegt auf einer Höhe von 2752 m, dem höchsten Punkt bisher, und die Aussicht vom Holzbalkon der Hütte ist einfach überwältigend. Essen und Getränke kann man hier kaufen, doch für diejenigen, die noch anderes brauchen, viel Zeit haben oder einfach etwas Zivilisation schnuppern wollen, gibt es eine Gondel hinunter zur Hauptstraße bei Passo Falzarego, von wo aus der Luxus von Cortina d'Ampezzo mit dem Bus erreicht werden kann.

2. Etappe: *3 – 4 Tage bis zur Carestiato-Hütte am Moiazza-Massiv*

Nach dem Ersten Weltkrieg wurde das früher österreichisch-ungarische Tirol Italien zugeschlagen. Auch heute gibt es deswegen noch viele Probleme, denn die österreichische Lebensart verträgt sich nicht immer reibungslos mit der italienischen.

Von der Lagazuoi-Hütte zieht sich die Alta Via 1 am Tofana-Massiv entlang, dem Schauplatz blutiger Kämpfe zwischen österreichischen und italienischen Gebirgstruppen im Ersten Weltkrieg. Überbleibsel davon sind noch deutlich zu sehen: geborstene Balken, Schützengräben, Ruinen, Stacheldraht. Wer Lust dazu hat und vor allem den Eingang findet, kann ein Labyrinth unterirdischer Gänge und Munitionsstollen vom Kamm des Piccolo Lagazuoi bis hinunter zum Passo Falzarego mit der Taschenlampe erforschen.

Auch das Castalletto, ein Vorsprung des Tofana-Hauptmassivs, wurde von den österreichischen Truppen zur Festung ausgebaut und war das Ziel wütender Attacken der Italiener, bis am 11. Juli 1916 die Explosion von 35 Tonnen Dynamit den gesamten Gipfel wegriß. Die Castalletto-Stollen mit ihren alten Schlafquartieren, Munitionslagern, Gewehrkammern und Latrinen wurden für Besichtigungen wiederhergestellt.

Eine luftige *via ferrata* führt vom Castalletto-Gipfel zu einer weiteren Kriegsanlage auf Tre Dita, während andere Wege über abschüssige Wände der Tofana-Gruppe klettern. Diese technisch ausgerüsteten Routen erfordern Klettererfahrung, Kletterausrüstung und Schwindelfreiheit. Einige Touren sind bis Anfang August schneebedeckt.

Es gibt auch »normale« Aufstiege zu den drei Tofana-Gipfeln, doch sind sie für unbedarfte Wanderer ohne Pickel und Steigeisen nicht zu begehen. Für diese ist es besser, mit der Seilbahn sich von

Cortina zur höchsten Spitze, der Tofana di Mezzo (3245 m), bringen zu lassen oder aber entlang der zahlreichen Pfade in geringerer Höhe zur Dibona- und Guissani-Hütte zu wandern, falls eine umfassende Erkundung des Gebiets geplant sein sollte.

Wenn Sie sich *via-ferrata*-Aufstiege überlegen, die ja nicht alle schwierig und teilweise durchaus auch von Wanderern zu schaffen sind, so ist ein wachsames Auge auf das Wetter unerläßlich. Allerdings der letzte Ort, wo man sich während eines Gewitters befinden sollte, ist so eine *via ferrata* mit ihren vielen Leitern, Sprossen, Seilen aus Metall, die den Blitz noch mehr als die Kämme, Gipfel und Spalten anziehen. Gewöhnlich ist das Klima in den Dolomiten sonniger und trockener als in den übrigen Alpen, doch unsichere Wetterperioden gibt es hier natürlich auch.

Auf einem grasbewachsenen Hang jenseits der Straße von Cortina nach Passo Falzarego verläuft die Hauptroute, und hier zweigt eine gleichwertige Variante ab. Diese führt an den Cinque Torri vorbei, im Osten deutlich zu sehen. Die fünf Felstürme, Überreste eines alten zerbröckelten Berges, sind ein beliebter Spielplatz für Kletterer, mit Routen aller Schwierigkeitsgrade und einer gleichnamigen Hütte. Maultierpfade führen durch den Wald und um den nördlichen Vorsprung der Croda del Lago herum zum Rifugio Palmieri am Ufer des Lago di Fedèra. Die Croda del Lago ist ein klassischer Dolomitenberg mit übereinanderliegenden steilen Klippen und gekrönt von mehreren Spitzen, die wie Kirchtürme aussehen und dementsprechend „Campaniles" (Glockentürme) heißen. Nach dem Aufstieg zur Forcella Ambrizzola mündet die Variante wieder in die Hauptroute.

Die Alta Via 1 dagegen nimmt den Aufstieg über nackte Felsenhänge zum Rifugio Nuvolau in Angriff. Genau im Westen steht die Averau-Spitze, die auf einer kurzen *via ferrata* von einer Stunde Länge erreicht werden kann. Ein Pfad unterhalb der Averau-Hütte ist einfacher als der Hauptweg zum Gian-Paß.

In weniger als einer Stunde erreicht man die Nuvolau-Hütte. Sie ist ein beliebtes Ziel für Tageswanderer, nicht nur weil sie gemütlich ist, sondern wegen ihrer Lage. Nach allen Seiten offen, steht sie auf einem kleinen Gipfelrücken des Nuvolau in 2575 m Höhe. Die Aussicht von hier ist einmalig, eine der schönsten in den Dolomiten. Nach hinten zu stehen der Tofane und der Lagazuoi, die Cinque Torri; im Süden blickt man über Felstürme und -kämme bis zum massigen Monte Pelmo hinüber; im Osten und Westen dehnen sich Täler und Gipfel, so weit das Auge reicht.

Metallseile sichern den folgenden, etwas abrupten Abstieg in flacheres Gelände, bis eine Rinne voller Geröll und einige kurze Felspassagen überwunden werden. Eine kleine Erleichterung für die Füße schaffen weiche Wiesen nach dem stundenlangen Marsch über Geröll und Fels.

Die Dolomiten sind für ihre Tier- und Pflanzenwelt berühmt, und tiefer gelegene Täler sind oft üppig bewachsen. Doch die Alte Vie sind Hochgebirgsrouten, halten sich durchgängig in etwa 2000–2500 m Höhe und vermeiden pflichtschuldig jede Niederung. So begegnet man nur Hochgebirgstieren wie Murmeltieren und scheuen Gemsen, und auch die Vielfalt der Alpenblumen hält sich in Grenzen.

Weideland aus Grasteppichen dehnt sich hinüber zur Passo-Giau-Straße und der gleichnamigen Hütte. Danach schlängelt sich der Pfad malerisch um sanfte Hügel – ein hübscher Gegensatz zum vorherigen Terrain. Rückwärtsblickend sieht man die Nuvolau-Hütte, die Ra Gusela, den Averau und immer wieder die gewaltigen Massive der Tofana, Marmolada und Sella.

Man braucht etwas mehr als zwei Stunden, um die Forcella Giau zu überqueren, die finsteren Klippen des Monte Formins südlich zu umrunden und zur Forcella Ambrizzola aufzusteigen. Über Geröllhalden mit großen Felsblöcken und Almen unterhalb des Becco di Mezzodi und La Rochetta führt der Weg weiter über die Forcella Col Duro, Forcella Roan und Forcella della Puina bis hinunter zum Rifugio Citta di Fiume.

Zwischen Nadelbäumen erhebt sich die Nordseite des Monte Pelmo. Über 1000 m steigt die mächtige Mauer aus Geröll und Fels bis zur Gipfelhöhe von 3168 m empor und scheint auf Fernwanderer der Alta Via 1 eine magnetische Wirkung auszuüben.

Blick vom Nuvolau auf den Monte Pelmo im Hintergrund

Seit der Porta Sora'l Forn am Anfang der Wanderung zog seine vierkantige Silhouette immer wieder den Blick auf sich, und jetzt endlich spürt man direkt die beeindruckende Nähe.

Von der Wegvariante aus, die unten am Fuße des Monte Pelmo entlang zur Venezia-de-Luca-Hütte führt, erblickt man die charakteristische, weithin erkennbare Südwand, »Caregón« (Sessel) genannt. Der normale Aufstieg ist nicht besonders schwer, aber er verlangt einige Erfahrung und gilt als langwierig und mühsam.

Nach dem Rifugio Citta di Fiume senkt sich die Alta Via 1 etwas ab und führt zwischen Bäumen über einen Sturzbach, der vom hoch über uns liegenden Pelmo-Gletscher gespeist wird. Von Forcella Staulanza aus muß man leider einige Kilometer auf holprigen, staubigen Straßen wandern, trotz zweier offizieller Alternativen, die den Monte Pelmo mit dem Monte Civetta, unserem nächsten Ziel, verbinden. Bei Hitze recht unangenehm, denn vorbeifahrende Autos hüllen den Wanderer unweigerlich in eine Staubwolke ein.

In Casere di Piòda (1816 m) werden Milchprodukte und Brot verkauft; es gibt dort einen großzügigen, wenn auch unebenen Parkplatz. Kuh- und Ziegenherden ziehen durch die umliegenden Weiden und machen sich auch im Nebel deutlich mit melodiösem Glockenton und ihrem unverkennbaren Geruch bemerkbar.

Ein Maultierpfad steigt hinauf auf den zerklüfteten Rücken des Monte Coldai, eines Ausläufers der Civetta. Die Route ist hier stark begangen und bildet eine angenehme Tagestour zum Lago Coldai und dem Rifugio Coldai.

Ein enttäuschender »falscher Gipfel« folgt dem anderen, bis ziemlich unvermittelt der Pfad an der großen Coldai-Hütte anlangt. Diese Hütte ist eine gute Basis für eine Besteigung der Civetta (3220 m), wo sich der »Tivan-Weg« von der Hütte aus mit der normalen Route *(via normale)* und der »Via Ferrata Alleghesi« verbindet.

Die Civetta ist ein herrlicher Berg, der 1867 das erste Mal von einem Engländer namens Tuckett bezwungen wurde. Zu dieser

Die Coldai-Hütte liegt direkt unterhalb der finsteren Felswände der Civetta

Zeit steckte die Kletterei an steilen Wänden noch in den Kinderschuhen, und seit damals wurden viele Routen eröffnet, die dem Berg seine Beliebtheit verleihen. Den Aufstieg sollten jedoch nur erfahrene Bergsteiger wagen, denn er enthält lange offene Abschnitte, die in schwieriges Hochgebirge führen.

Ziemlich bald nach der Hütte schiebt sich der smaragdgrüne Lago Coldai ins Blickfeld. Wie schon zuvor bei anderen Seen auf der Alta Via 1, liegt sein Reiz nicht nur in seiner Lage, sondern auch in den Gegensätzen, die zwischen Fels und Wasser entstehen. Plätze zum wild Campen gibt es in der Nähe in Hülle und Fülle, auch kleine Steinbuchten und grasbewachsenes Ufer, wo man sitzen und sich von der Landschaft gefangennehmen lassen kann. Gegenüber zeigen sich der Torre Coldai und der Torre di Alleghe, nördliche Vorsprünge der Civetta, mit Pfeilern und Türmen, während weiter im Norden, jenseits des tiefen Einschnitts des Alleghe-Tals, die entfernte Bergstation der Tofana-Seilbahn sichtbar wird.

Die Alta Via 1 überquert die Forcella Col Negro, bevor der Weg an Höhe verliert und den oberen Teil des Val Civetta erreicht. Die Civetta-Westwand ist ein ehrfurchtgebietender Anblick – 7 km Überhänge, Zinnen und Gipfel, die sich über dem Pfad noch 1200 m hoch auftürmen. Sie wurde mit einer Reihe riesenhafter Orgelpfeifen verglichen und erhielt den Namen »Wand der Wände«, einzigartig in den Alpen.

Die Tissi-Hütte ist 20 Minuten von der Route entfernt, nahe am Gipfel des Cima di Col Rèan (2218 m). Die Sicht von dort auf die Westflanke der Civetta bietet unvergeßliche Augenblicke, besonders bei Sonnenaufgang oder am Abend bei schönem Wetter, wenn das Alpenglühen die hellen Dolomitenfelsen feuerrot aufleuchten läßt.

Im späten Frühling und im Frühsommer wird das Val Civetta zu einem Pflanzenparadies; für Büsche und Bäume liegt es zwar zu hoch, doch wachsen Blumen im Überfluß. Wo die Alta Via 1 zwischen Alpenwiesen und hohen Felsfeldern auf und ab führt, entdecken aufmerksame Wanderer vielfältige Blumenarten wie Fingerkraut, roten Steinbrech, Enzian, Zwergalpenrose und sogar das Edelweiß, obwohl letzteres in Europas Bergen immer seltener wird.

Der stumpfe, vierkantige Turm des Torre Venzia schaut am Ende des Valle di Foram herüber, bevor ein Abstieg zur großen Vazzoler-Hütte führt. Jenseits bilden weitere Gipfel – der Torre Trieste und die Cima della Busazza, um nur zwei zu nennen – ein aufregendes Felspanorama, das den Weg über die Forcella di Col Palanzin und die kleine, steile Forcella Col dell'Orso begleitet.

Ein Ausläufer des Moiazza-Massivs zieht sich südlich bis zum Monte Framont hin, der bei der Forcella del Camp gequert wird. Unterhalb der beeindruckenden Südseite der Moiazza führt der Pfad an eine Kreuzung mit der *via ferrata* Gianni Costantini, die in kühner Linie durch ein tiefes »V« im Fels zu einer Biwakhütte in 2601 m Höhe aufsteigt. Danach überquert sie den Moiazza-Gipfelrücken und fällt zur Carestiato-Hütte ab. Wanderer der Alta Via 1 erreichen ebenfalls diese Hütte, aber über einen bequemen Fußweg durch ein Waldstück.

Man hat von der Hütte aus eine hübsche Aussicht hinunter nach Agordo und östlich zur Tamer/San-Sebastiano-Gruppe, die zum dritten Reiseabschnitt gehört. Eine halbe Stunde Weg durch Wald und über Weiden bergab bringt uns zur Straße am Duran-Paß und damit zum Ende der 2. Etappe.

Viele Hütten in den Dolomiten werden vom Club Alpino Italiano bewirtschaftet, einige aber, wie jetzt die am Duran-Paß, sind eine Mischung aus Gasthaus und einem *rifugio* und werden privat betrieben. Camping in kleinen Zelten wird in der Nähe der meisten Hütten toleriert, aber nicht immer! Viele Fernwanderer nützen das gute Hüttensystem ausgiebig und tragen deswegen nicht viel Gepäck mit sich herum. Sie tendieren dazu, die Selbstversorger mit ihren sperrigen Rucksäcken ein wenig zu belächeln. Aber auf der letzten Etappe der Alta Via 1 werden die Rollen manchmal vertauscht sein . . .

3. Etappe: *3 – 4 Tage vom Duran-Paß bis Belluno*

Die einsamste und empfehlenswerteste Etappe der Alta Via 1 beginnt am Duran-Paß. Im Gegensatz zu vielen vorangegangenen kleineren Abschnitten, die sich auch für Tagestouren oder Ausflüge eignen, ist dieses letzte Stück zum Monte Schiara verhältnismäßig unberührt. Der Weg stellt nicht mehr Probleme als vorher, wenn man vom Schiara selbst absieht. Aber er verläuft häufig fernab der Autostraßen und bietet weniger Hütten, wo die Tour unterbrochen werden kann. Die Überquerung des Monte Schiara beinhaltet an der Südflanke einen aufregenden Abstieg über eine *via ferrata,* der allerdings durch eine offizielle Variante umgangen werden kann.

Der Wanderer sollte sich über einiges im klaren sein, bevor er losmarschiert: Wie steht's mit dem Wetter? Hat man Verpflegung und Material für Notfälle dabei? Falls das Wetter umschlägt, wird Schutzkleidung gebraucht und vielleicht die Grundausstattung zum Biwakieren. Der autonome Rucksackwanderer besitzt hier enorme Vorteile!

Zunächst beginnt man mit einer kurzen Straßenwanderung, dann überquert die Alta Via 1 einen kristallklaren Wildbach und steigt durch Kiefernwald zur Forcella Dagarei auf. 30 km westlich ragt hinter einer Ebene der Pale di San Marino, der an der Alta Via 2 liegt, auf. Scheinbar ein Kamm von Gipfeln, in Wirklichkeit aber der Rand eines breiten Hochplateaus, von der Seite gesehen.

Der schmale Pfad geht weiter über Felsen, Geröllhalden und Schmelzwasserrinnen in 1600–1700 m Höhe. Im Sommer findet man hier nicht so leicht frisches Wasser, denn die Betten der Sturzbäche sind oft ausgetrocknet. Doch wilde Felshaufen zeugen von den riesigen Wassermengen zur Zeit der Schneeschmelze.

Zwei Stunden verbringt man auf der zerklüfteten, welligen Flanke des Monte Tamer. Manchmal schlängelt sich der Pfad durch schattigen Wald, willkommener Schutz vor dem grellen Sonnenlicht auf weißem Gestein. Malga Moschesin, eine Gruppe verlassener Scheunen mit baufälliger Umzäunung, könnte im Notfall als Unterschlupf dienen. Danach windet sich ein Ziehweg zu einer Ecke hinauf, und plötzlich eröffnet sich eine unerwartet schöne Aussicht über das Val Clusa hinweg auf den Monte Talvena und die Cima di Citta.

Vorbei an verfallenen Baracken aus dem Krieg folgt man einem seichten Flußbett zur Forcella Moschesin. Dieser Paß ist nicht besonders hoch (1940 m), jedoch äußerst idyllisch gelegen. Hinten ragen die verwinkelten Zinnen und Giebel des Cima Moschesin auf, während im Norden weit entfernt der Antelao (3263 m) über dem Val Pramper schwebt. Die Alta Via 1 fällt nun über den »Sentiero Balanzòle« ab durch lichten Wald bis zu einer Kreuzung an der Pramperet-Hütte, eine Mischung aus alten und neuen Gebäuden und ziemlich abgelegen.

Zwischen dem Duran-Paß und der Pramperet-Hütte gibt es noch eine offizielle Alternative, die »Zoldano-Variante«. Sie führt auf der anderen, der nordöstlichen Seite um die Tamer/San-Sebastiano-Gruppe auf alten Forst- und Jagdwegen herum. Der Club Alpino Italiano hat diese Variante, die bewaldeter und etwa zwei Stunden länger ist, inzwischen markiert.

Nach einer letzten Prüfung von Vorräten, Ausrüstung und Wetter macht man sich auf zur Überquerung der Cima di Citta. Ein guter Weg steigt zur felsigen Portela Piazedel auf und überquert danach die Felsblöcke und Geröllhalden des Cima-di-Citta-Kammes. Mit zunehmender Höhe kann man auf Schneefelder treffen, während sich allmählich die Aussicht über die gesamten Agordino-Berge eröffnet. Über felsübersäte, steile Grashänge geht es in Serpentinen hinauf (Vorsicht, Steinschlag!). Die Steigung läßt dann nach, und man erreicht die Forcella Sud del Van de Citta, ein Einschnitt in dem Kamm, der Cima di Citta und Monte Talvena in 2450 Höhe verbindet.

Vor uns liegt eine Landschaft aus nackten Felsen, Geröll und Felsbrocken, ursprünglich, wie aus einer anderen Welt – das Van de Citta. Bei drohendem Sturm oder Nebel ist er ein einsamer Ort, eine öde Wildnis, in der der Wanderer unwillkürlich seine Schritte beschleunigt. Bei klarem Wetter dagegen erschließt sich die wilde Schönheit der Gegend, und die Aussicht auf die angrenzenden Berge ist bemerkenswert. Unweigerlich fällt im Süden ein deutlicher Einschnitt am Horizont zwischen Pelf und Schiara auf. Es handelt sich um die Forcella del Marmol, den letzten hohen Paß auf der Hauptroute der Alta Via 1 vor dem Abstieg nach Belluno.

Zunächst geht es unbarmherzig 1000 m hinunter, erst über leichte Hänge, dann über zermürbend spitze, zertrümmerte Felsen zum Pian de Fontana und zur Biwakhütte Renzo del Mas (nach einem Bergsteiger benannt, der in der Marmolada starb). Früher war diese Hütte eine Scheune im Weideland, die meisten anderen dieser Biwakschachteln dagegen bestehen aus Metall und sehen aus wie Container.

Solche Hütten werden nicht bewirtschaftet und enthalten gewöhnlich nur das Nötigste, deshalb sollte man Essen, Brennmaterial und Schlafsack mitbringen. Die Sauberkeit hängt vom Verhalten der vorherigen Benutzer ab! Die Hütte zu verlassen, ohne die Tür zu schließen, ist eine Todsünde, denn man gibt den Raum damit dem Wetter und den Schafen preis.

Monte Schiaras Nordseite steigt immer höher empor, wenn man, am Ende des Val Vescova, einem Höhenzug folgend, eine Gabelung erreicht, an der die letzte offizielle Variante abzweigt. Mehrere Gründe sprechen dagegen, die große *via ferrata* an der Schiara-Südflanke zu nehmen. Nicht alle Wanderer auf der Alta Via 1 haben genügend Erfahrung und Lust, einen ausgerüsteten Felsabfall von 600 m hinunterzukraxeln. Das Wetter mag nicht ganz sicher sein; Müdigkeit und Verletzungsgefahr oder schon spärlicher werdendes Licht sprechen ebenfalls gegen den Weg. Daher gibt es die Möglichkeit, das Val Vescova auf Forstwegen hinunterzugehen, am Rifugio Bianchet vorbei, um beim Weiler La Muda die Hauptstraße zu erreichen. Man kann jetzt nach Belluno mit dem Bus fahren oder den letzten Abschnitt der Tour erkunden, indem man das Val d'Arco zur 7. Alpini-Hütte unter der Schiara-Südwand hinaufwandert.

Schon der Blick zur Forcella di Marmol hat die Illusion von einem leichten Weg dorthin geraubt. 700 m steiler Anstieg im tiefen Tal zwischen Pelf und Schiara werden am Ende allerdings durch den luftigen, aufregenden Standort der Hütte belohnt.

Der Club Alpino Italiano berichtet von zahlreichen Unfällen, wobei auch Tote zu beklagen waren. Stets waren es Leute, die versuchten, die eisige südliche Rinne hinabzusteigen, offensichtlich ein verlockender Pfad für Unbedarfte.

Farbige Zeichen – die Standardmarkierung der Alta-Via-Routen – weisen den richtigen Weg, der rechts zum Schiara-Gipfel abbiegt und bald auf die Biwakhütte »Sandro Bocco« stößt, die neun Menschen Platz bietet.

Danach beginnt die Via Ferrata del Marmol, eine schwindelerregende Folge von Felsgesimsen und Ecken, Wasserrinnen, Felstürmen und luftigen Querungen, alle gut markiert und gesichert. Eine riesige Höhle, der Porton, leitet über zu leichteren Grashängen, auf denen der Rifugio 7. Alpini steht, ein idealer Ausgangspunkt zum Klettern und für andere *vie-ferrate*-Touren.

Ist das letzte Hindernis überwunden, so wird Alta Via 1 zu einem Bummel am Wildbach Ardo entlang nach Case Bortot, einem Weiler mit Gasthaus, Telefon und keinem Parkplatz am Ende der Straße nach Belluno.

Bald schon läßt man die hügeligen Landstraßen hinter sich, dann auch die ersten Bauernhöfe, und erreicht Autostraßen und Vorstadtsiedlungen. Nur der strengste Purist wird die Busfahrt vom Vorort Bolzano-Belluno ins Zentrum ablehnen.

Am Fluß Piave gelegen, bildet Belluno die vollkommene Endstation für eine klassische italienische Bergtour. Es bietet dem zivilisationsentfremdeten Wanderer all den sonst gewohnten Luxus, den man sich seit Cortina d'Ampezzo versagen mußte – wobei Cortina ja auch gar nicht richtig an der Route lag. Belluno mit seinen venezianischen und Renaissancegebäuden, Piazze mit Denkmälern, einem hübschen Museum und herrlichen schattigen Anlagen zu besichtigen, lohnt sich.

Nach Süden hin erstreckt sich eine lange Voralpenkette mit ihrem höchsten Punkt, dem Col Visentin (1763 m). Er kann mühelos über Straße, Sessellift und leichte Kammwanderung erreicht werden. Von diesem einsam aufragenden Punkt kann man außergewöhnlich weit blicken: vom inzwischen vertrauten Dolomiten-Massiv im Norden bis zu den Lagunen Venedigs.

Der Col Visentin gehört inzwischen offiziell als freiwillige Erweiterung zur Alta Via 1.

Entfernung: 120 km
Zeitdauer: eine Woche bis 10 Tage
Art der Wanderung: Gute Pfade durch zerklüftetes Hochgebirge. Erfahrung im Bergwandern und gute körperliche Kondition erforderlich.
Ausgangspunkt: Lago di Braies
Ziel: Belluno
Beste Jahreszeit: Juli bis September

5. Durch die Picos de Europa

von *Stephen M. Lee*

Eine Wanderung zu den Kalksteintürmen Nordspaniens

Das gewaltige Bergmassiv der Picos de Europa erhebt sich ungefähr 80 km östlich von Santander in Nordspanien. Nur 32 km vom Meer entfernt, erreicht der höchste Gipfel 2648 m, und einige sind selbst im Hochsommer mit Schnee bedeckt. Der felsige Kalkstein der Picos lädt zum Bergsteigen und zum Wandern ein. Man findet hier bequeme, leichte Wanderwege wie auch anstrengende Klettertouren durch zerklüftete Felsen für geübte Bergsteiger.

In jener Zeit, als man noch keine elektronischen Navigationsgeräte kannte, wiesen die Picos den vom Atlantik und der Bucht von Biskaya heimkehrenden Fischern den Weg zum europäischen Festland. Und daher stammt auch der Name: Picos de Europa, die Spitzen von Europa.

Preiswerte und gemütliche Herbergen und die Gastfreundschaft der Einheimischen machen die Picos zum beliebten Feriengebiet für Wanderer. Kursierende Gerüchte von dort noch hausenden Bären, Wölfen und Wildkatzen erhöhen den Reiz der Gegend.

Die Picos können das ganze Jahr über besucht werden, außer im Winter, wenn die höchsten Pässe oft vom Schnee blockiert sind. Im Durchschnitt beträgt die Niederschlagsmenge 1800 cm pro Jahr, die Monate April und Mai sind jedoch meist heiter. Die günstigste Reisezeit ist Ende August bis Ende September, und es ist oft bis weit in den Oktober hinein niederschlagsfrei.

Im Herbst sind die den Picos vorgelagerten Täler oft in dichten Nebel gehüllt, der dann in einer Höhe von ungefähr 1400 m plötzlich aufbricht und man sich in strahlendem Sonnenschein befindet.

Entfernung: 70 – 120 km, je nach ausgewählter Route
Zeit: 6 Tage
Wanderstrecke: mäßig schwer, manchmal anstrengend. Selten über 2000 m Höhe
Ausgangspunkt: Espinama/Fuente De
Ziel: Cangas de Onis
Beste Jahreszeit: Mitte August bis Ende September

Während der Tourist im Auto meist nur die Nebel im grünen Vorgebirge sieht, findet der Wanderer viele Fußwege, die über der Nebelgrenze liegen.

Beeindruckende Schluchten trennen die Picos in drei Massive. Das westliche Cornion-Massiv grenzt an den 1918 ausgewiesenen und damit ältesten Nationalpark Spaniens, den Covadonga, der vom Pẽna Santa de Castilla (2596 m) beherrscht wird.

Östlich des Cornion und jenseits der wilden Cares-Schlucht liegt das Urrieles-Zentralmassiv mit ungefähr einem Dutzend Bergen, die höher als 2400 m sind. Dort erhebt sich der spanische Eiger, der Naranjo de Bulnes (2519 m), der 1904 zum ersten Mal bestiegen worden ist. Er ist der beeindruckendste Berg des Zentralmassivs, wenn auch der höchste der Torre Cerredo ist, der eine Höhe von 2648 m erreicht.

Weiter östlich liegt das Andares-Massiv mit seinem höchsten Berg Lechugales (2441 m). Die sanfter fallenden Hänge des Ostmassivs begrenzt der Deva-Fluß, der nach 32 km bei Unquera ins Meer mündet.

Es gibt keinen »Picos-Wanderweg«, wie es zum Beispiel den »Inca Trail« in Peru oder den »Pennine Way« im nördlichen England gibt, mit einem bestimmten Anfang und Ende. Aber im Picos-Gebiet, das immerhin ca. 1250 km^2 umfaßt, sind interessante, unglaublich schöne Wanderwege zu finden. Manche winden sich an tiefen Schluchten entlang, die man nur zu Fuß überqueren kann, und man findet sich plötzlich auf einem ganz anderen Weg wieder, der nicht zum Ausgangspunkt zurückführt. Eine Rundwanderung ist also nicht immer möglich.

Ich bin sowohl im Wagen als auch in öffentlichen Verkehrsmitteln zu den Picos gereist, und mir hat beides gut gefallen. Am besten nimmt man jedoch öffentliche Verkehrsmittel von Santander aus, da die günstigsten Routen, die ich zusammengestellt habe, nicht zum Ausgangspunkt zurückführen.

Viele Gebiete in den Picos sind ein »Muß«, und ich habe eine Wanderroute ausgewählt, die die schönsten Stellen auch für den einfachen Bergwanderer ohne Kletterkenntnisse einschließen.

Wie in jeder Gebirgsgegend finden sich in den Picos idyllische wie auch wilde Gebiete. Es ist also durchaus möglich, im Sommer nur einen Pullover und Laufschuhe statt Bergstiefel mitzunehmen, nebst einer Matte, um auf gut Glück entweder in Berghütten oder unter freiem Himmel zu schlafen.

Besser ist es jedoch, auf Nummer Sicher zu gehen. In den äußeren Tälern gibt es zwar eine ganze Anzahl billiger, einfacher Unterkunftsmöglichkeiten und Lagerplätze, steigt man aber in das Zentralmassiv ein, kann das Wetter sehr schnell unberechenbar werden. Ich habe dort neben Regen auch Hagel und Schnee im Sommer erlebt und Ende Oktober über 30° C Hitze. Außerdem sind trotz einiger neuer Hütten die Unterkünfte entlang der bekannten Routen im Hochsommer oft belegt. Wenn das Wetter nicht mitspielt, kann man mit unzureichender Ausrüstung in ernste Schwierigkeiten geraten. Der plötzlich aufsteigende undurchdringliche Pico-Nebel ist bekannt. Man ist also besser mit regenfestem Umhang dran, mit warmer Kleidung, festen Stiefeln und einem Zelt. Da es in der Höhe kein Holz gibt, sollte man Kocher und Brennstoff mitnehmen. Es gibt einige bewirtschaftete Hütten mit Verpflegung, doch muß man sich vor Wanderbeginn unbedingt erkundigen, ob sie auch in Betrieb sind. Eine Wasserflasche ist wichtig, denn oberhalb von 1600 m gibt es nur wenige Quellen. Außerdem sind die Flüsse, besonders nahe der Dörfer, oft verschmutzt.

Die Bewohner der Picos sind äußerst gastfreundlich. Da die Gegend jedoch weniger stark von Touristen besucht wird als zum Beispiel in den Pyrenäen, findet man kaum jemanden, der eine fremde Sprache spricht.

Folgende Wörter könnten sich bei einem Informationsaustausch über Wanderwege als nützlich erweisen: *collado* – Hügel, Bergsattel; *horcada* – enger Paß; *vega* – Wiese, Plateau; *hoyo* oder *jou* – kreisrunde Senke; *lloraza* – Regenloch; *mirador* – Ausguck; *posada* – Gasthaus; *horreo* – Scheune. Charakteristisch für die Picos sind die malerischen Holzscheunen auf Stelzen, um das Getreide sicher vor Schädlingen zu lagern.

Günstiger Einstiegsort zu den höher gelegenen Gebieten der Picos ist Fuente De, das man von Potes leicht mit dem Bus erreichen kann. Wer noch einmal Luxus genießen will, findet hier wohl den prächtigsten *parador* der ganzen Gegend. Von hier aus führt eine kleine Seilbahn (für Besitzer eines Alpenvereinsausweises ermäßigt) durch den Nebel zur Bergstation hinauf, deren Hütte nicht immer in Betrieb ist. Von dort aus hat man eine atemberaubende Sicht auf die karge Schönheit des Zentralmassivs der Picos.

1. Tag: *Von Fuente De zum Naranjo de Bulnes*

Hier liegen nun die wahren Picos vor uns. Über Espinama führen Wege hinauf zur Bergstation, doch wird man erleichtert die Seilbahn in Anspruch nehmen, wenn man nicht allzu fanatisch an die Sache herangeht. Im Sommer stehen lange Warteschlangen vor der Station, die sich aber schnell auflösen. Von der Bergstation von Fuente De nimmt man den 1 km langen Weg nach Horcadina de Cobarrobres (1930 m), von wo aus man dann wahlweise zum Refugio de Aliva, nach Espinama oder in Richtung Sotres wandern kann. Wählt man die linke, nordöstliche Gabelung zu den Horcados Rojos, kommt man weitere 1½ km auf einer Straße voran, die über einen *jou sin tierra* führt, was mit »Vertiefung ohne Erde« übersetzt werden könnte, eine Senke von erschreckender Kargheit. Bei La Vueltona in Richtung Paß wird der Weg immer steiler und gibt bald den Blick auf die seltsamen Umrisse der Veronica-Hütte frei (2325 m), Überreste des Radarturms eines Flugzeugträgers, die angeblich in einer Schnapslaune von spanischen Bergsteigern hier heraufgebracht worden sind. In dem Lager der Hütte können vier Leute übernachten. Von der Station der Seilbahn aus führt der Bustamante-Weg in einem 2½stündigen Marsch zu den Horcados Rojos.

Der Abstieg ist nur etwas für Schwindelfreie, obwohl ein Drahtseil angebracht wurde, an dem sich die Wanderer festhalten können. Der einstmals gefährliche Abstieg ist nun eine risikolose Kletterei zur darunterliegenden Steinwüste. Nach dem Abstieg in

Steiles Terrain unterhalb der Horcados Rojos

den Jou de los Boches führt der Weg, der hin und wieder durch rote Pfeile an den Felsen gekennzeichnet ist, an der östlichen Seite der Garganta des los Boches entlang, bis dann nach einem weiteren Gipfel von 2079 m die Naranjo-Hütte sichtbar wird.

Weitere 2½ Stunden müssen vom Rojos-Gipfel hinab eingeplant werden. Der Weg ist zwar recht gut, aber beim Abstieg spürt man doch die Knie, besonders wenn man mit schwerem Rucksack beladen ist.

Für mich ist dies die schönste Picos-Tour zum Bergwandern: vorbei an herrlichen Felstürmen wie dem Pico Tesorero und dem Llambrion zur Linken, während von den Horcados Rojos aus die markante Form des Naranjo langsam näherrückt.

Hier trifft man fast immer auf Gemsen *(rebecos)*, die leichtfüßig über die Felshänge springen. Der Aufstieg zur Naranjo-Hütte (Refugio Juan Delgado) ist immer wieder ein Erlebnis. Nach anstrengendem Weg belohnt eine herrliche Aussicht. Erst wenn man selbst so klein und unbedeutend am Westhang steht, kann man die Majestät dieses Berges ermessen, der den Namen »Spanischer Eiger« zu Recht trägt. Die Berghütte (mit Kochgelegenheit) bietet 40 Personen Platz. Bier und alkoholfreie Getränke sind ebenfalls erhältlich. Hier treffen sich die wahren Bergsteiger, und der überfüllte Zeltplatz an der Hütte gleicht einer Handelsmesse für modernste Bergsteigerausrüstung.

Bei meinem letzten Besuch sah ich in der Dunkelheit einen Stern, der heller als all die anderen Sterne zu leuchten schien. Es war nicht ein Stern, wie wir bald bemerkten, sondern die Taschenlampe eines einsamen Bergsteigers, der einige Meter unterhalb des Gipfels sein Lager für die Nacht aufgeschlagen hatte. Aufregung und Spannung ließen uns kaum schlafen. Am nächsten Tag kehrte der Bergsteiger siegreich zurück. Wir waren stolz, daß wir diesen Erfolg miterleben durften.

Der Naranjo (spanisch für Orange), von den Einheimischen El Picu genannt, hat tatsächlich eine leicht orangefarbene Tönung, besonders wenn die untergehende Sonne den Westhang beleuchtet.

2. Tag: *Von der Naranjo-Hütte nach Bulnes*

Der in nordöstlicher Richtung zum Collado Vallejo führende Pfad ist kürzlich ausgebessert worden und befindet sich nun in bestem

Zustand. Vom Collado aus hat man eine phantastische Sicht auf El Picu. Doch wie so oft in den Picos, taucht der Wanderer dann unterhalb der 1400-m-Grenze in die Wolken ein. Nach 2 km erreicht man die Schutzhütte und das Dorf Majada de Terenosa und 1 km weiter den Collado de Pandebano. Von hier aus kann man nach Sotres absteigen. Dabei folgt der Pfad dem nördlichen Ufer des Flusses in nordöstlicher Richtung bis Majada de Canero. Hier überquert man den Fluß und wandert dann am südlichen Ufer entlang nach Invernales des Cabao. Der Abstieg durch die Vegetation ist recht anstrengend und geht in die Beine, besonders wenn nach einem Regen die Steine rutschig sind. Der Rio Duje wird bei Invernales überquert, Sotres liegt dann 1 km nördlich an einer unbefestigten Straße. Bei dieser Route braucht man 4½ Stunden für den Abstieg, 6 Stunden für den Aufstieg.

Von Sotres führt ein 12 km langer Marsch nach Carmamena und Puente Poncebos, von wo aus man die spektakuläre Schlucht von Cares erreicht und wieder auf die Hauptroute stößt.

Von Collado de Pandebano aus in Richtung Westen kommt man nach 2 Stunden in Bulnes an, dessen Gasthof ca. 20 Personen Unterkunft bietet. Er liegt ideal für einen frühzeitigen Aufbruch am nächsten Tag zur Cares-Schlucht.

3. Tag: *Die Cares-Schlucht*

Von Bulnes geht es in nördlicher Richtung zum Puente de la Jaya hinab, wo der Pfad den Weg zum Cares kreuzt (2½ Stunden). Zur Rechten liegt Puente Poncebo mit seinem hübschen Gasthof, der auch Übernachtungsmöglichkeit bietet (Hostal del Garganta del Cares). Überquert man den Rio Cares und folgt seinem Nordufer, führt der Weg an einer aufsehenerregenden Schlucht entlang durch Felsunterführungen hindurch bis nach Cain (460 m). Die »göttliche Schlucht« wird die Garganta del Cares auch genannt, und weder in den Alpen noch in Nord- und Südamerika habe ich Vergleichbares gesehen. An einigen Stellen öffnen sich Abgründe von 1000 m Tiefe.

Die Garganta del Cares wird auch die „göttliche Schlucht" genannt

Cain ist ein seltsamer Ort, dessen Einwohner den von der Schlucht her kommenden Wanderern leicht mißtrauisch begegnen, doch es gibt hier Unterkünfte und eine Bar.

Von Poncebos nach Cain sind es 12 km (der beschriebene Abstieg dauert 3½ Stunden, für den umgekehrten Weg braucht man 5 Stunden).

Falls es der Zeitplan erlaubt, empfehle ich jedem Wanderer, in Posada de Valdeon zu übernachten, ein Schmuckstück des Valdeon-Tales und ein äußerst angenehmes Bergdorf. Auf dem Weg dorthin kommt man am Mirador del Tombo vorbei, ein beliebter Ort für Tagesausflügler von Posada. Vor dem Hintergrund der zackigen Gipfel hebt sich die hübsch angefertigte Statue eines Rehes ab. Von Cain nach Posada sind es weitere 12 km (ca. 3 Stunden) auf einer unbefestigten Straße.

Für diese herrliche Wanderroute von Bulnes nach Posada de Valdeon braucht man etwa 8 anstrengende, aber lohnende Stunden. Posada rühmt sich dreier Gasthöfe und Restaurants. In der Bar Picos hängen erwartungsgemäß alte Photographien von einheimischen Bergsteigern längst vergangener Zeiten. Posada ist ein freundlicher Ort, den man nur schweren Herzens wieder verläßt.

Von hier aus kann man entweder nach Fuente De zurückkehren oder – falls man weiterwandern möchte – die Picos bei Covadonga verlassen.

4. Tag: *Von Posada de Valdeon zum Refugio Vega Huerta*

Von Posada führt eine schöne Route über den Pandetrave-Paß nach Fuente De. Auf der Straße von Posada nach Santa Marina hat man eine herrliche Sicht auf das Valdeon-Tal und das Zentralmassiv. Nachdem man den Paß erreicht hat (2½ Stunden), biegt man links in einen Feldweg ein. Nach 2 km die nächste Abbiegung nach rechts (Nordosten) nehmen, der Weg links führt zum Collado de Valdeon im Norden. Nach einem 2½stündigem Abstieg vom Paß gelangt man nach Fuente De.

Die beliebteste Route von Posada nach Vega Huerta ist über die Straße und den Panderruedas-Gipfel, obwohl der Zugang von der Vegabana-Hütte im Osten noch leichter ist. Doch auch der Weg von Panderruedas aus ist nicht anstrengend und dauert ca. 5 Stunden. Die Hütte wird zur Zeit renoviert, gute Lagerplätze finden sich in der Nähe.

Posada de Valdeon, ein freundlicher Ort, den man nur sehr ungern wieder verläßt

5. Tag: *Vom Refugio Vega Huerta zum Refugio Vega Redonda*

Von der Vega-Huerta-Hütte führt eine atemberaubende 4stündige Wanderung nach Norden zum Refugio Vega Redonda. Der Weg folgt dem westlichen Hang des Cornion-Massivs über die Gran Horcada de Pozas, den Alba- und den Mazada-Gipfel. Die Route zur beeindruckenden Porru-Bolu-Säule ist streckenweise etwas schwierig, da der Pfad oft schwer zu erkennen ist. Ein guter Wanderführer ist daher wichtig. Die ursprüngliche Vega-Redonda-Hütte ist im September 1986 durch eine neue Hütte ersetzt worden, in der 80 Personen Unterkunft und einfaches Essen finden.

6. Tag: *Vom Refugio Vega Redonda nach Covadonga*

Nach einem 1½stündigen Marsch vom Refugio Vega Redonda aus trifft man auf eine unbefestigte Straße, die zu den Seen Ercina und Enol führt. Im Juli feiern die Schäfer dort ein Fest, und es gibt genügend Lagerplätze und mehrere Gasthöfe, falls man dort bleiben möchte. Schafe und Pferde weiden einträchtig auf den hügeligen Wiesen.

Von hier aus führt die Straße am Mirador de la Reina vorbei nach Covadonga. Schon von weitem kann man die Turmspitzen der Basilika von Covadonga sehen, bis der Wallfahrtsort sich als ein friedliches, ruhiges Städtchen entpuppt. Der aus Covadonga stammende Ramón Pelayo war maßgeblich an der Rückeroberung Spaniens von den Mauren im 8. Jahrhundert beteiligt. Covadonga hat einen sehr luxuriösen Gasthof und eine einfachere, aber gute Herberge.

Von Covadonga erreicht man Cangas de Onis in bequemen 12 km; es gibt auch öffentliche Verkehrsmittel. In Cangas führt eine schöne römische Brücke über den Rio Sella. Falls man nur noch wenig Zeit zur Verfügung hat, kann man ohne Schwierigkeiten per Anhalter von den Seen nach Cangas gelangen und von dort aus zum 4 Stunden entfernt liegenden Santander.

NORWEGEN

6. Eine Überquerung des Jotunheimen-Gebirges

von *Ingrid High*

Von Ost nach West durch das Reich der Riesen

Das Jotunheimen-Gebirge – der Name bedeutet »Heimat der Riesen und Trolle« – ist eine Ansammlung von Bergen und Gletschern, Tälern und Seen jeglicher Größe, ein Wildnisgebiet unzerstörter Natur. Ein Landstrich, in dem der Mensch wieder auf sein eigentliches Maß reduziert wird und wo man viele Tage der Ruhe und Einsamkeit erfährt.

Jotunheimen befindet sich im Landesinnern des südlichen Norwegens und ist sowohl von Oslo als auch von Bergen aus gut zu erreichen. Im Osten wird der Gebirgszug durch die Straße von Fagernes nach Vågå (im Winter gesperrt) begrenzt; im Norden von der Hauptstraße von Otta nach Stryn; im Westen von der Sognefjellstraße (ebenfalls im Winter gesperrt); und im Süden grenzt er an die Straße von Turtagrø nach Tyin.

Viele Hütten und ebenso viele Verbindungswege machen verschiedene Routen möglich. Die Tour, die ich heraussuchte, zeigt dem Wanderer die vielen verschiedenen Gesichter des Jotunheimen-Gebirges. Der Weg beginnt am östlichen Rand bei Gjendesheim, das schon immer, seit Bergwandern in Norwegen populär geworden ist, einer der beliebtesten Ausgangsorte war. Der Pfad verläuft dann von der Memurubu-Hütte (über den Besseggen-Kamm) zur Gjendebu-Hütte (über Bukkelageret), dann weiter nach Eidsbugarden/Tyinholmen, von dort nach Vettismorki/Vetti (über Fleskedalen), nach Skogadalsbøen und endet in Turtagrø. Für diese Strecke braucht man 6 Tage. Viele Hütten eignen sich auch als Ausgangspunkt für Tages- oder Mehrtagestouren.

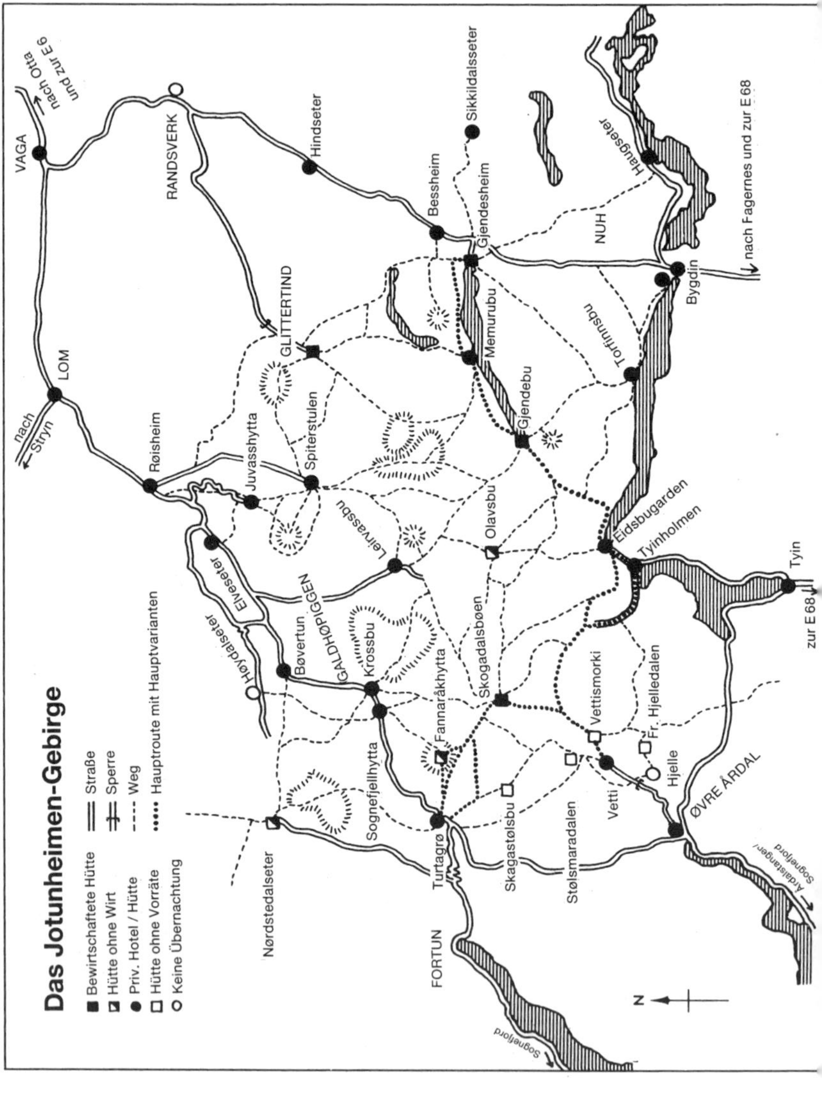

Das Jotunheimen-Gebirge
Bewirtschaftete Hütte
Hütte ohne Wirt
Priv. Hotel / Hütte
Hütte ohne Vorräte
Keine Übernachtung
Straße
Sperre
Weg
Hauptroute mit Hauptvarianten
nach Otta und zur E 6
VAGA
RANDSVERK
Hindseter
Sikkildalsseter
Bessheim
Gjendesheim
Haugseter
NUH
nach Fagernes und zur E 68
Bygdin
Torfinnsbu
Memurubu
Gjendebu
GLITTERTIND
LOM
nach Stryn
Røisheim
Juvasshytta
Spiterstulen
Leirvassbu
Olavsbu
Eidsbugarden
Tyinholmen
Tyin
zur E 68
Elveseter
Høydalseter
Bøvertun
GALDHØPIGGEN
Krossbu
Fannaråkhytta
Skogadalsbøen
Vettismorki
Fr. Hjelledalen
Hjelle
Vetti
ØVRE ÅRDAL
Sognefjellhytta
Nørdstedalseter
Turtagrø
Skagastølsbu
Stølsmaradalen
FORTUN
Årdalstangen / Sognefjord
Sognefjord
N

Zunächst aber möchte ich zum besseren Verständnis auf einige häufig vorkommende norwegische Wörter und Wortteile hinweisen, die in vielen geographischen Bezeichnungen vorkommen. Ganz allgemein zeigen die Endungen *-en/-et/-i* den bestimmten Artikel (der, die, das) an. *Heim* ist Heim oder Haus; *bu* heißt kleine Hütte oder kleine Ansiedlung; bø wird ähnlich gebraucht, besonders jedoch für eine *seter*, nämlich eine Sommeralm; *egg* bedeutet Kamm, *vatn* heißt See (Wasser); *hytte* ist wie bei uns Hütte; *dal* bedeutet Tal; *fjell* ist ein Berg; *bre* der Gletscher; *hø* steht für Höhe oder Hügel; *tind* für Gipfel; *bukk* ist ein männliches Ren (oder auch Geißbock), *semmel* oder *simle* ein weibliches Ren.

Die ersten zwei Tage geht man den Höhenzug an der Nordseite des Gjende-Sees entlang. Darauf folgen zwei Tage eher gewöhnlichen Wanderns durch die Jotunheimer Täler, wo man an zwei weiteren großen Seen vorbeikommt. (Die Namen dieser drei Seen stammen aus alten Sprachwurzeln: Gjende – der Gerade, Bygdin – der Gebogene und Tyin – der Zweigeteilte.) Hinter Tyin wird die von Osten nach Westen führende Wasserscheide überquert. Wandert man dann in das Utlatal hinein, so kommt man in eine fruchtbare, wilde Fjordlandschaft.

Die ersten drei Hütten: Gjendesheim, Memurubu und Gjendebu sind die ältesten, die für Bergwanderer errichtet wurden. Sie stammen aus den Jahren um 1870, als eine romantische Bewegung Intellektuelle und Künstler in Oslo anregte, die norwegischen Berge zu entdecken.

Ein einheimischer Bauer namens Jo Gjende ließ sich in den 1840ern in dieser Gegend nieder, und seine ursprüngliche Hütte von 1878 wurde nun wieder instand gesetzt. Sie liegt am südlichen Flußufer gegenüber dem heutigen Gjendesheim und ist mit dem Ruderboot zu erreichen. Aus diesen bescheidenen Anfängen heraus entwickelte sich Gjendesheim zum Hauptausgangsort für Bergwanderungen.

Memurubu war ursprünglich eine *seter*, eine Sommeralm. Die DNT (s. S. 97), der für die Hütten und Gebirgspfade in Norwegen

Die ersten zwei Tagesetappen führen den Gjende-See entlang

verantwortliche Verein, übernahm 1870 eine der Hütten – die übrigens noch steht. Sie wurde die erste Schutzhütte im Jotunheimen-Gebiet.

Die erste geplante Touristenhütte war Gjendebu (1871). Dadurch wurde eine Wanderung von Gjendesheim nach Eidsbugarden erleichtert.

Die noch vorhandene Steinhütte in Gjendebu ist heute ein Museum zu Ehren von Gjendine Slaalien, eine Frau, die 1871 hier geboren wurde und bis zu ihrem Tod im Jahre 1971 im Ort lebte. Als Gjendine 17 Jahre alt war, besuchte der Komponist Edvard Grieg das Dorf. Beeindruckt von Gjendines außergewöhnlichem musikalischem Talent, kam er zehn Jahre lang jedes Jahr wieder und schrieb viele ihrer Lieder auf, die er zum Teil für seine Klavierstücke verwendete.

1. Tag: *Von Gjendesheim nach Memurubu über Besseggen*

Gjendesheim ist heute ein großes Touristenzentrum an einer Hauptverkehrsstraße. Läuft man jedoch zum Seeufer hinunter, fühlt man sich wieder in die Ruhe einer Gebirgslandschaft versetzt. Südlich des Sees ragen die Gipfel der Berge mit ihren zahlreichen Gletschern in den versteckt liegenden Tälern empor: eine noch unberührte Wildnis. An seiner Nordseite wird der See von einer langen niedrigen Hügelkette gesäumt, in deren erstem Durchbruch Memurubu liegt. Wie ich schon sagte, werden Sie die ersten zwei Tage entlang der niedrigen Hügel wandern. Wenn Sie wollen, transportiert ein Bootsdienst Ihr Gepäck zwischen den drei Hütten, und Sie brauchen an diesen Tagen nur einen kleinen Rucksack mitzunehmen.

Von Gjendesheim nehmen Sie den Weg hinauf nach Veslefjell (kleiner Berg). Der Anfang ist ausgeschildert, danach folgen Sie den roten T-Zeichen, die alle Hauptwege kennzeichnen. Schnell gewinnen Sie Höhe und haben bald eine weite Sicht über den ganzen See. Hier macht es mir nichts aus, schon bei Beginn der Tagestour das Ziel zu sehen. Es ist schön, zwei ganze Tage auf den Hügeln oberhalb des Sees zu verbringen, der im Frühsommer dunkelblau ist, aber durch das stark mineralhaltige Schmelzwasser der nahegelegenen Gletscher zusehends grün wird. Der Pfad ebnet sich in der Nähe der Veslefjell-Spitze (1743 m), und bald befindet man sich auf einem der typisch norwegischen steinigen Berge. Obwohl die Pflanzenwelt im allgemeinen nicht sehr üppig ist, sind die Pflanzen um Gjendesheim herum gerade wegen ihrer ungewöhnlichen Mannigfaltigkeit gesetzlich geschützt.

Beim Abstieg wird der Kamm immer schmaler und wird zum berühmten Besseggen-Kamm, von dem man schließlich auf beiden Seiten gleichzeitig hinunterblicken kann: Rechts liegt das tiefblaue Wasser des Bessvatn (bis Mitte Juni noch völlig zugefroren), im krassen Gegensatz zu dem grünen Gjende-See auf der linken Seite. Den Besseggen zu besteigen ist für norwegische Bergwanderer ein Muß, daher ist der Berg an schönen Sommertagen recht bevölkert.

Viele Horrorgeschichten kursieren über die Gefahren dieses (eigentlich völlig leichten, sicheren und an seinem Ruf unschuldigen) Weges! Der Besseggen kommt auch in Ibsens *Peer Gynt* vor: Der Held mußte in einem grauenvollen Ritt auf einem Rentier den Kamm entlanggaloppieren. Anscheinend hatte Ibsen selbst diese Gegend nie besucht, sondern sich auf aufregende Beschreibungen seiner Freunde verlassen.

Vom südlichen Ende des Bessvatn verläuft der Weg weiter unterhalb des Besshø, der die Sicht nach Norden verdeckt. Vor dem letzten Abstieg nach Memurubu kommt man noch an einem weiteren kleinen See vorbei. Anstatt über den Besseggen zu wandern, legen manche auch die ganze Strecke am Ufer des Gjende-Sees entlang nach Memurubu zurück (3½ Stunden).

In Memurubu können Sie einen zusätzlichen Wandertag einlegen und den Surtningssui (2368 m), den siebthöchsten Gipfel Norwegens, besteigen. Der Weg dort hinauf ist ganz bequem. Der Aufstieg dauert etwa 4 – 5 Stunden, der Abstieg 2 – 3. Von seinem Gipfel aus soll man einen der besten Blicke über das Jotunheimen-Gebirge haben.

2. Tag: *Von Memurubu nach Gjendebu*

In mancher Hinsicht ist die Wanderung entlang der zweiten Seehälfte, von Memurubu nach Gjendebu, noch schöner als am ersten Tag. Nachdem Sie den Fluß überquert haben, der von den großen Gletschern des Jotunheimen-Gebirges gespeist wird, steigt westlich der Hütte der Weg steil den Bergrücken hinauf. Dieser Hügel ist nur 1400 m hoch, und so bleiben Sie den ganzen Tag zwischen Wiesen und Blumen unterhalb des steinigen Hanges. Wieder begleitet Sie der grüne Gjende-See weit unten auf der linken Seite. Auch in Richtung Norden und Westen ist der Blick nun frei auf die vielen Spitzen und Gletscher des Gebirges.

Bei einem Wegweiser führt der Pfad nach Westen zu einer längeren Route nach Gjendebu, um den steilen Abstieg zum See zu umgehen. Wir aber nehmen den Weg, der nach Süden führt und der bald jäh direkt zum See hinunter abfällt. Bei diesem Abschnitt müssen Sie sich immer genau an die T-Zeichen mit all den Richtungswechseln halten, denn das übrige Gelände ist etwas schwierig. Am See führt der Weg zwischen kleinen, krummen Birken entlang. Das Gepäck, das per Boot hergebracht wurde, können Sie hier wieder aufnehmen. Bei der kleinen Steinhütte, in der Gjendine gelebt hat, beginnt Gjendebu.

3. Tag: *Von Gjendebu nach Eidsbugarden oder Tyinholmen*

In Eidsbugarden und Tyinholmen gibt es noch keine Unterkunftshütten, dafür aber Hotels. Sie müssen sich jedoch vor Beginn der Tour beim DNT erkundigen, welches und ob überhaupt eines geöffnet hat. Tyinholmen liegt günstiger, denn von dort aus wird der nächste Wandertag kürzer, doch Eidsbugarden ist wohl der schönere Ort.

Von Gjendebu folgt der Hauptweg dem Tal nach Süden (entlang der Telefonmasten). Bei schönem Wetter könnten Sie aber auch auf der bisherigen Strecke weiterwandern. Sie steigen den Hügel hinter Gjendebu, den Gjendestunga (1516 m), hinauf und wandern oben entlang, bis Sie auf den anderen Pfad an seiner höchsten Stelle stoßen. Die Wege, die vor dem Berggipfel westlich nach Olavsbu und Skogadalsbøen abbiegen, lassen Sie liegen. An dem kleinen See am Fuß des Hügelchens Runtom (was »rundherum« bedeutet) biegt ein anderer Weg ohne Markierung rechts nach Eidsbugarden ab. Nach dem Abstieg zum Bygdin-See geht der Weg am Seeufer entlang bis nach Eidsbugarden. Bygdin ist einer der seltenen Seen, die wahrnehmbare Gezeiten haben.

In Eidsbugarden erinnern einige alte Häuser in der Nähe des Hotels an Zeiten frühen Tourismus. Hier hatte im Jahr 1868 der Schriftsteller Aasmund O. Vinje, Mitbegründer des DNT-Vereins, sein Zuhause. Am Seeufer neben dem großen rotgestrichenen Hotel erinnert ein Denkmal an ihn. Ein Stückchen die Straße hinauf sieht man ein anderes rotes Haus, »Den Glade Vandrer« (Der glückliche Wanderer), das preiswerte und gute Unterkunft bietet. (Als zusätzliche, empfehlenswerte Tagestour können Sie von Eidsbugarden aus den niedrigen Hügel Skinneggen an der Südseite des Sees hinaufwandern und die Aussicht dort genießen.)

Um Tyin und Eidsbugarden herum sieht man oft Rentiere der ansässigen Bauern, und entlang des Tyin-Seeufers fand man Siedlungsreste aus der Steinzeit, die wahrscheinlich von frühen Rentierjägern benutzt wurden. In den Bergen werden Sie immer wieder auf *dyregraver* (Wildgräber) stoßen, tiefe Erdgruben mit hochgezogenen, steilen Wänden. Darin fing man Rentiere, die Hauptjagdmethode früherer Zeiten.

4. Tag: *Von Eidsbugarden oder Tyinholmen nach Vettismorki bzw. Vetti*

Die Tagesetappe ist diesmal sehr lang. Es wäre möglich, sich für die 6 km nach Koldedalen ein Auto zu organisieren. Das hieße für Sie, einen größeren und einige kleinere Seen zu verpassen und dazu 6 km offene Landschaft mit Blick auf Gipfel und Gletscher des Uranos und seine benachbarten Berge. Allerdings sparen Sie zwei Stunden Wanderzeit ein.

Gras, Wasser und Felsen – typisches Gelände

Es ist also gleich, ob Sie von Koldedalen kommen oder von Tyinholmen bzw. Eidsbugarden am Kvitevatnet (dem Weißen See) entlanglaufen – die Routen treffen sich am südlichen Ende des Uradalsvatnet-Sees. Ein kurzes Stück weiter an steinigem Ufer entlang zweigt ein beschildeter Weg nach links ab. (Der Seepfad selbst ist die direkte Route nach Skogadalsbøen.) Unsere Tour aber, die mit Schildern nach Vetti markiert ist, steigt geradewegs auf einen kleinen Paß hinauf, wo sich einige kleine Bergseen auf der ost-westlichen Hauptwasserscheide ausbreiten: Ab jetzt fließen alle Flüsse den Fjorden im Westen zu. Hier ändert sich auch die Landschaft. Der kahle, steinige Landstrich des Ostens wird zu einer Fjordlandschaft mit üppiger Vegetation, Alpengebirge und Alpentieren.

Nach einem letzten Blick zurück wird Ihre Aufmerksamkeit bestimmt dem hervorragend angelegten Steinweg gelten, der vor langer Zeit gebaut wurde, um Menschen und Tieren die Überquerung dieses sehr steinigen und sonst fast nicht begehbaren Hangs zu ermöglichen. Bald sind Sie den Steinen entronnen und stehen in saftigen Wiesen am Ende des Fleskedalen (wortwörtlich übersetzt heißt es »Schweinefleischtal«, doch im übertragenen Sinn »Das Land, wo Milch und Honig fließt«).

Dort, wo das Fleskedalen an das Haupttal Utladalen stößt, steht eine kleine *seter*, ebenfalls Fleskedalen genannt. Eine der Hütten wird gerade für Wanderer renoviert, aber einen Imbiß werden Sie dort nicht bekommen. Sie können hier aber übernachten.

Die *seter* ist durch einen kleinen Kamm vom restlichen Tal abgeschirmt. Von diesem Bergrücken aus haben Sie eine überwältigende Aussicht. Etwa 300 m unter Ihren Füßen liegt ein steiles, dicht bewaldetes Tal mit einem rauschenden Wildbach.

Auf der gegenüberliegenden Seite führt das U-förmige Seitental Midtmaradalen in die Hurrungane, die »Alpen« des südlichen Norwegens, hinein. Schnee, Eis und steile düstere Gipfel begrenzen das Tal. Das Wasser von den Bergen speist großzügig den breiten Fluß, der sich vom Taleingang aus ergießt. Vielleicht sehen Sie hier einen Adler, der unter Ihnen vorbeischwebt. Nur schwer kann man sich vorstellen, daß es dort unten keine Bären mehr geben soll. In den letzten 400 Jahren sind in diesem Tal und den Nachbartälern ungefähr 1500 Bären erlegt worden. Es ist also zweifelhaft, ob noch welche überlebt haben. Aber Luchse und Raubmarder, Rotwild, Elche und Rentiere gibt es noch.

Immer häufiger stehen nun Bäume am Wegesrand, zunächst Wacholder und Birken, dann auch Fichten. Leider sind viele der Wacholder und Fichten der Luftverschmutzung, die die Aluminiumfabrik etwa 15 km weiter unten im Tal verursacht, zum Opfer gefallen. Das Fluoridgas, das die Bäume angriff, darf jetzt nicht mehr wie früher von der Fabrik emittiert werden. Also wird hoffentlich eine Aufforstung erfolgreich sein.

Weniger als eine Stunde unterhalb des Fleskedalen-Hofs liegt Vettismorki, eine weitere Sommerfarm. Eine vom DNT betriebene Hütte bietet Schlafmöglichkeiten. Die Hütte ist ein Neubau – klein und gemütlich – mit 4 Betten (und 2 Extra-Matratzen), einem Gaskocher, Geschirr und Decken, aber ohne Verpflegung. Am allerwichtigsten ist jedoch der gut funktionierende Holzofen, neben dem die Stiefel über Nacht trocknen. In diesem dicht bewachsenen Tal werden Stiefel bei jedem Wetter naß. Übrigens können Sie früh am Morgen Elche in der Nähe der Hütten beobachten.

Auch hier schützt ein kleiner Kamm die *seter* vom Haupttal. Der Weg dahin führt über weiches, tiefes Moos, Gras und Heidekraut, zwischen riesigen Fichten und auch gestürzten, vermodernden Baumriesen hindurch. Jetzt stehen Sie gegenüber Stølsmardalen, einem weiteren dieser U-förmigen Täler, die viele Kilometer ins Hurrungane-Gebirge führen. Neben der beeindruckenden Sicht über Bergspitzen, Gletscher und Schneefelder wird Ihnen ein Schauspiel ganz besonderer Art geboten: Oben über den Talrand stürzt sich ein großer Wildbach über Felsen 300 m ins Utladalen-Tal hinunter.

Es würde sich lohnen, hier einen zusätzlichen Tag einzulegen und von Vettismorki aus nach Vetti hinabzuwandern. In Vetti finden Sie eine bewirtschaftete Hütte, aber auch – was noch viel wichtiger ist – den Vettisfossen-Wasserfall, Norwegens höchster.

270 m donnert er frei ins Tal hinab. Auf dem Weg mit T-Markierungen von Vettismorki aus finden Sie einen herrlichen Aussichtspunkt, und von Vetti selbst geht es nur 20 Minuten am großen Fluß entlang, bis man den unteren Teil des Wasserfalls erreicht. In den Tagen, als noch Fichten bei Vettismorki für die Holzindustrie gefällt wurden, beförderte man die Stämme über den Wasserfall hinunter. Vorzugsweise im Winter, wenn die gewaltige Eissäule, die sich unterhalb des Wasserfalls gebildet hatte, den Sturz etwas abmilderte. Die Hütte in Vetti bietet Mahlzeiten und Übernachtungen in gemütlicher Umgebung. Von Vetti aus können Sie nach Øvre Årdal wandern. Dort besteht eine Busverbindung nach Årdalstangen, wo Sie entweder mit dem Boot nach Bergen oder mit einem anderen Bus nach Oslo fahren können.

5. Tag: *Von Vettismorki nach Skogadalsbøen*

Sie gehen den Weg nach Fleskedalen zurück und weiter auf den dahinterliegenden Kamm hinauf. Bei ca. 1300 m Höhe verläßt der Weg den Aufstieg. Doch Sie können leicht weiter den 1503 m hohen Frikenhang hinaufsteigen, wo Sie einen schönen Blick über das Hurrungane-Gebirge haben. Der Hauptpfad selbst führt sanft hangabwärts. Weit entfernt kann man die Skogadalsbøen-Hütte erspähen.

Skogadalsbøen ist eine ziemlich hoch liegende Hütte mit herrlicher Aussicht. Die Hütte selbst ist eher durchschnittlich, hat aber Personal und bietet gute Unterkunft und Verpflegung. Vor allem kennen sich die Angestellten in den Bergen aus.

Von Skogadalsbøen können Sie viele zusätzliche Tagestouren unternehmen. Das Tal oberhalb der Hütte, Skogadalen, ist eine der höchsten Stellen Norwegens, wo noch Bäume wachsen. In einem Fluß mit vielen ruhigen Tümpeln ist es ein besonderer Genuß, sich an heißen Tagen abzukühlen. Auch Elche und Wild gibt es hier oft zu sehen. Der Pfad von hier führt zurück nach Eidsbugarden, eine schöne, aber lange Wanderung. Es ist auch eine mögliche Route nach Olavsbu.

Der Blick auf das Hurrungane-Gebirge vom Gipfel des Dyrehaugstindan, ein leichter Aufstieg von Turtagrø aus.

Eine weitere Tagestour wäre, zu dem erst kürzlich renovierten Bauernhof Vormeli auf der anderen Seite des Utladal zu wandern. Dort können Sie übernachten, allerdings ohne Verpflegung. Waren Sie noch nicht auf dem Friken, so könnten Sie sich auch das vornehmen. Sie gehen ihn von der Nordseite bei den riesigen Felsbrocken an, die den Eingang zum Uradal bilden.

6. Tag: *Von Skogadalsbøen nach Turtagrø*

Die normale Route nach Turtagrø folgt dem alten *seter*-Weg über den 1500 m hohen Keisarpasset (Kaiserpaß). Eine Alternative, die Sie sich überlegen sollten, führt durch Styggedalen. Obwohl passend benannt (es bedeutet »Schlechtes Tal«) wegen der Steinbrokken, die zum Teil den Weg bilden, verläuft die Tour dicht unterhalb der Gipfel und Gletscher des Hurrungane-Gebirges. Der Pfad folgt der normalen Route, bis er unterhalb des Keisarpasset nach links abbiegt, wo er an drei Seen vorbei verläuft. Wenn Sie die Moräne unterhalb des Styggedalsbreen hinter sich haben, folgen Sie dem Hang nach links, bis Sie wieder an einen See kommen, wo es *dyregraver*, die schon erwähnten Wildfallen, gibt. Schließlich führt der Pfad nach Skagastølsdalen hinein, und dort nehmen Sie den breiten Weg nach Turtagrø wieder auf.

Bei schönem Wetter können Sie die Etappe nach Turtagrø auch in zwei Tagen machen, indem Sie den Fanaråken (2068 m) überqueren und die Nacht auf der Gipfelhütte für Selbstversorger verbringen. Von hier aus sehen Sie im Westen sowohl den riesigen Gletscher Jostedalsbreen als auch den größten Teil des Jotunheimen-Gebirges.

Das Hotel in Turtagrø bietet auch preiswerte Unterkunft und war früher einmal ein Bergsteigerzentrum. Die Wände des Hotels hängen voller alter Fotos, Zeugen seiner Vergangenheit. Von hier aus können Sie die verschiedenartigsten Touren im Hurrungane-Gebirge unternehmen.

Ob Sie nun glücklich oder traurig darüber sind – in Turtagrø holt Sie die Zivilisation wieder ein. Das beweist schon die Straße.

Entfernung: 80 km
Zeit: 6 Tage
Art der Wanderung: Auf guten Wegen von Hütte zu Hütte
Ausgangspunkt: Gjendesheim
Ziel: Turtagrø
Beste Jahreszeit: Juli bis Mitte September
Den Norske Turistforening (DNT) (Norwegischer Touristenverein):

Dieser Verein ist für die Hütten und Wanderwege in Norwegen zuständig. Mitglieder zahlen bis zu 40 % weniger für Übernachtungen und Mahlzeiten, aber es gibt keinen Austausch mit anderen Vereinen; Adresse: Stortingsgaten 28, N-Oslo 1.

Es gibt drei Hüttenarten in Norwegen: Hütten mit voller Verpflegung; Hütten mit Vorräten, aber man muß selber kochen; einfache Hütten mit Kochgelegenheit ohne Vorräte. Die beiden letzteren können geschlossen sein – den Schlüssel bekommen Sie auf Kautionsbasis vom DNT.

Sämtliche Hütten sind mit Decken ausgestattet, und niemand wird abgewiesen. In der letzten Juliwoche und der ersten Augusthälfte sind sie am vollsten.

Allemansretten (das Recht für jedermann) gewährt jedem den Zugang zu jedem Stück Land einschließlich des Rechts, für eine Nacht überall zelten zu dürfen.

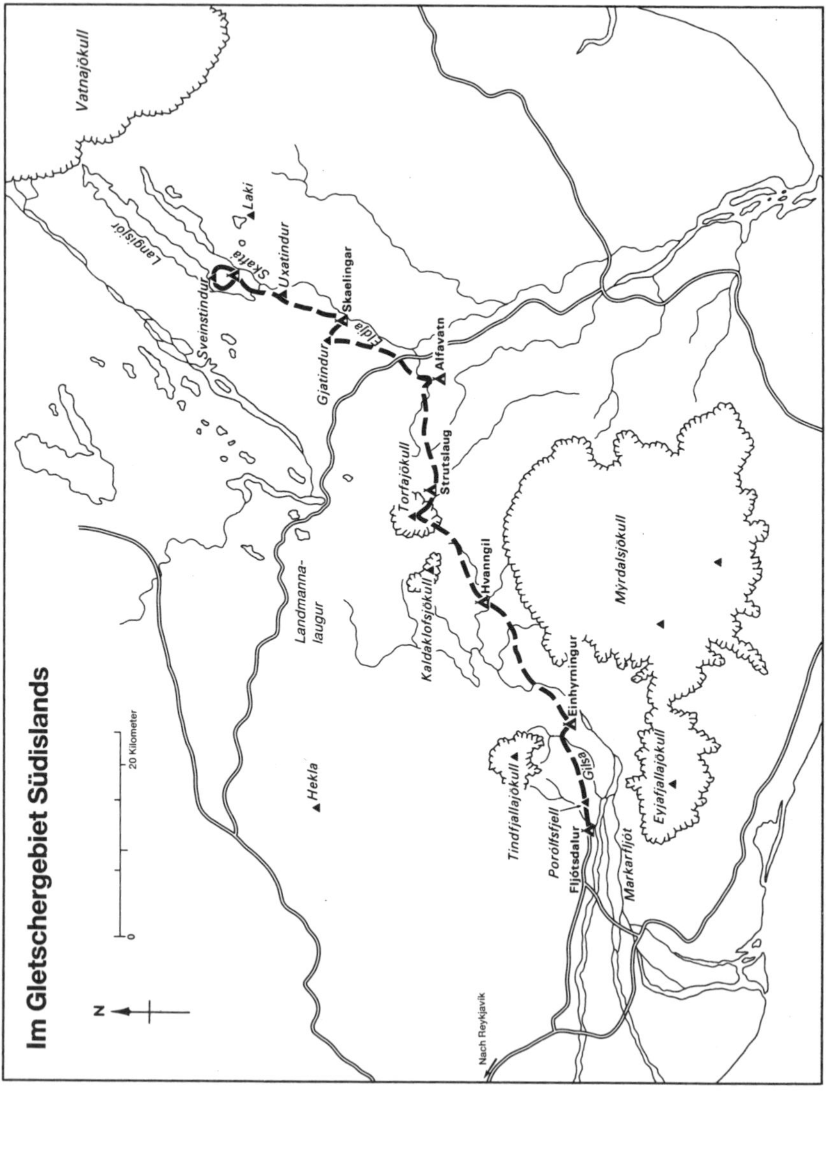

Im Gletschergebiet Südislands

7. Im Gletschergebiet Südislands

von *R. Brian Evans*

Von Sveinstindur nach Fljótsdalur

Island ist das Land der Urgewalten und bestens für Abenteuerreisen geeignet. Hier fühlt man sich in Zeiten zurückversetzt, als die Erde erschaffen wurde. Plötzlich steht man vor Gesteinsspalten, aus denen heiße Dämpfe entweichen, oder vor orangefarbenem brodelndem Schlamm mit blubbernden Blasen, giftgrünes Moos leuchtet auf pechschwarzen Berghängen, und schwefelige Flüsse entspringen riesigen zerklüfteten Eisfeldern. Es ist ein einzigartiges Erlebnis, dieses Land zu durchwandern – es gibt nichts Vergleichbares auf der Erde.

Zwar lassen sich Islands Naturwunder auch an den bekannten und beliebten Touristenzielen wie dem Großen Geysir und dem Gulfoss-Wasserfall bestaunen, doch erst in der Einsamkeit des Landesinnern lernt man das wahre Island kennen. Die öden, langweiligen Staub- und Aschewüsten, welche die im Inneren liegenden Eiskappen und Gletscher umgeben, kann man sich allerdings sparen. Diese *sandar* werden gerne mit Geländewagen befahren, aber zu Fuß meidet man sie besser.

In Island sollte man nicht ohne vorheriges Planen wandern. Außer sporadisch ausgewiesenen Straßen gibt es nur wenig beschilderte Wege. Je nach Strenge des Winters trifft man im Inneren auf schneebedeckte Stellen. Auf Asche und Tephra (ausgeglühte Kohle) läßt es sich gut wandern, doch wer versucht, ein Lavafeld zu überqueren, kann sich anschließend neue Stiefel kaufen.

Auch bei Flußüberquerungen muß man äußerst achtsam sein. Ein Fluß, dessen Name das Wort *fljót* beinhaltet, kann normalerweise nicht durchquert werden, denn so wird ein großer Fluß bezeichnet. Und Flüsse, die aus einem Gletscher stammen, haben meistens eine gefährlich starke Strömung. Auch Flüsse, die gewöhnlich durchwatet werden können, schwellen bei Regenfällen und bei einsetzender Schneeschmelze im Frühling plötzlich an. Deshalb sollten sie vorzugsweise zu dritt überquert werden, immer einer nach dem anderen. Einfacher geht es, wenn man den Fluß leicht schräg – flußabwärts – durchquert, um die Gewalt der Strömung etwas abzuschwächen.

Im Sommer ist das Wetter im allgemeinen mild und wechselhaft; an der Süd- und Westküste regnet es stärker als im Inneren. Das Regenwasser sickert aber schnell in Tephra und Asche ein, so daß selbst das dichte, weiche Moos eher trocken bleibt.

Die hier beschriebene Wanderroute ist sehr typisch für Island, doch gibt es noch viele ähnlich idyllische und aufregende Gebiete auf der Insel, und ich hoffe, daß ich mit meiner Routenbeschreibung Reisende dazu anregen kann, sich ihre eigene Wanderung zusammenzustellen.

Die hier beschriebene Wanderung führt ins Innere Südislands und beginnt bei Sveinstindur, von wo aus man den Vatnajökull, Europas größten Gletscher, sehen kann. Verschlungene Pfade führen in südwestlicher Richtung zur Küste bei Fljótsdalur. Der Weg windet sich an zahllosen, ungefähr 1000 m hohen Bergen vorbei, überquert die kleine Eiskuppe des Torfajökull und endet an einem Felsvorsprung mit einer atemberaubenden Sicht auf die Gletscherwände des Eyjafjallajökulls.

Die Reise nach Sveinstindur gleicht einer Odyssee. Im Sommer befährt ein Bus die Bergstraße nördlich vom Hekla. Von dort dauert es mindestens einen Tag, um den Ausgangspunkt unserer Wanderung zu erreichen. Auch die Proviantbeschaffung ist problematisch, und alles, was man während der Tour benötigt, muß mitgeschleppt werden. Man wird nur an ein paar einfachen, leerstehenden Schäferhütten, *kofi*, vorbeikommen und kaum jemandem begegnen. Leichte Ausrüstung ist empfehlenswert.

Man kann es natürlich auch bequemer haben und die Dienste von Leuten in Anspruch nehmen, die Islandtouren für Wanderer

Am Rande dieses weiten Flußtales liegt die Sveinstindur-Hütte.

organisieren. (Ich bin mit Dick Phillips – s. S. 113 – gewandert, der ein ausgezeichneter Kenner Islands ist.) Man reist in kleinen Gruppen, und so lohnt es sich, einen speziellen, geländegängigen Bus zu mieten, der einen tief ins Innere des Landes befördert. An günstig gelegenen Stellen sind Depots mit Nahrungsmitteln angelegt worden, so daß man nur wenig Proviant mit sich führen muß. Eine schwierige Expedition wird so zu einer angenehmen Wanderung.

1. Tag: *Zum Ausgangspunkt*

Die Busfahrt zum Ausgangspunkt ist zwar nicht Bestandteil einer Wanderung, muß aber als ein unvergeßliches Erlebnis hier kurz geschildert werden. Ein alter, ramponierter Mercedes nimmt die Reisegruppe in Reykjavík auf, wo man Zeit hatte, sich an einige Überraschungen, die Island bietet, zu gewöhnen. Erste Überraschung: die irrwitzig hohen Lebensmittelpreise. Der sprichwörtliche Reykjavíker Regen überrascht da schon weniger.

Während man durch die trostlosen Lavafelder fährt, überkommen mich doch leichte Zweifel, und ich frage mich, worauf ich mich hier eingelassen habe, denn so ungefähr stelle ich mir die Hölle vor. Kein Wunder, daß Astronauten sich hier auf ihren Flug zum Mond vorbereiteten. Langsam kommt man in gastlichere Gegenden, vorbei an Selfoss und der grünen Küstenebene, bis man die Hauptstraße bei Hella verläßt. In den meisten Ländern der Erde würde man die nun folgende Straße als einen holprigen Pfad bezeichnen, der durch eine schwarze Tephraebene am mächtigen Pjórsá-Fluß entlangführt. So könnte es ewig weitergehen, wenn der Busfahrer sich nicht für eine landschaftlich schönere Nebenstraße entschieden hätte, vorbei an den erstarrten Lavaflüssen des Vulkans Hekla.

Reifenspuren markieren den Weg. Bei Landmannalaugar biegt der Fahrer nun wieder in die zuvor verlassene »Hauptstraße« ein, und bald können wir die zu Recht gerühmte, unnatürlich anmutende Färbung der Berge bestaunen.

In diesem Gebiet sind die Berge aus Liparit, dessen braungelbe und rötliche Gesteinstöne mit dem graufarbenen Basalt kontrastieren. Natürlich stößt man hier auf viele Leute mit Zelten, und auch die Hütte ist immer belegt.

Eine Straße führt in ein enges Tal, wo kein Weg oder Pfad mehr zu entdecken ist – bis unser Fahrer den Bus kühn in den Fluß hineinlenkt und stromaufwärts weiterfährt. Isländische Landkarten können irreführend sein, denn »Straßen« entpuppen sich als Wege, die gerade noch mit Mühe und Not befahren werden können. Nach kurzer Fahrt verlassen wir die »Straße« und halten vor einer Wüstenlandschaft, durch die offenbar kein Weg führt. Unser Fahrer steigt aus und sucht den Boden nach Reifenspuren ab, bevor wir schneebedeckte Hänge zu einem Fluß hinunterrumpeln, dem wir eine Weile lang folgen. Nach kurzer Zeit verlassen wir das Flußbett, um mühselig die Böschung wieder hinaufzufahren und weiter die Ödnis zu durchqueren. Flüsse scheinen beliebte Routen zu sein, denn wir folgen wieder einem Flußbett knappe 2 Kilometer flußabwärts, biegen dann in einen Nebenfluß ein – und erreichen unser Ziel, die Sveinstindur-Hütte.

2. Tag: *Sveinstindur*

Einige Teilnehmer unserer Gruppe waren so klug, Zelte mitzubringen, die anderen inspizieren die kleine, dunkle Hütte: Der Boden besteht aus festgestampfter Erde, die Wände sind aus rauhbehauenem Stein. Torfbedecktes Wellblech bildet das Dach. Es ist eine Schäferhütte, doch weit und breit sind keine Schafe in Sicht.

Hinter der Hütte erhebt sich der mächtige Sveinstindur, einer der wenigen Berge, die einen Namen tragen. Ein Weg schlängelt sich in Serpentinen über einen Paß zum schmalen Westkamm bis zum Gipfel in 1090 m Höhe. Der Langisjor-See grenzt im Norden an den eisigen Vatnajökull-Gletscher. Der schmale Bergkamm des Fögrufjöll trennt den See vom Skaftá-Fluß. Dahinter liegen die größten Lavafelder der Welt. Anfang Juni 1783 brach die vulkanische Lakagigar-Spalte auf. Der Lavastrom kam erst nach acht Monaten zum Versiegen. Teile davon, jetzt mit Moos bewachsen, sind vom Skaftá aus sichtbar. Eine Unzahl Krater haben sich an der 25 km langen Spalte gebildet.

Kleine Felspyramiden ragen aus der Lavawüste empor; im Südosten versperrt der Steilhang des Kambar die Sicht. Der schwefelige Geruch, der vom Fluß herüberweht, läßt darauf schließen, daß der Fluß einer warmen Quelle unterhalb der Eisdecke des Vatnajökull entspringt. Alle 5 bis 6 Jahre bricht der Gletscher auf. Das Schmelzwasser bahnt sich mit Macht einen Weg unter dem Eis hervor und überflutet das Land.

3. Tag: *Von Sveinstindur nach Skaelingar*

Skaelingar liegt ca. 16 km stromabwärts, es ist aber wegen der vielen Klippen entlang des Flusses nicht auf direktem Weg erreichbar. So wandern wir um den Berg Uxatindar herum, dessen keilförmiger Gipfel uns heute als Wegweiser dient.

Südwestlich der Sveinstindur-Hütte überquert man einen Bergsattel und stößt wieder auf die Straße, die wir mit dem Bus benutzt haben und die zu einem kleinen Fluß hinunterführt. Mindestens dreimal im Jahr kommen hier Busse vorbei, also Vorsicht! Hinter dem Fluß liegt eine Aschenwüste – und jeder Islandreisende muß solch ein Feld einmal überquert haben! Man kommt schnell voran in dieser grauen Ödnis, die charakteristisch für gewisse Gebiete Islands ist. Es wäre eine wahre Sisyphos-Arbeit, müßte man die Berge hier erklimmen: Die Hänge sind steil, der Untergrund locker und die Bergrücken voller Geröll.

Der Weg führt durch die Rótagil-Schlucht zu einem wunderschönen türkisfarbenen See hinab, durchquert den sandigen Streifen zwischen tiefem Wasser und schwarzen Klippen und führt in die schmaler werdende Schlucht hinein. Ein Schneestreifen zieht sich auf halber Höhe zu einem steinigen Bergsattel hin. Nach einem langen Abstieg über Fels und Hochmoor stoßen wir auf das am Skaftá gelegene, von sattem Grün umgebene Skaelingar-Gebiet, wo auch eine bescheidene Hütte steht.

Skaelingar liegt zwischen zwei bis vier Meter hohen, seltsamen pilzförmigen Steinformationen, die darauf hindeuten, daß der Lavastrom aus der Lakagigar-Spalte bis über den Fluß gekommen ist. Stundenlang durchstreifen wir dieses faszinierende Gebiet, erforschen kleine Lavatunnel, Türmchen, Spitzen und sperrige Lavabrocken. Goldfarbene Regenpfeifer trippeln am Ufer entlang. In den geschützten Grotten zwischen den Felsbrocken wachsen die unterschiedlichsten arktischen Pflanzen und Farne, und wenn man genau hinsieht, kann man auch viele Bäume entdecken: Birken und Weiden mit mindestens 5 cm hohen Stämmen wachsen hier im Überfluß; ihre Äste breiten sich auf dem Boden aus.

4. Tag: *Von Skaelingar nach Alfavatn*

Am nächsten Morgen brechen wir in ein kleines, von Lava umringtes Nebental auf und folgen auf verschlungenem Wege einem noch kleineren Bach in eine Bergklamm hinein. Wir gewinnen leicht Höhe und folgen einem steinigen Berghang, bis wir die Südkante des Gjátindur erreichen. Von hier aus haben wir einen atemberaubenden Ausblick über das Land.

Wir stehen am Rande der Eldjá (Feuerspalte), einer der größten vulkanischen Spalten der Erde. Am nordöstlichen Ende steht der Berg Gjátindur, und die überwältigende Sicht von seinem Gipfel sollte man sich nicht entgehen lassen. 300 m tiefer führt der flache Grund der Spalte bis zum schneebedeckten Myrdalsjökull. Unterhalb des Gletschers liegt der wohl aktivste Vulkan Islands, der Katla, Teil der vulkanischen Spalte. Es kann ständig mit einer Eruption des Katla gerechnet werden. Riesige Gletscherläufe werden dann die Küstenstraße zerstören.

Wir kehren zur Südkante zurück und klettern die steile Seite der Spalte hinunter. Nach anfänglich vorsichtigem Abstieg über Platten, die mit faustgroßen Kieselsteinen bedeckt sind, rauschen wir wie Tiefschnee-Skifahrer in der wogenden Asche den Hang hinunter. Wenn der Aufstieg nicht so mühsam wäre, könnte man es immer wieder tun! Die Tephra hier sieht anders aus, sie setzt sich aus winzigen purpurfarbenen, blauen und roten Steinen zusammen. Auf dem Weg hinab ins Tal empfängt uns immer stärker werdendes Tosen und Donnern: es ist der Ofaerufoss.

Der Ofaerufoss ist einer der bekanntesten Wasserfälle Islands, dessen Wasser über mehrere Kaskaden in die Tiefe stürzt. Über den Fall führt eine natürliche Brücke aus Basalt. Am steilen rechten Hang bringt uns ein Pfad zu einer vor der Gischt geschützten Aussichtsplattform. Weiter geht es über den schmalen Bogen der natürlichen Brücke, und bald klettern wir wieder ins Tal hinab. Da die »Straße« nur ca. 4 kam weit entfernt ist, stößt man hier hin und wieder auf Touristen.

Wir folgen einer Abzweigung der Eldjá-Spalte und kommen an einer seltsamen Vertiefung vulkanischen Ursprungs (15 m) vorbei. Schließlich erreichen wir einen tiefen, blauen See, auf dem man mit etwas Glück Enten schwimmen sehen kann. Ein schmaler Pfad windet sich am rechten Seeufer entlang und führt in ein breites Tal, wo Schafe friedlich weiden. Statt in den vor uns liegenden Weg biegen wir in eine aschebedeckte Schlucht ein. Sie ist so eng, daß man die Felsen auf beiden Seiten gleichzeitig berühren kann. Der Pfad schlängelt sich an steilen Hängen zu einem Bergsattel hinauf, der den Blick auf den Ofaerudalur freigibt. Es ist ein gewaltiger, mächtiger Fluß, den man jedoch bei niedrigem Wasserstand trockenen Fußes über eine natürliche Felsbrücke überqueren kann. Das Wasser des Flusses stürzt über den Fels hinunter, verschwindet hinter einer Felsplatte und taucht weit unten wieder auf. Ganz in der Nähe liegt in idyllischer Landschaft die Hütte. Steile Felsen und eine Klamm mit Wasserfall umgeben den kreisrunden, türkisfarbenen Alfavatn-See.

5. Tag: *Von Alfavatn nach Strútslaug*

Der Weg führt nach der natürlichen Felsbrücke stromaufwärts. Das Tal wird breiter, Regenbrachvögel und Riesenraubmöwen kreisen über grünen Wiesen. Wir müssen den Fluß erneut überqueren, und diesmal waten wir durch tiefes, kaltes Wasser. Nach

Der Ofaerufoss stürzt unter einer natürlichen Steinbrücke in die Tiefe

kurzer Zeit gelangen wir an einen Fall, dessen Wasser sich in einem kleinen See sammelt und teilweise in einen Lavatunnel abfließt.

Nach langem Aufstieg erreichen wir eine Bergkante und sehen links von uns die steilen Hänge des Svartahnúksfjöll. Der Weg führt uns wieder in ein kleines Tal hinab, wo wir auf den wilden, einsamen oberen Ofaerudalur stoßen. Vor uns liegen mehrere Bergspitzen und die Eiskuppe des Torfajökull. Wir verlassen das Tal, das sich rechter Hand erstreckt, und wandern zu einem Ausläufer des Torfajökull. Nach kurzem Aufstieg überquert ein kleiner Pfad zur Linken den steilen Hang und führt über mehrere Schluchten zu einer winzigen dreieckigen Hütte aus Blech, die wie ein Steilwandzelt auf einem ausgebauten Vorsprung hoch oben über einem verzweigten Flußsystem aufgestellt worden ist. Die Schutzhütte Strútslaug ist von Dick Phillips an einer zentralen Stelle errichtet worden, um hier seine Wandergruppen unterzubringen. Sie kann aber auch von anderen Wanderern aufgesucht werden. Falls Wandergruppen vorhaben, in der Hütte zu übernachten, sollten sie sich vorher mit Dick Phillips in Verbindung setzen (s. S. 113), da hier nur 16 Personen Platz finden.

Von der Hütte hat man eine überwältigende Sicht über die gefurchte, silbern schimmernde Flußebene bis zu den Holmsárlón-Seen. Der stolze Strútur überragt die anderen Berge, und gegenüber liegt der schneebedeckte Torfajökull. Das bunte Liparit-Gestein unter uns und im Westen bietet eine willkommene Abwechslung zum vorherrschenden Schwarz im Süden und Osten. Am westlichen Rand der Ebene liegt zwischen zwei Flüssen eine grüne Oase mit saftigem Gras, deutlicher Hinweis auf das Vorhandensein warmer Quellen. Kochendheißes Wasser strömt vom Hang in ein ausgehöhltes Becken. Mineralische Ausscheidungen, Sinter genannt, haben sich entlang des Flusses und am Beckenrand abgelagert. Das Wasser ist so heiß, daß man es kaum ertragen kann. Ich erinnere mich, wie ich bei kaltem Regen bis zum Hals im heißen Wasser saß und sich ein Regenbogen über dem schwarzen Rand des Svartahnúksfjöll bildete. Ein Deutscher aus unserer Gruppe badete dazwischen immer wieder im nahen eiskalten Gletscherstrom und wollte uns überzeugen, daß es sehr erfrischend sei!

Es ist wirklich idyllisch, oberhalb der Quellen im weichen, dichten Gras zu lagern. Man hat obendrein noch Fußbodenheizung und fließend Warmwasser in der Nähe.

6. Tag: *Von Strútslaug nach Hvanngil*

Falls man sich nicht noch einen Tag lang in den warmen Quellen suhlen will, geht es weiter nach Hvanngil. Ein schmaler werdender Grat führt oberhalb der Quellen zu einem Felsplateau. Bald überqueren wir Schneefelder, wobei der Torfajökull-Gletscher zu unserer Rechten liegt. Unterhalb des letzten Hanges stoßen wir auf einem Vorsprung des Gletschers auf eine seltsame Öffnung, wo das Eis weggeschmolzen ist. Diesmal können wir Stufen in die Wände schlagen, doch gibt es auch Zeiten, wo man den Abstieg nur mit dem Seil wagen kann. Unten empfangen uns brodelnde heiße Quellen. Hier ist man vor Wind geschützt, und wir nehmen auf thermal beheizten Steinsitzen Platz, um unser Essen zu genießen. Eisklippen, die einer vielschichtigen Torte gleichen, zeigen den Schnee vieler vergangener Jahre. Mit etwas Glück kann man unter flachen Bögen in Korridore einsteigen, die das warme Wasser des Flusses in das Eis gebahnt hat.

Man sollte äußerst vorsichtig sein, falls man die steilen Schneehänge oberhalb der Öffnung zum felsigen Gipfel des Torfajökull (1190 m) hinaufsteigen möchte. Bei schönem Wetter hat man eine herrliche Sicht über neun schneebedeckte Gipfel. Der schönste ist zweifellos der Myrdalsjökull, dessen sanft gerundete Eiskuppe am südlichen Horizont zu sehen ist. Weit hinten im Osten liegt der Vatnajökull, Europas mächtigster Gletscher, dessen Größe man von hier aus nur erahnen kann. In nördlicher Richtung steht der beinahe kreisrunde Hofsjökull, in dessen weiten Sümpfen an seinem Südfuß Tausende von rosafüßigen Gänsen brüten.

Doch kehren wir wieder zu dem Loch zurück. Die Route folgt eine Zeitlang dem Lauf des unterirdischen Flusses, den man hin und wieder durch Eiseinbrüche hindurch sehen kann. Wir überqueren rechts einen Bergsattel und steigen die steilen Schneehänge in das Kaldaklóf-Tal hinab. Daß wir immer noch von Bergen aus Liparit umgeben sind, zeigen uns die orangegelben Bergspitzen und die bunten Steine unter unseren Füßen. Doch bald tauchen wir wieder in eine grauschwarze Welt ein. Wir überqueren einen nicht sehr hohen Paß zwischen Sléttafell und Einstigsfjall, und nach einem zweiten Paß erreichen wir Hvanngil (es wird »Quanngil« ausgesprochen), eine größere, komfortable Hütte, die uns den Luxus von Tischen und Bänken im ersten Stock bietet und obendrein außerhalb eine richtige Toilette. Die meisten Schäfer in Island sind beritten, und der starke Geruch nach Pferden, der aus den im Erdgeschoß liegenden Ställen dringt, läßt darauf schließen, daß die Schäfer regelmäßig zur Hvanngil-Hütte kommen.

Eine weitere, gutbesuchte Hütte, Alvavatn, liegt etwas nördlich an der Straße. Doch hier im *kofi* genießen wir das lokale Ambiente, auch wenn es für die Nase manchmal etwas überwältigend sein kann.

7. Tag: *Von Hvanngil nach Einhyrningur*

Der heutige Tag ist der Tag der Flußüberquerungen. Bis jetzt hatten wir keinerlei Schwierigkeiten, über die Flüsse zu kommen, doch heute müssen wir mehrere reißende Gletscherströme überqueren. Die ersten beiden, der Kaldaklófsvisl und der Bláfjallákvisl liegen nicht weit entfernt, wir brauchen nur ein kurzes Stück die Straße entlang zu gehen. Das Wasser ist kalt und so tief, daß wir nur in Zweiergruppen den Fluß durchwaten. Ein langer, mühseliger Weg durch eine graue, langweilige Wüste – glücklicherweise können wir auf der Straße gehen, das erleichtert vieles – bringt uns zum Imri-Emstrua, der ebenfalls aus der Tiefe des Mýrdalsjökull kommt. Wir müssen über zwei Flußarme: Der eine ist schmal, aber tief, und der zweite glücklicherweise überbrückt.

Wir schleppen uns weiter die Straße entlang, die kilometerlang durch die Wüste führt. Dann erreichen wir das Markarfljót-Tal, dessen Name uns mit bösen Vorahnungen erfüllt. Es ist tatsächlich ein *fljót* und könnte ohne die Hängebrücke niemals überquert werden. In Erwartung einer baldigen Eruption des Katla sind Brücken gebaut worden, die dann alternativ zur höchstwahrscheinlich bei einem Ausbruch zerstörten Küstenstraße befahren werden können.

Wir verlassen die Straße, die zum Hügel hin abschwenkt, und folgen der grasbewachsenen Kante oberhalb des Flusses. Vor uns breitet sich eine atemberaubende Sicht aus. Unter uns zieht sich in südwestlicher Richtung die wilde Markarfljót-Schlucht dahin. Am Eingang dieser Schlucht stürzt der Fluß hinunter in die Tiefe und tost in schäumenden Strudeln zwischen senkrechten, über 200 m hohen Klippen hindurch. Staunend wandern wir am Rand der Schlucht entlang. Eissturmvögel nisten an den Steilwänden, und aus hängenden Moosgärten fließen Rinnsale wie Perlenketten in den Fluß hinab.

Wir trennen uns nur schwer von diesem wilden Schauspiel. Im Westen der Schlucht stoßen wir auf die Straße, die wir jedoch bald an einem Paß nahe des Einhyrningur wieder verlassen. Die grasbedeckten Hänge dieses eigenartigen Berges, dessen Gipfel die Form eines heranwinkenden Fingers hat, lassen uns hoffnungsvoll das Ziel dieser Nacht ansteuern, eine gelbe *kofi* mit rotem Dach, die wir in den sattgrünen Wiesen liegen sehen. Wir nähern uns nun dem Meer, es wird immer grüner, und auf den Wiesen weiden Schafe.

8. Tag: *Von Einhyrningur nach Fljótsdalur*

Wir verzichten darauf, der Straße ins Tal zu folgen, und nehmen den abwechslungsreicheren Weg nach Fljótsdalur, der über die Südhänge des Tindafjöll entlang eines hohen Simses führt. Von hier aus hat man eine phantastische Sicht über den nun 5 km breiten Markarfljót bis hin zu einer riesigen Eiswand, der Südseite des Tales. Diese Eiswand entpuppt sich als ein weiterer Gletscher, Eyjofjallajökull, der mit seinen 1666 m etwas höher als der angrenzende Mýrdalsjökull ist. Gletscherzungen voller Gletscherspalten und Eisbrüche, die vom kraterförmigen Gipfel bis zum Tal hinunterreichen, erinnern uns an den Montblanc oberhalb von Chamonix.

Bei Tagesanbruch gehen wir am Fuß des »Berges mit dem winkenden Finger« zurück, bis wir eine breite Talmulde am Gilsà-Fluß erreichen, den wir oberhalb der Schluchten an einer günstigen Stelle überqueren.

Angesichts des wild fließenden Gletscherwassers wissen wir, daß uns die schwierigste Flußüberquerung unserer Wanderung bevorsteht. Der Boden ist steinig und der Grund nicht zu sehen. So muß man sich die seichteste Stelle und einen kräftigen Partner suchen.

Beim Überqueren des reißenden Gilsa stützen wir uns gegenseitig

Der steile Aufstieg bringt den Kreislauf wieder in Schwung. Anschließend folgt eine weite Strecke über den Berghang, über Spalten hinweg, an Felsvorsprüngen entlang, und immer wieder bieten sich neue atemberaubende Ausblicke. Ein sumpfiger, schmaler Streifen trennt uns von dem vor uns liegenden Pórolsfjell mit seinem flachen Gipfel. Nach einem anstrengendem Aufstieg erreichen wir die 574 m hohe Kuppe, und nun schauen wir auf das tief unter uns liegende Ziel unserer Wanderung – die Zivilisation hat uns wieder. Durch das flache Tal mit einer Handvoll Bauernhöfe und heubedeckten Feldern fließt der mächtige Markarfljót. Offensichtlich bekämpfen sich hier Mensch und Fluß: Hohe Schutzwälle aus Stein sollen die Erosion aufhalten und fruchtbares Ackerland zurückgewinnen. In der Ferne liegt das Meer. Die Westmänner-Inseln sind zwar nicht mehr zu sehen, doch stellen wir uns vor, wie im Jahre 1963 ein Vulkanausbruch die neue Insel Surtsey erschaffen hat.

Der Gedanke an eine warme Mahlzeit reißt uns aus unseren Träumen und drängt zum Abstieg. Ein letzter kleiner Fluß noch mit einer schmalen Planke als Brücke. Das Ende der Tour liegt hinter einer Wiese – die Jugendherberge Fljótsdalur. Wir schlafen im malerischen, torfbedeckten Bauernhaus, ehe wir nach Reykjavík zurückkehren.

Entfernung: 107 km. Dies schließt die Anfahrt zum Ausgangspunkt nicht mit ein.

Dauer: 8 Tage

Art der Wanderung: einsame, unbewohnte Landschaft, jedoch gewöhnlich leicht zu begehen. Flußdurchquerungen können je nach Jahreszeit Schwierigkeiten bereiten, und es ist sicherlich kein Ort für einsame Wanderer. Außer den kleinen, spartanisch eingerichteten Schäferhütten gibt es keine weiteren Übernachtungsmöglichkeiten. Diese Hütten können voll besetzt sein, wenn Ihre Wanderung gerade mit einer Gruppenreise von Dick Phillips (Whitehall House, Nenthead, Alston, Cumbria, GB) zusammenfällt.

Ausgangspunkt: Sveinstindur

Ziel: Fljótsdalur

Beste Jahreszeit: Ende Juni bis September. Zu Beginn der Saison ist es aber unmöglich, den Ausgangspunkt mit dem Auto zu erreichen.

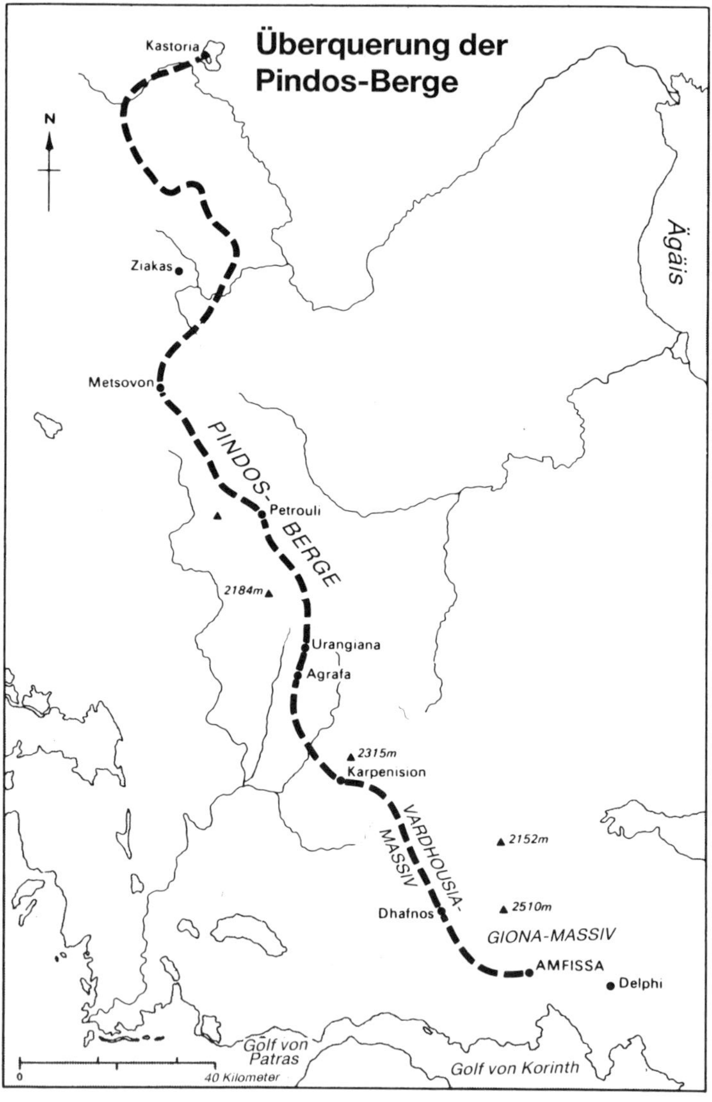
Überquerung der Pindos-Berge
Kastoria
N
Ziakas
Metsovon
PINDOS-BERGE
Petrouli
2184m
Urangiana
Agrafa
2315m
Karpenision
VARDHOUSIA-MASSIV
2152m
2510m
Dhafnos
GIONA-MASSIV
AMFISSA
Delphi
Ägäis
Golf von Patras
Golf von Korinth
0
40 Kilometer

8. Die Überquerung der Pindos-Berge

von *John Hunt (Lord Hunt of Llanfairwaterdine)*

Durch die unberührte Wildnis Griechenlands

Das Pindos-Gebirge wird recht zutreffend als Rückgrat Griechenlands bezeichnet. Es ist ein durchgehender Kalksteinblock über die gesamte Länge der hellenischen Halbinsel zwischen dem Golf von Korinth im Süden und der albanischen Grenze im Norden. Hier endet das Gebirge keineswegs. Weiter im Norden bildet es die Grenze zwischen Albanien und Jugoslawien.

Kein Berg Griechenlands erreicht 3000 m, nicht einmal der Olymp, aber die Gipfel der Pindos sind oft gute 2000 m hoch. Der Parnaß (2547 m), bekannt aus der Mythologie, steht am südöstlichen Ende der Kette und ist der Blickfang, wenn man von Athen über die nördliche Küste des Peloponnes schaut.

Es gibt eine große Auswahl an Routen, die durch dieses Gebirge führen, insbesondere wenn die Wege schneefrei sind. Für manche Leute ist gerade die Überquerung der Gipfel eine Herausforderung, andere werden es vorziehen, um die Spitzen herumzuwandern. So oder so braucht man einen guten Orientierungssinn und Bergerfahrung. Die Landkarten führen oft irre und sind schwer zu entziffern. Sprachkundige haben den Vorteil, Einheimische nach dem Weg fragen oder als Führer anheuern zu können.

Die Länge unserer geplanten Strecke von Amfissa nach Kastoria hatten wir auf mindestens 320 km geschätzt, aber es war doch wohl einiges mehr. Da außer Eiern und frischem Gemüse Vorräte auf dieser Wanderung nur an wenigen Orten wie Karpenision, Agrafa oder Metsovon zu bekommen sind, kann die Schlepperei zum Problem werden. Wir übernachteten oft auf dem Fußboden in Schulen, die am Weg lagen, ab und zu genossen wir den Luxus, bei großzügigen Einheimischen zu Gast zu sein, ansonsten hatten wir unsere Zelte mit. Trinkwasser ist kein Problem, aber im Frühling können sich die hochwasserführenden Flüsse und Wildbäche zu ernsthaften und gefährlichen Hindernissen entwickeln.

Aus verschiedenen Gründen mußten wir unsere Wanderung viel zu früh im Jahr ansetzen, und so waren wir gezwungen, uns oft durch hüfthohen Schnee zu kämpfen. Es ist also dringend anzuraten, erst Ende Mai bis Juni diese Tour zu unternehmen.

Etappe 1: *Von Lidhorokion nach Karpenision*

Wir starteten bei einer Flußgabelung etwa 5 Kilometer westlich vom Dorf Lidhorokion und folgten einem Fluß (auf der Karte namenlos) in nordwestlicher Richtung bis an die Stelle, wo zwei Täler zusammentreffen. Auf dem Kamm zwischen den beiden Tälern, der uns über die Gipfel des Makria Rahki (1176 m) und des Ayios Pandeleimon (1360 m) führte, hatten wir eine herrliche Aussicht auf das Vardhousia-Massiv, das im Osten aufragt. Auf einem breiten Pfad – inzwischen wohl zu einer Straße ausgebaut – stiegen wir zum Dorf Dhafnos ab, eine Ansammlung hübscher zweistöckiger Häuser mit Steindächern und hölzernen Terrassen. Anfang April war der Ort so gut wie ausgestorben, doch wurden wir vom Dorflehrer herzlich empfangen, und die Kinder brachten uns Eier und auch Holz für ein Feuer. An diesem ersten Tag hatten wir etwa 17 km zurückgelegt.

Die nächsten beiden Tage ging es über die Dörfer Dhikhokhorion und Artotina nach Norden in ein Tal, dessen Bauxit den Fluß gelb färbte. Wir verließen das Tal dort, wo ein klarer Fluß vom Kalksteinmassiv des Vardhousio herabfloß und stiegen steil in Richtung Grammeni Oxia auf. Östlich vom Dorf führt ein kurzer Anstieg von etwa 300 m hinauf zu einem Paß. Der Höhepunkt dieses Tages war die sehr schöne Überquerung der Gipfel Safaka Tambouria (1770 m) und Arenda (1280 m) im Verlauf eines Kammes nach Norden. Überraschenderweise hatte sich das Wetter nach den letzten grauen Regentagen aufgeklärt. Wir übernachte-

Alte Kirche in Papingo in den Pindos-Bergen

ten im Dorf Stavia, wo uns der Priester und der Lehrer mit einer Schar jubelnder Kinder begrüßten.

Nach einigen Kilometern flußabwärts bogen wir im Tal nach Westen ab, überquerten einen Paß und kamen – noch immer in der gleichen Richtung – nach Gardhiki, Paliokhori und Poungakia. Eine ermüdende Steigung brachte uns zum Gipfel des Ayios Konstandinos (1666 m) und, weiter westlich, über einen Paß zwischen den Gipfeln Rhaki und Plati nach Miriki, unserem Übernachtungsort.

Ein Gebirgsvorsprung nach Norden führte uns auf den Kranies (1085 m) und dann hinunter zur Straße nach Karpenision, 2½ km westlich und etwa 144 Kilometer von unserem Ausgangspunkt entfernt.

Etappe 2: *Von Karpenision nach Metsovon*

Zu Beginn der nächsten 144 km durch das höchste Gebiet der gesamten Wanderung mußten wir einige Kilometer westwärts der Straße entlang nach Vinion wandern. Die Gegend hier trägt zu Recht den Namen »kleine Schweiz«. Vinion, ein malerisches Dorf, hängt am steilen Hang des Maghdova-Tals.

An der Westflanke des Anemos vorbei erreichten wir einen Paß, von dem man eine herrliche Aussicht auf den Potomos Gavrinitis hat, der etwa 700 m unter uns lag. Ein Feldweg fällt nach Nordosten ab und biegt dann – immer noch oberhalb der mächtigen Schlucht – nach Norden. 1½ Kilometer später hatten wir die Wahl zwischen zwei Routen: Unterhalb des Ouranos-Gipfels vorbei nach Marathos oder den Fluß entlang nach Gavrina und weiter auf dem hohen Fidhsakala-Kamm nach Norden. Wir entschieden uns für die zweite Möglichkeit und übernachteten 1½ Kilometer südlich von Gavrina in einer kleinen Siedlung. Die Dorfbewohner warnten uns vor dem tiefen Schnee, der im April noch auf dem Kamm liegt, also beschlossen wir, am nächsten Tag doch den Weg nach Marathos anzutreten, was sich als eine äußerst anstrengende Unternehmung erwies.

Eines der typischen kleinen Dörfer, durch die wir oft kamen

Wir stiegen eine steile Wasserrinne nach Westen empor und kamen an den bewaldeten, schneebedeckten Hängen nur mühsam voran. Marathos, das wir nach einigen anstrengenden Irrwegen erreichten, liegt auf einer Bergkuppe, umgeben von mehreren Flüssen, die sich hier vereinigen. Die schönen Malereien der Kirche aus dem 8. Jahrhundert wurden leider im Krieg von Partisanen entstellt.

Hinter Marathos überquerten wir einen Fluß im Norden und bestiegen den Kaftra (1508 m), von wo wir östlich um den Gipfel herum zu den Holzhäusern von Paramerita gelangten. Weiter ging es hinunter zum Fluß und gleich danach wieder steil hinauf zu der kleinen Bergstadt Agrafa, wo wir uns in angenehmer Gesellschaft im Kafeneion von dem anstrengenden Tag erholten.

Hinter der Stadt erreichten wir am nächsten Morgen nach etwa 300 m Anstieg einen Bergvorsprung, den wir überquerten, indem wir zunächst in westlicher Richtung, dann mehr nördlich unter dem Gipfel des Koukoventzas entlang wanderten. Dort stiegen wir wiederum ca. 300 m steil in die Schlucht des Potomos Agrafiotis ab. Ein beeindruckend wilder Landstrich erwartete uns flußaufwärts, wo uns eine schöne alte Steinbrücke über den tosenden Fluß führte und ein bequemer Pfad weiter nach Vrangiana.

Östlich vom Dorf windet sich ein Weg steil hinauf zum Paß mit einer hübschen Kapelle zu Ehren des heiligen Nikolas. Wir staunten nicht schlecht über eine schwarzgekleidete alte Frau, die mit schwerer Last mutterseelenallein in der uns entgegengesetzten Richtung durch den hohen Schnee stapfte. Nach Norden stiegen wir mühsam hinunter ins Tal, um uns gleich danach in Serpentinen zur Elatos-Alm unter dem Bourlerou-Gipfel wieder hinaufzukämpfen.

Ein letzter Abstieg nach Karitsa sollte einem weiteren kräfteverzehrenden Tag ein Ende setzen. Auf dem Weg trafen wir vier Frauen aus dem Dorf, die aus dem 64 km entfernten Bezoula Lebensmittel holen wollten. Der eingeschneite Weg sei für die Maultiere noch nicht begehbar, sagten sie uns.

Über einen Bergkamm bei Petrouli

Für die nächsten zwei Tage wählten wir eine leichtere Strecke, denn die schneebedeckten Wege hatten uns seit Karpenision doch einige Schwierigkeiten bereitet. Unsere Route führte uns in ein hübsches, von hohen Hängen geschütztes Tal mit lebendigen Dörfern, richtigen Straßen und Landwirtschaft. Es war eine freundliche, weniger strenge Gegend, durch die wir einige Kilometer nach Norden wanderten, an kleinen Tälern vorbei und durch mehrere Dörfer wie Neo Khorian, Bezoula und Kerasia. Besonders herzlich empfangen wurden wir in Radhi.

Recht angenehm ging es weiter durch offenes Land den Potomos Patnisos entlang, durch die Dörfer Kiana und Dhodhapostoloi, bis wir das Talende erreichten. Ein Kamm mußte überquert werden, um auf der anderen Seite hinunter zum oberen Flußlauf des Paliopotomo zu gelangen.

Nach den Orten Rakhovoni und Zioli näherten wir uns wieder der Hauptroute, kamen durch Xilokhori und Tirna, wo ein Weg nordwestlich zum Paß zwischen Kourouna und Manina abzweigt. Von hier aus erreicht man am Remma-Petrouliotiko-Fluß das Dorf Petrouli, das durch eine Straße mit Kalabaka, einer Stadt am Rande des Gebirges flußabwärts, verbunden ist.

Wir wandten uns nun westwärts dem größeren Ort Neraidhokhori zu. Quer über die niedrigen Südhänge des Paliomandri (1519 m), dann am Nordufer des Flusses Kamnastikos entlang, kamen wir nach Pirra, wo wir eine angenehme Übernachtungsmöglichkeit bei den Dorfbewohnern fanden.

Den Remma Skilinastotiko entlang führte eine Straße nach Stefanie. Dieses Dorf liegt 200 m über dem Talende am Zusammenfluß von Skilinastotiko und Velitsenes. Wir bauten unsre Zelte unterhalb des Dorfes auf: 22 km seit Pirra waren genug.

Am nächsten Morgen stiegen wir nicht nach Stefanie hinauf, statt dessen improvisierten wir aus Baumstämmen eine Brücke und erklommen auf der anderen Seite einen steilen Hang, der im geschützten Tal, jetzt im April, bedeckt war von blühenden wilden Birnbäumen. Darunter breitete sich ein Teppich aus Primeln, Schlüsselblumen, lila und gelben Krokussen und gelben Margeriten aus. Dieser Weg führt nach 1½ km zum Kamm von Mesovouni mit seinen Laubwäldern.

Wir folgten dem Kamm nach Norden zum Gipfel Tsouma Loupou (1735 m), kletterten den nordöstlichen Rücken hinunter und bestiegen kurz nacheinander die Khioli-Gipfel Ost (1799 m) und

West (1855 m). Bei tiefem Schnee, schlechter Sicht und Windstärke 7 beunruhigten uns die ersten Bärenspuren.

Der Abstieg zum Remma Raltas, der nördlich zum Dorf Malakasi fließt, wurde dementsprechend dankbar begrüßt. Trotz einiger Schwierigkeiten wegen der steil ragenden Kalkfelsen folgten wir der Schlucht flußabwärts zu einer idyllischen Lichtung zwischen riesigen Pinien. Nach einigen Versuchen, den angeschwollenen Fluß zu überqueren, beschlossen wir, an diesem schönen Platz zu zelten. Wir waren zwar seit Stefanie erst 11 Kilometer gewandert, doch steht in meinem Tagebuch – trotz des schlechten Wetters –: »Ein sagenhafter Tag.«

Am nächsten Tag kämpften wir uns zunächst orientierungslos durch die Schlucht, bis wir schließlich auf einen Weg stießen, der uns etwa 600 m nordwestlich hinauf und in der gleichen Richtung weiter über die Ausläufer des Makrivouni (1726 m) und der Gözel-tepe mit ihrem wohl türkischen Namen (1872 m) führte. Wir wanderten weiter südlich, zu einem Paß, von dem man bis Metsovon sehen kann. Also, auf zum Ziel! 14 km waren es vom Camp am Remma Raltas gewesen, die Gesamtstrecke ab Karpenesion betrug wohl 144 bis 160 km.

Etappe 3: *Von Metsovon nach Kastoria*

Einige, die die Pindos-Berge überqueren wollen, werden sich für die letzte Etappe wohl einen Weg aussuchen, den auch ich vorgehabt hatte. Nämlich in den höchsten Lagen durch Vovonga und Dhistraton auf den Gipfel des Smolikas (2637 m) zu wandern und eventuell weiter durch das Dorf Aetomilitsa. Von da müßte man erst knapp vor der albanischen Grenze nach Osten abbiegen. Dieser Weg ist allerdings nur möglich, wenn die Berge schneefrei sind; uns machten Wetter und fehlende Zeit einen Strich durch die Rechnung.

Wir blieben bis Ziakas so weit oben, wie es unter diesen Verhältnissen möglich war. Ich will also diese abenteuerliche Etappe nur in groben Zügen beschreiben. Sie führte durch die einsamste, wildeste Gegend, die wir auf der Pindos-Überquerung zu sehen bekamen. Es gab kein einziges Dorf, und an drei von insgesamt vier Tagen trafen wir nicht eine Menschenseele.

Die Straße verließen wir nördlich von Metsovon und wanderten über eine weite, ungeschützte Hochebene, aus der die Gipfel Katara (1689 m), Tasoumes Arvaniti, Koridi (1929 m) und Mavrouni (2054 m) emporragen. Der Mavrouni war der höchste Punkt unserer ganzen Reise. Wir entdeckten wieder Bärenspuren. Steinadler und Weißkopfgeier tauchten auf, und in der ersten Nacht hörten wir den Schrei eines Luchses. Diese Nacht verbrachten wir im Schutz der Valla Kaida, einer düsteren, waldigen Schlucht. Wir waren bis auf die Haut durchnäßt vom Abstieg in tiefem Schnee, doch ein riesiges Lagerfeuer aus abgestorbenen Bäumen regte die Lebensgeister wieder an, und wir breiteten unsere Schlafsäcke auf einem dichten Teppich aus Piniennadeln aus. Das Tosen des Flusses lullte uns in den Schlaf.

Der weitere Weg führte uns nordöstlich über den Pirostia Babur (1976 m) und weiter auf einem Bergrücken entlang. Mit untergehakten Armen durchquerten wir einen gefährlich angeschwollenen Fluß, erreichten endlich, nordwestlich von Spiliaon, die Flanke des Orliakas Oros und erkletterten den Gipfel (1433 m). Ermattet von der langen Tour stiegen wir durch Pinienwälder ab nach Ziakas.

Der Empfang war so herzlich wie überall auf dem Weg. Wir erfuhren im Laufe des Abends, daß Ziakas ein kommunistisches Dorf war, dessen Bewohner als E.L.A.S.-Partisanen während des Krieges gegen die Deutschen gekämpft hatten. Zweimal wurden die Häuser als Vergeltungsmaßnahme von den Besatzern geplündert. Manche der Einwohner waren nach Bulgarien geflüchtet, andere hatten sich in Höhlen am Abhang über dem Dorf versteckt. Und trotzdem nahmen sie uns Fremde so freundlich auf.

Die allerletzte Etappe sah uns auf dem Weg nach Osten in Richtung der Straße nach Kastoria, wo uns ein Auto bis zu unserem eigentlichen Wanderziel mitnahm. Kastoria war ein würdiger Schlußpunkt der langen Tour. Herrlich am Seeufer gelegen, war die Stadt schon im Mittelalter bedeutsam gewesen und hat zahlreiche byzantinische Kirchen aus dem 8. Jahrhundert vorzuweisen. Bekannt ist es auch durch seine Pelzindustrie, die Pelzreste aus den USA. importiert und zu Mänteln verarbeitet. Hier wurden wir vom Bürgermeister und dem griechischen Gebirgsverein eingeladen, bevor wir die Heimfahrt über Jugoslawien antraten.

Für uns alle war diese, durch den Schnee etwas verunglückte, Überquerung der Pindos-Berge eine unvergeßliche Erfahrung. Ich schätze diese Wanderung mindestens so hoch ein wie viele noch längere Wege, die ich durch höhere und berühmtere Gebirge unternommen habe.

Entfernung: Etwa 270 km
Zeit: 15 Tage
Art der Wanderung: Anstrengend. Guter Orientierungssinn und Gebirgserfahrung sind Voraussetzung.
Ausgangsort: Lidhorokion bei Amfissa
Ziel: Kastoria
Beste Jahreszeit: Früh- oder Spätsommer

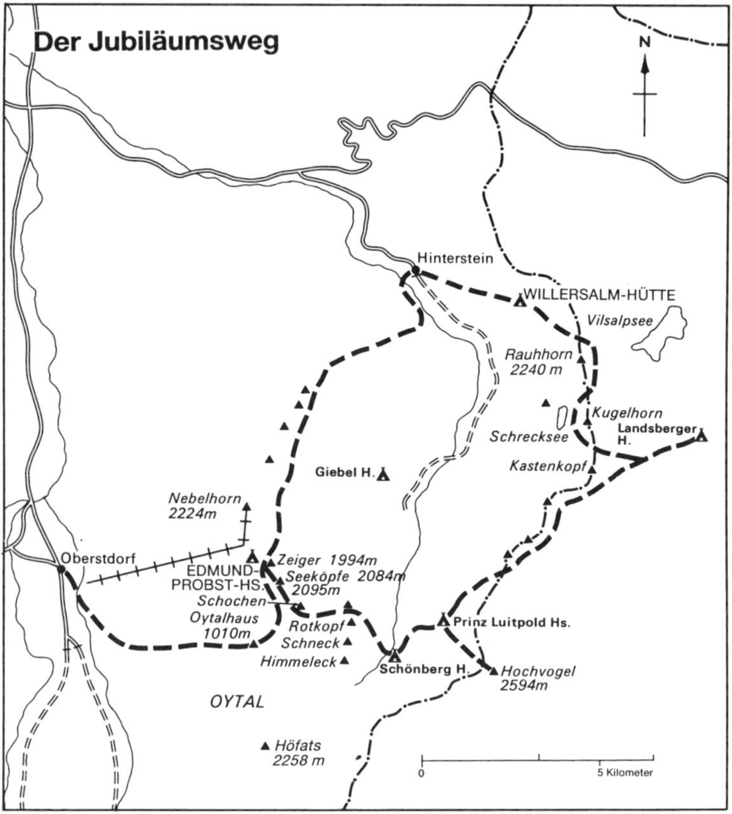

Entfernung: 53 km
Zeit: 4 Tage
Art der Wanderung: Ein Rundweg entlang hoher Kalksteinkämme
Ausgangspunkt und Ziel: Oberstdorf
Beste Jahreszeit: Juli – September

9. Der Jubiläumsweg

von *Walt Unsworth*

Eine Wanderung durch die Allgäuer Kalkberge

In einem der idyllischsten Winkel der Alpen, dort, wo das große Tal der Iller sich verzweigt zum Stillach- und Trettachtal, liegt Oberstdorf. Die deutsche Grenze macht hier einen kleinen Schlenker ins österreichische Tirol. Rundherum ragen die scharf gezackten grauen und weißen Türme der Kalksteingipfel über den hellgrünen Wiesen empor, die im Frühsommer eine wahre Blumenpracht entfalten.

Nicht gerade groß, ist Oberstdorf doch recht bedeutend, hauptsächlich als Wintersportzentrum. Auf seiner imposanten Skiweitsprungschanze wurde 1981 der Weltrekord mit 180 m aufgestellt.

Ebenso berühmt ist die moderne Kunsteisbahn.

Die Stadt ist ein guter Ausgangspunkt für Wanderungen, denn in der Nähe gibt es eine ganze Anzahl von Wegen, die sogar ihre eigenen Namen führen. So auch der Jubiläumsweg, eine Hochtour, die an der österreichischen Grenze entlangführt. Der Jubiläumsweg wurde 1899 zur 25jährigen Gründungsfeier der Alpenvereinssektion Allgäu-Immenstadt eingerichtet. Zusammen mit anderen Routen bildet er den Kern einer schönen Rundwanderung mit Beginn und Ende Oberstdorf.

1. Tag: *Von Oberstdorf nach Hinterstein*

Das Nebelhorn (2224 m) thront über der Stadt, der höchste Punkt einer Gruppe zackiger Gipfel, die das Illertal von der langen, waldigen Schlucht der Ostrach trennen. Den ersten Tag brauchen wir für die Überquerung dieser Berge, wobei eine Seilbahn von

Oberstdorf zum Nebelhorn-Haus (manchmal Edmund-Probst-Haus genannt) den Anfang erleichtert. Es empfiehlt sich, früh aufzustehen, denn die Wanderung kann für einen ersten Tag ermüdend sein, und Zeit für gelegentliche Rasten sollte man einplanen. Ein Sessellift führt weiter zur Spitze des Nebelhorns hinauf, aber wir brauchen ihn nicht für unseren Weg, obwohl die Aussicht von ganz oben herrlich ist.

Normalerweise ist es beim Nebelhorn-Haus recht voll, doch das legt sich, sobald man hinter der Liftschneise auf unebenem Pfad in die Wildnis aus Gestrüpp und Fels aufsteigt. Es kann dabei leicht passieren, daß man Geröll lostritt, das dann bis ins Ostrachtal hinunterrollt. Also Vorsicht: Wir wollen andere Wanderer nicht gefährden! In der Ferne taucht die Reihe grauer Gipfel auf, an denen der Jubiläumsweg vorbeiführt, mit dem herrlichen Hochvogel (2593 m) als Höhepunkt.

Auf der linken Seite, fast zum Greifen nah, sehen wir den schartigen Grat zwischen Nebelhorn und Großem Daumen, und meistens kann man dort winzige Figuren erkennen, die wie verrückte Ameisen die Felsspitzen hinauf und hinunter klettern. Dieser Kamm ist einer der berühmtesten Klettersteige der Ostalpen – der Hindelang-Klettersteig.

Unser Pfad läuft unterhalb des Grats zum Engeratsgundsee; ein einsamer kleiner See unterhalb des Großen Daumens. Von hier zieht sich ein verlockendes Tal bis zur Ostrach hin, doch ist das nicht unser Weg, außer vielleicht bei schlechtem Wetter, denn er stößt früher auf eine Teerstraße. Bei schönem Wetter klettern wir steil hinauf zu einer deutlichen Scharte im Kamm oberhalb des Sees, wo sich ein weiteres Tal vor uns ausbreitet: eine heile Welt mit grünen Wiesen, hohen Kiefernwäldern und einem alten Häuschen wie bei Hänsel und Gretel.

Nach zunächst steilem Abstieg wird es leichter. Hat es zuvor geregnet, so treffen wir hier zum ersten Mal auf die Hauptplage der Allgäuer Alpen – den Lehm. Nicht wenige der Pfade scheinen aus reinem, schlüpfrigem Lehm zu bestehen, und das Zeug macht nicht einmal vor den Kalkfelsen halt. Nasser Kalkstein ist schlimm

Die Überquerung des Nebelhornmassivs

genug, wie jeder Wanderer weiß, aber dieses Gestein, mit einer Lehmschicht überzogen, übertrifft alles. Doch wenigstens für eine Weile ist die Welt in Ordnung, wenn uns der bequeme Pfad am Häuschen vorbei in die Wälder führt.

An dieser Stelle trifft jetzt einiges zusammen: Zunächst fällt das Gelände im Wald sehr steil ab. Zweitens bricht der Pfad ab, und es geht über kahle Felsbänder weiter, die großzügig mit verstreuten Felsbrocken und Geröll bedacht sind. Und drittens bedeckt der glitschige Lehm das Gestein. Alles in allem ein schwieriger Abstieg.

Vielleicht übertreibe ich und mein Urteil ist durch den alptraumartigen Abstieg getrübt, den ich vor einigen Jahren dort erlebte. Es goß wie aus Kübeln, und die 1 km lange Strecke war das Schlimmste, was ich in den Bergen je erlebt habe. Der Felspfad glich einer Schlittschuhbahn, nur voller Gesteinsbrocken, und meine Brille beschlug ständig, so daß ich immer wieder stehenbleiben mußte, um sie zu putzen. Jeder Schritt war ein Abenteuer.

Es war der längste Kilometer, den ich je hinter mich gebracht habe. Doch zweifellos bereitet dieser Abstieg bei strahlendem Sonnenschein viel Freude.

Schließlich jedoch endet das Gefälle im Tal, und es folgt ein gemütlicher Spaziergang durch die Wiesen. Ein kurzes Stück auf der Straße führt zum Dörfchen Hinterstein und dem Wirtshaus zum »Grünen Hut«, wo man gut ißt und auch dann willkommen ist, wenn man durchnäßt und lehmverschmiert eintritt.

2. Tag: *Von Hinterstein zur Landsberger-Hütte*

Hinter dem Wirtshaus steigt ein guter Weg durch die Wälder hinauf zur Willersalm. Hier spazieren viele Touristen, die zu der kleinen Höhle am Weg wollen, die früher die Behausung einer Verrückten oder Hexe gewesen sein soll. Für die vielen Besucher ist sie mit rustikalen Bänken ausgestattet.

Der Wald bleibt hinter uns und weicht dem rauhen Weideland der Willersalm, einem großen, verschachtelten Gebäude, das als Bauernhof, Käsefabrik und Berghütte dient. Von Hinterstein bis

Oberhalb der Willersalm

zur Alm braucht man etwa eineinhalb Stunden, und wenn man am ersten Tag schon früh im Dorf angekommen ist, mag man vielleicht noch weitergehen und erst hier übernachten. Essen und Unterkunft sind vom Einfachsten, aber gut, und es geht recht zünftig zu.

Von der Willersalm führt der Pfad über eine kleine Wiese, dann in Serpentinen über ein Geröllfeld steil hinauf zum Paß, dem Geiseckjoch. Der Weg über diesen Einschnitt im Grat bringt Sie nach Österreich, denn hier verläuft die Grenze. Für kurze Zeit bleibt der Pfad unterhalb des gezackten Rauhhorns auf der österreichischen Seite. Der Blick schweift weit über die grünen Felder und Wälder hinunter zum großen, schönen Vilsalpsee. Dahinter ragen – durch eine Schlucht sichtbar – die imposanten Tannheimerspitzen empor.

Zunächst noch schlüpfrig, bessert sich der Pfad zusehends. Er ist fast eben und das Gehen leicht. Das ist nun der Jubiläumsweg wie auf der Landkarte, und so geht er weiter bis zum Prinz-Luitpold-Haus. Wir allerdings zweigen ab und suchen uns eine noch reizvollere Route. Diese führt über den Hintere-Schafwannen-Paß (1957 m) zwischen Rauhhorn und Kugelhorn zurück nach Bayern. Vom Paß gibt es einen wunderbaren Blick über das Ostrachtal zur Nebelhorngruppe. Vor uns geht es steil hinab in einen Kessel mit einem unheimlich aussehenden See, dem Schrecksee.

Der Abstieg ist nur 150 m lang, sieht aber nach mehr aus – besonders, weil man auf der anderen Seite des Kessels wieder hinaufklettern muß!

Am See teilt sich der Pfad. Geradeaus kommt man zur Lahnerkopfscharte, die steilere, kürzere Route nach links führt zur Kirchdachscharte, unsere Route. Sie bringt uns wieder nach Österreich und auf den Weg zur Landsberger-Hütte.

Vielleicht sollte man hier anmerken, daß fast alle Routen in den Ostalpen wenigstens eine Variante besitzen, amtlich oder auch nicht. Manchmal sind es Abkürzungen, manchmal schwierigere Steige für die Bergwanderer, die den Hauch des Abenteuers brauchen. Man sollte davon ausgehen, daß die Varianten meist schwieriger sind als der eigentliche Weg. Manche verlangen Schwindelfreiheit, andere Erfahrung im Felsklettern.

So eine Abweichung befindet sich gerade jenseits der Hinteren Schafwanne – und noch dazu verführerisch gut markiert. Sie scheint den Abstieg zum See zu vermeiden, indem sie den Hang zu einem Paß quert, von dem aus sie offensichtlich in den Weg zur Landsberger-Hütte mündet. Außer, daß der Hang sehr steil ist, gibt es zunächst keine Probleme, doch plötzlich unterbricht ein 15 m hoher Kalkpfeiler den Pfad. Man muß ihn überklettern. Schwer ist es nicht, aber es geht tief hinunter, und das Gestein ist bröckelig.

Hat man dieses Hindernis überwunden, verläuft der Pfad heikel den Rand steiler Abstürze entlang; ein Ausrutscher hätte schlimme Folgen. So aufregend diese Variante sein mag, empfehlenswert ist sie nicht. Doch sie führt über den Kamm und folgt nun einem Felspfad unterhalb des Kammes bis zum Hauptweg zur Landsberger-Hütte. Wir befinden uns nun in einer weiten Kalksteinmulde mit dem winzigen Albelsee.

Unser Weg läuft am weiten Rand dieser Senke entlang, bis kurze, steile Serpentinen zum passend benannten Berg, dem Sattel (1980 m), hinaufklettern.

Vom Sattel ist es ein einfacher Spaziergang hinunter zur Landsberger-Hütte, die halb verdeckt von Kiefern hoch am Rand eines Felsens thront. Wenige Hütten liegen so malerisch. Über den kleinen See fast vor der Türe ragen die Türme der Lachenspitze (2130 m) fast wie Dolomitenberge gen Himmel. Von der Hütte aus hat man einen wunderschönen Blick ins Tal, zum Traualpsee und Vilsalpsee, und wenn Sie vorhaben, einen Ruhetag einzulegen, dann tun Sie das hier! Die reizvolle Gegend läßt sich gemütlich erkunden – und die Hütte ist eine der besten, an denen Sie vorbeikommen werden.

3. Tag: *Von der Landsberger-Hütte zum Prinz-Luitpold-Haus*

Der Weg hinüber zur Landsberger-Hütte war ja fast wie ein Umweg, aber gelohnt hat er sich. Nun müssen wir ein Stück über den Sattel zurück – höchstens eine Stunde – bis zu der Stelle, wo unser gestriger Pfad in einem Gebiet mit Felsvorsprüngen und Wacholderbüschen einen anderen kreuzt. Der neue Weg ist der eigentliche Hauptweg und als Saalfelder Weg bekannt, eine schöne Hochgebirgsroute, die in die Feste des Kastenkopfs (2129 m) führt. Hier liegt manchmal noch im Sommer Altschnee, aber das braucht uns nicht zu kümmern. Der Pfad klettert durch eine enge, felsige Klamm und mündet unterhalb der Lahnerscharte wieder in den Jubiläumsweg ein.

Vielleicht das Bemerkenswerteste am Jubiläumsweg ist die Höhe, die er ständig hält. Meist bleibt er über 1800 m, nur 200 m tiefer als der Bergrücken. Er ist auch relativ eben, außer an der Stelle, wo es nach Österreich geht.

Der Pfad bleibt ständig in bemerkenswerter Höhe dicht unterhalb der Kammhöhe. Dieser Abschnitt führt zur Bockkarscharte

Das fällt besonders nach der Lahnerscharte auf, wo der Pfad um das Ende eines langen Tals herumführt, um das wilde, kiefernbewachsene Schwarzwassertal.

Am Schanzlekopf (2069 m) macht der Weg einen scharfen Knick, und links fällt das Gelände steil ab. In den letzten Jahren hat hier ein Erdrutsch den Weg weggerissen, und obwohl langsam ein neuer Pfad im Schutt festgetreten wurde, braucht man für ein paar Meter Trittsicherheit und Schwindelfreiheit.

Schließlich jedoch erreichen wir den Fuß der beeindruckenden Bockkarscharte: ein tiefer Einschnitt im Kamm zwischen Glasfelderkopf (2271 m) und Kesselspitze (2284 m). Diese Scharte unterscheidet sich von allem, was wir bisher auf unserer Wanderung gesehen haben, und gilt als schwierigster Teil der Route. Doch das ist Unsinn.

Tatsache ist, daß die Rinne meist mit Schnee gefüllt ist. Doch wer keine Lust hat, Tritte zu schlagen, kann rechts vom Schnee einen Pfad nehmen. Das einzig Unangenehme ist die Anstrengung, und nach einem vorher so einfachen Weg wirkt die Steigung ziemlich ermüdend.

Mit einiger Erleichterung erreichen wir die Scharte, auf der anderen Seite steigen wir in Serpentinen zum Prinz-Luitpold-Haus hinunter: eine riesige Berghütte, vom phantastisch gekrümmten Hochvogel (2593 m) beherrscht. Von dieser Hütte aus kann man den beliebten Gipfel über einen Klettersteig erreichen, allerdings sollten Sie sich einen Tag dafür Zeit nehmen.

Das Prinz-Luitpold-Haus ist die führende Hütte der Allgäuer Alpen, und von hier aus eröffnen sich dem Wanderer mehrfache Möglichkeiten, je nach Zeit und Laune. Am einfachsten ist es, ins Ostrachtal abzusteigen und mit dem Bus nach Hinterstein und Oberstdorf zurückzufahren. Unternehmungslustige können aber auch weitergehen, über das Hornbachtal zum Enzensberger oder Düsseldorfer Weg, indem Sie der Route von der Kaufbeurer Hütte zur Hermann-von-Barth-Hütte und zur Kemptener Hütte folgen. Dort kann man den berühmten Heilbronner Weg anschließen, eine schwere Wanderung, teilweise sehr ausgesetzt und nur für Schwindelfreie. Vom Prinz-Luitpold-Haus würde man so fünf Tage bis Oberstdorf brauchen.

4. Tag: *Vom Prinz-Luitpold-Haus nach Oberstdorf*

Es wird nun Zeit, unseren Rundweg durchs Allgäu zu beschließen. Wir gehen von der Hütte aus auf gutem Weg oberhalb des Ostrachtals das Bärgündeltal entlang. Auf der Schönbergalm, die wir queren, steht eine gleichnamige Hütte. Ein steiler Anstieg von gut 250 m folgt dem Bergrücken, der sich nordwestlich zum Nebelhorn zieht. Wir erreichen diesen Kamm beim Laufbacher Eck

(2177 m), einem der vielen Gipfel, die man leicht besteigen kann, weil unser Kammweg, stets etwa 2000 m hoch, nahe an ihm vorbeiführt. Vom Laufbacher Eck ist die Sicht auf die umliegenden Gipfel einfach großartig, besonders auf die wild wirkende Höfats (2259 m). Dieser Berg, mit seinen Pfeilern wie Orgelpfeifen und steilen Almen, ist ein Tummelplatz für Extremkletterer.

Im folgenden bleibt der Weg gut und recht eben, wenn Sie nicht abweichen, um die Gipfel zu stürmen. Der Reihe nach erreichen wir den Lachenkopf (2111 m), den Schochen (2100 m), den Kleinen Seekopf (2095 m), den Großen Seekopf (2084 m) und den Zeiger (1994 m). Merkwürdigerweise ist der Kleine Seekopf 11 m höher als der »große« Bruder!

Vom Zeiger aus können Sie in einigen Minuten zum Nebelhorn-Haus und mit der Seilbahn nach Oberstdorf gelangen. Aber es wäre eine Schande, die herrliche Tour so unfeierlich zu beschließen, und da wir heute kaum mehr als fünf Stunden gegangen sind, bleibt Zeit genug für den angemessenen Abstieg durch das Oytal. Der Weg führt steil hinunter in ein kleines, abschüssiges Tal, das von der Höfats überragt wird. Darin liegt ein bezaubernder Bergsee, von Wäldern eingefaßt, der Seealpsee. In solcher Umgebung macht das Wandern Freude, sogar der kurze Anstieg nach dem See, bevor der Pfad wieder steil ins Oytal abfällt, wo das beliebte Bergwirtshaus steht.

Von den vielen kleinen Tälern um Oberstdorf herum ist das Oytal verdientermaßen das beliebteste. Am Talende sieht man eine Gruppe steiler Berge, die den Charakter der letzten vier Tage noch einmal wachrufen. Doch alles hat ein Ende, wir kehren den Bergen den Rücken und nehmen die bequeme Straße zurück nach Oberstdorf.

SCHWEIZ

10. Der Grindelwald-Kessel

von *Andrew Harper*

Wanderung am Fuß der höchsten Alpenberge

Jeder, der mich nach der schönsten Gegend fragen würde, um das Alpenwandern kennenzulernen, erhielte von mir ohne Zögern die Antwort: das Grindelwaldgebiet bei Interlaken in der Schweiz.

Die Etappen sind manchmal kurz, dann wieder recht lang und können für Anfänger maßgeschneidert werden. Ausgangs- und Endpunkte werden von Bahn, Gondeln, Sesselliften oder Postbussen angefahren, und die Anreise ins Gebiet per Auto oder Zug könnte nicht einfacher sein. Abgesehen von der Möglichkeit, einfach irgendwo sein Zelt aufzuschlagen, gibt es reichlich Unterkünfte – besonders in den Tälern, wo hauptsächlich die traditionellen Touristen versorgt werden, aber auch an einigen der herrlichen hochgelegenen Aussichtspunkten. Die vielen Gasthäuser bieten für jeden Geschmack und Geldbeutel etwas.

Der »Kessel« bezeichnet hier ein hochgelegenes Becken, das ein langsam sich zurückziehender Gletscher in der Gebirgslandschaft hinterläßt. Unsere Wanderung hält sich, soweit als möglich, entlang dieses Kesselrandes. Das Becken ist riesig, an seiner Südflanke stehen einige der bekanntesten Berge der gesamten Alpen – Eiger, Mönch und Jungfrau – und östlich das Wetterhorn. Ewiger Schnee und Eis wechseln ab mit dem stumpfen Grau der Felsen. Die schroffen Formen hoch oben kontrastieren mit den sanften Almen, die mit unzähligen farbenprächtigen Blumen übersät sind.

Tiere gibt es nicht so häufig zu beobachten, doch das Murmeltier, ein reizender, verspielter Geselle, ist manchmal zu sehen. Gefahr signalisiert es mit einem hohen Pfeifton. Daneben kann man verschiedene Arten von Wild entdecken, allerdings nur mit Glück

Entfernung: 70 km
Zeit: 6 Tage
Art der Wanderung: Möglicherweise die einfachste Art von Bergwandern mit guten Markierungen. Schlechtes Wetter kann die Anforderungen drastisch erhöhen, und die langen Abschnitte sind dann so kaum machbar.
Ausgangspunkt: Wilderswil/Schynige Platte
Ziel: Lauterbrunnen bzw. Mürren mit Schilthorn
Beste Jahreszeit: Juli bis September

und Geduld, denn sie sind leiser als das Murmeltier, scheu und farblich der Umgebung hervorragend angepaßt. Dagegen sind die wohlgenährten umherziehenden Kühe mit ihren Glocken um den Hals nicht zu übersehen. Den Glockenklang der weidenden Rinder hört man hier überall.

1. Tag: *Zum Faulhorn*

Wir beginnen mit einer Zugfahrt von Wilderswil (südlich von Interlaken) nach Breitlauenen (1542 m), das wenige Minuten unterhalb der Bergstation der Schmalspurbahn liegt. Die Bahn fährt weiter zum Hotel und dem Alpengarten auf der Schynige Platte (1967 m). Wir steigen jedoch schon in Breitlauenen aus und schnuppern hier zum ersten Mal die dünne Höhenluft. Unser Pfad ist beschildert: Schynige Platte 1 Std. 30 Min. Überhaupt ist die ganze Gegend bestens markiert und ausgewiesen. Die angegebenen Zeiten sind Durchschnittszeiten und brauchbare Hinweise.

Durch schütteren Wald steigt der Weg an, führt schräg an einer Felswand entlang und gibt den Blick auf den riesigen Einschnitt des Lauterbrunnentals frei. Zum ersten Mal sehen wir die berühmten Wasserfälle, die an verschiedenen Stellen jäh ins Tal hinabstürzen. Wir steigen an einigen verlassenen Almhütten vorbei und können oben links die Bahnlinie erkennen. Sobald wir dieselbe Höhe erreicht haben, wird der Pfad eben, und bald erreichen wir das Hotel. Von der Terrasse aus erkennen wir die drei Hauptgipfel des Oberlandes hinter dem wesentlich kleineren Männlichen und dem dunklen Kegel des Lauberhorns. Das Hotel bietet Zimmer an, doch gibt es auch ein Matratzenlager.

Unser nächstes Etappenziel ist das Faulhorn. Der Weg dorthin beginnt an der Bahnstation unterhalb des Hotels, und auf dem Schild sind 4 Stunden Wanderzeit angegeben. Nach etwa 3 Stunden erreichen wir eine kleine Hütte, die Getränke und Brotzeiten anbietet, ein wahres Gottesgeschenk.

Auf dieser Strecke tauchen keine größeren Schwierigkeiten auf, sie ist im großen und ganzen problemlos. Der Weg steigt so wenig an, daß man es kaum merkt. Von Anfang an fasziniert der Blick über das tiefe Tal, mit Grindelwald ganz unten, und auf die Gipfel der Bergriesen, deren Anblick sich während der Wanderung stetig, wenn auch kaum merklich verändert. Die wechselnden Lichtverhältnisse tun das Ihre dazu. Doch nicht nur der Blick auf die Berge ist überwältigend: Nach einer guten halben Stunde führt der Pfad dicht an den linken Absturz heran, und tief unten sieht man Interlaken und den Brienzer See liegen. Nach rechts erblicken wir den Thuner See, dahinter den konischen Berg Niesen, an dessen Fuß das Städtchen Spiez liegt.

Der Weg schlängelt sich durch felsige Schluchten dahin, an Platten entlang, um Terrassen herum und über feuchte Schafweiden, bis der tiefblaue See am unteren Ende des Sägis-Tals auftaucht. Rechts am Tal entlang und dann im Zickzack bergauf gelangen wir in das kleine Hühnertal, wo man zum ersten Mal schräg gegenüber das Gebäude auf dem spitzen Faulhorn (2681 m) erblickt, doch wird es noch gut eine Stunde bis dorthin dauern. Wahrscheinlich flattert eine riesige Schweizer Flagge im Wind.

An unserem Weg, der oft durch Altschnee führt, liegt eine Viertelstunde weiter ein Chalet auf dem Bergsattel. Die Weber-Hütte (2343 m) wird von einer gastfreundlichen Familie geführt, die heiße Getränke und kleine Brotzeiten anbietet. Danach steigt der Pfad stetig an und wendet sich hinter einer Flanke nach links und den sanften Hang hinauf.

Auf diesem bequemen Teil (30 Minuten bis zum Kamm) sind die hohen Berge verdeckt, doch die Sicht nach links hinüber ist bei klarem Wetter umfassend.

Oben am Kamm verändert sich die Aussicht, die drei Hauptgipfel zeigen sich in neuer Perspektive, und die Spitzen des Schreckhorns und des Finsteraarhorns, bisher hinter dem Eiger versteckt, tauchen mit ihren Gletschern auf. Der Weg ist hier gut ausgebaut, leicht zu gehen und entsprechend beliebt.

Der steile Hang am Fuß des Faulhorns kann auf den müden Wanderer recht abschreckend wirken. Für diesen Fall gibt es einen leichteren, dafür weiteren Weg, der rechts abzweigt. Welchen

Der Bachsee. Im Hintergrund v. l. n. r.: Wetterhorn, Schreckhorn und Finsteraarhorn

Aufstieg Sie auch wählen, der Blick vom Gipfel lohnt alle Anstrengungen. Ein Menü im Restaurant wird – genügend Schweizer Fränkli vorausgesetzt – das Vergnügen noch vergrößern.

Die Weber-Hütte mit dem freundlichen Wirt

2. Tag: *Weiter zur Großen Scheidegg*

Ein in den Fels gehauener Pfad führt jetzt südlich hinab zum malerisch gelegenen Bachsee (2265 m). Bis vor kurzem zogen auf diesem Weg die Maultiere entlang, die Vorräte auf das Faulhorn transportierten. Heute scheint es zwar wirtschaftlicher zu sein, wenn Hubschrauber das Nötige »abwerfen«, so liebenswert wie die alte Methode ist das aber nicht.

Auf Werbefotos spiegeln sich immer die entfernten Gipfel im ruhigen Wasser des Sees. Doch brauchen Sie Glück, wenn Sie das Motiv selbst so fotografieren wollen, denn schon der geringste Windhauch kräuselt die Oberfläche. Der steile Abstieg auf dem Weg nach First (2168 m) läßt die Knie weich werden. Hier gibt es ein gutes Restaurant und die Bergstation des Sessellifts von Grindelwald aus. Übernachten kann man nicht. Von der Café-Terrasse blicken wir auf das nähergerückte Hauptmassiv und das mächtige Wetterhorn links davon.

Sie werden seit dem Faulhorn mindestens drei Wegweiser nach Grindelwald bemerkt haben. Die Wege laufen gemütlich über die Wiesen hinunter zu dem Erholungsort, und hier kann man die Blumenpracht im Frühsommer am besten genießen. Doch ich empfehle, von First aus den Hängen nach Osten zu folgen.

Der Weg ist die ganze Zeit herrlich, und über zahlreiche Weiden und Wildbäche erreichen wir nach knapp 2 Stunden an der Großen Scheidegg ein sehr gutes Restaurant und Übernachtungsmöglichkeiten. Von hier verkehren Busse nach Grindelwald.

3. Tag: *Hinunter nach Grindelwald*

Im Blick den Eiger (der uns von hier aus zeigt, wie schmal sein Gipfelgrat ist), steigen wir auf einem sanft abfallenden Pfad, der die Haarnadelkurven der Straße schneidet, in knapp 3 Stunden nach Grindelwald (1038 m) ab.

Hier hinunter zu bummeln ist ein Erlebnis. Die kahle Landschaft weicht Äckern, die der Öde abgetrotzt wurden, und die wenigen Bauernhöfe bilden einen farbenfrohen Vordergrund für Fotos der Felswände zur Linken. Wenn Sie zum Hotel Wetterhorn und den Menschenmassen dort weiterwandern, wird sie der Blick auf die Schlucht des Oberen Grindelwaldgletschers zu einem Halt geradezu zwingen. Im Schein der späten Nachmittagssonne schimmert er wie auf einer Bühnenkulisse. Der kurze restliche Weg führt leider auf der Straße zwischen immer mehr Häusern ins Zentrum des Ortes mit seinen Hotels und Geschäften.

4. Tag: *Der Aufstieg zum Männlichen und weiter zur Kleinen Scheidegg*

Nun geht die normale Route über Alpiglen weiter zur Kleinen Scheidegg, auf einem südwestlich verlaufenden Sattel gelegen. Obwohl dieser Weg zunächst durch Wald führt, wird er später, wenn er sich über die Schneisen der Skipisten windet, recht unangenehm. Und da er auch noch zu nah am Fuß des Eiger entlang verläuft, verhindert er einen ausgewogenen Blick auf diesen herrlichen Berg. Besser wandert man also zuerst zum Männlichen.

Beide Touren beginnen in Grund (943 m), dem unteren Teil von Grindelwald, und sind gut angezeigt. Erschrecken Sie nicht über die Extrastunde, die meine Route braucht, sie lohnt sich. Schon bald entfalten sich ihre Reize, und oberhalb der Mittelstation der Seilbahn wird das Wandern durch offenes Bergland jeden Zweifel vertreiben. Der Blick auf die Eiger-Nordwand ist phantastisch, und wenn Sie dann die Breitseite zu sehen bekommen, wird er noch beherrschender.

Der Männlichen (2343 m) liegt am Ende einer riesigen Felsplatte, und daher fällt der Blick von der Aussichtsterrasse direkt hinunter ins Lauterbrunnental. In nur acht Minuten fahren die Urlauber von Wengen mit der Seilbahn hier herauf. Unter den Gebäuden auf dem Männlichen findet sich ein neues Selbstbedienungslokal mit guter Auswahl.

Lassen Sie den Gipfel nicht aus! In etwa 15 Minuten klettern Sie hinauf, und der großartige Panoramablick umfaßt auch die mei-

Immer wieder der herrliche Blick auf Eiger, Mönch und Jungfrau

sten Orte, an denen wir während unserer Tour schon waren. Einer der schönsten »Panoramawege« (1 Std. 30 Min.) verbindet den Männlichen mit der Kleinen Scheidegg. Er windet sich in Richtung der Eiger-Nordflanke, die wuchtig herüberdrängt. Meistens ist der sichere Pfad breit mit gelegentlichen Rastbänken, doch sollte man sich nicht an den kurzen steinschlaggefährdeten Stellen aufhalten.

An der Kleinen Scheidegg (2061 m) werden Sie auf eine Unzahl Touristen treffen, die jeden Tag mit der Bahn herauffahren. Unfreundliches Wetter reduziert die Zahl beträchtlich. Neben mehreren Restaurants finden Sie hier leicht ein Zimmer zum Übernachten.

5. Tag: *Wengen, Lauterbrunnen, Mürren*

Ein Schild direkt an der Seilbahnstation weist den Weg hinunter zur Wengernalp (1873 m). Man erreicht sie in 45 Minuten. Jenseits eines tiefen Einschnitts fesseln die überwältigenden Eiswände der Jungfrau. Die berühmten Lawinen kündigen sich mit Krachen und ohrenbetäubendem Donnern an. Irgendwann möchte ich einmal einige Tage in dem bescheidenen Hotel auf der Wengernalp bleiben und mich mit Muße in den wundervollen Ausblick versenken.

Das Hotel erreicht man durch einen Fußgängertunnel unter den Schienen hindurch, doch der weiterführende Weg fällt genau davor nach links ab (Wegweiser). Der Weg hält sich rechts, überquert ein paar kleine Wiesen und wird eine Zeitlang eben, bevor er dann weiter zum Kurort Wengen (1274 m) abfällt. Ein hübscher Ort zum Bummeln. Trotzdem gehen wir durch die Felder nach Lauterbrunnen weiter, und da es ständig bergab geht, können Sie sich auf die Schönheit des tiefen, schmalen Hohlwegs konzentrieren, der uns hinunterführt.

Lauterbrunnen (800 m) hat trotz Eisenbahnanschluß und Autoverkehr seinen Reiz nicht verloren. Man könnte die Wanderung vom Grindelwald-Kessel hier beenden und mit dem Zug zurück nach

Interlaken fahren, doch gibt es genügend lohnende Aussichten für einen Extratag, besonders von den Westhängen aus. Zwischen Grütschalp (1489 m) und Mürren (1645 m) findet sich ein weiterer bekannter Panoramaweg. Zu diesem kommt man zu Fuß über einen Weg hinauf, der im Zentrum von Lauterbrunnen an der Hauptstraße abgeht.

Da der Weg die erste Hälfte durch dichten Wald ansteigt, ist man sich nie ganz sicher, ob die Richtung auch stimmt. Fahren Sie daher doch einfach mit der Seilbahn zur Grütschalp, und verwenden Sie Ihre Energien lohnender.

Im Erholungsort Mürren kann man das ganze Jahr über Urlaub machen. Ein Höhepunkt der Sommersaison ist jedoch das Heißluftballon-Fest. Die bunten Farben der Ballons erhöhen noch den Reiz des Ortes.

6. Tag: *Als Abschluß, das Schilthorn*

Was kann man sonst noch in Mürren unternehmen? Zum Beispiel könnten Sie zum südlichen Ende wandern und die kleinen Wege erforschen, an denen es noch gut erhaltene alte Schäferhütten gibt. Von hier erblickt man den Gebirgszug westlich der Jungfrau mit seinen beachtlichen Gipfeln wie die Ebnefluh, das Mittagshorn, das Breithorn und das Tschingelhorn – alle aus halber Höhe gesehen, meiner Meinung nach der besten Perspektive. Oder aber man reiht sich in die Touristenscharen ein und nimmt die Seilbahn aufs Schilthorn. Hier – fast 3000 m hoch – fühlt man sich »mitten unter den Gipfeln« und hat eine unübertroffene Aussicht.

Mein Vorschlag für einen würdigen Abschluß wäre, das Schilthorn (2960 m) zu Fuß zu besteigen. Wer will, kann in der günstig gelegenen Schilthornhütte (2432 m) die Tour noch einmal unterbrechen. Der Aufstieg zur Hütte dauert 2½ Stunden und beginnt mitten in Mürren. Ungemütlich steil wird es nur an einem Engpaß, doch vorher und nachher gehört der Weg zum Schönsten, was es an angelegten Bergpfaden gibt. Bei meiner letzten Wanderung hatte ich hier das Glück, spielende Gamskitze zu erleben, die herumtollten und auf den Schneeresten rutschten.

Nach einer Katzenwäsche am Trog und dem einfachen Frühstück in der Hütte steigen wir hinter dem Bergrücken mit der Mittelstation auf der rechten Talseite sanft aufwärts. Dann umgehen wir ein Schneefeld (noch nie sah ich die Stelle schneefrei!) und erreichen weiter links den Kamm, der zu dem schimmernden Gebäude auf dem Gipfel führt. Dieser Kammweg bietet herrliche Blicke über die Täler in Richtung Kandersteg und auf entfernte Gebirgszüge.

Das berühmte Restaurant auf dem Schilthorn dreht sich langsam um die eigene Achse. Verständlicherweise ist das Essen hier teuer, doch kostet ein Kännchen Kaffee nicht zuviel für eine lebenslange Erinnerung an diesen Ort – die Aussicht von der Terrasse ist umsonst. Ich schlage vor, daß Sie für die Rückkehr ins Tal die Seilbahn benutzen. Sie haben es sich verdient!

11. Der »Westweg« durch den Schwarzwald

von *Werner Siebler-Ferry*

Auf dem Schwarzwald-Höhenweg von Pforzheim nach Basel

Der Schwarzwaldverein e. V., ältester deutscher Gebirgs- und Wanderverein (gegründet 1864), hat den »Westweg« bereits im Jahre 1901 angelegt. Er ist der älteste und meistbegangene aller 16 Fernwanderwege (Rautenwege), die von ehrenamtlich tätigen Wegewarten markiert und ständig unterhalten werden. Es ist auch der erste Fernwanderweg, der eine einheitliche Markierung erhalten hat. Mit der Anlage dieser Wege wurde auch eine satzungsmäßige Aufgabe aus dem Jahr 1901 erfüllt: »Zweck des Vereins ist, die Kenntnis des Schwarzwaldes und seiner Umgebung zu erweitern und zu verbreiten, das Reisen und den Aufenthalt in demselben zu fördern sowie dessen Naturschönheiten immer mehr bekannt und zugänglich zu machen.«

Der Schwarzwald als Mittelgebirge im Südwesten der Bundesrepublik Deutschland bietet sich durch seine vielseitige schöne Landschaft geradezu als Wandergebiet an. Doch wer 285 km Wanderwege bergauf und bergab unter die Füße nehmen möchte, sollte schon etwas geübt und trainiert sein.

Knöchelhohe Wanderstiefel mit guter Profilsohle, die eingelaufen sein sollten, sowie wollene Kniestrümpfe und Socken sind ebenso wichtige Voraussetzungen zu einer genüßlichen Wanderung wie ein sparsam gepackter Rucksack, damit nicht zu viele Kilo unnötigerweise mitgeschleppt werden müssen. Einen durchgehenden »Rucksacktransport« gibt es auf dem »Westweg« nicht. Jedoch kann bei den Unterkünften der jeweiligen Tagesetappen möglicherweise jemand gefunden werden, der sich dazu bereit er-

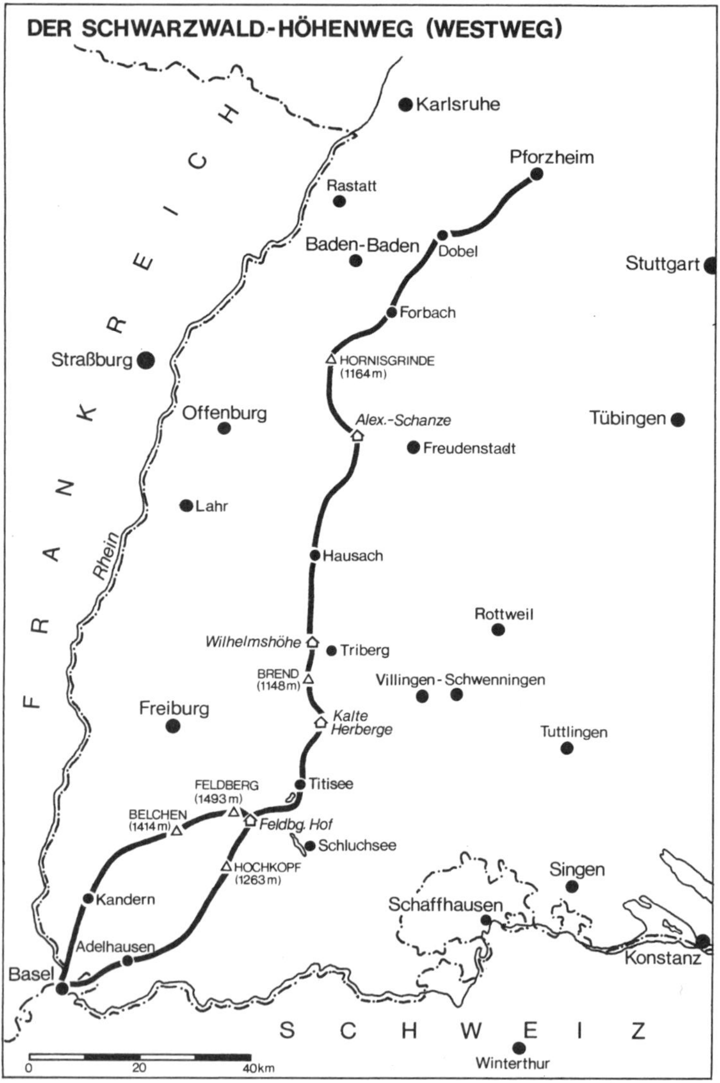
DER SCHWARZWALD-HÖHENWEG (WESTWEG)
Karlsruhe
Pforzheim
Rastatt
Baden-Baden
Dobel
Stuttgart
Forbach
HORNISGRINDE (1164 m)
Straßburg
Offenburg
Alex.-Schanze
Tübingen
Freudenstadt
Lahr
Hausach
Rottweil
Wilhelmshöhe
Triberg
BREND (1148 m)
Villingen-Schwenningen
Freiburg
Kalte Herberge
Tuttlingen
Titisee
FELDBERG (1493 m)
BELCHEN (1414 m)
Feldbg. Hof
Schluchsee
HOCHKOPF (1263 m)
Singen
Kandern
Schaffhausen
Adelhausen
Konstanz
Basel
F R A N K R E I C H
Rhein
S C H W E I Z
Winterthur
0 20 40 km

klärt. Entsprechende Fachliteratur und Wanderkarten sind wesentlich.

Die auf 12 bzw. 13 Tage angelegte Wanderung beruht in ihrer Einteilung auf Erfahrungswerten für Durchschnittswanderer. Kürzungen oder Verlängerungen lassen sich aber nicht in jedem Falle vornehmen, da dann vielfach keine Übernachtungsmöglichkeit besteht.

Auf Angabe von Gehzeiten wird bewußt verzichtet, da jeder Wanderer seinen Schritt, sein Leistungsvermögen hat. Eine alte Wanderregel besagt, daß im Durchschnitt 4 bis 5 km in der Stunde angemessen sind.

Hinweise auf Übernachtungen stehen im Wanderführer, der über den Schwarzwaldverein direkt oder über den Buchhandel zu beziehen ist. Die Gastronomie empfiehlt für Einzelwanderer und Gruppen bis zu vier Personen eine telefonische Bestellung am Vorabend oder am Morgen des Anwandertages. Wer auf gut Glück am Abend eine Übernachtung sucht, läuft Gefahr, müde noch einige Kilometer zulegen zu müssen.

Der »Westweg« ist in der Regel nur von Mai bis Oktober begehbar. Das hängt damit zusammen, daß der Weg immer wieder Höhenlagen erreicht, die von November bis April mit Schnee oder Eis bedeckt sein können. Im Zweifelsfall empfiehlt sich ein Telefonanruf bei Gemeinden hochgelegener Ortschaften.

1. Tag: *Von Pforzheim zum Kurort Dobel*

Unsere Wanderung beginnt in der Goldstadt Pforzheim, die außer einem Schmuckmuseum, einem Technischen Museum der Schmuck- und Uhrenindustrie und einer Edelstein-Ausstellung auch eine interessante Schloßkirche vorweisen kann. Wer sich die Zeit zur Besichtigung nicht nehmen kann oder will, also gleich auf Wanderung gehen möchte, dem wird empfohlen, von Pforzheim-Hauptbahnhof die Buslinie Nr. 3 zum Kupferhammer zu nehmen.

Der Kupferhammer (252 m) ist Ausgangspunkt der bedeutendsten drei Höhenwege, die von Pforzheim nach Basel, nach Waldshut oder nach Schaffhausen verlaufen. Vom Kupferhammer geht es dann über die Ortschaft Birkenfeld über die Schwanner Warte mit Aussichtsturm zum Kurort Dobel (689 m).

Wie auf dieser ersten, 23,5 km langen, Tagesetappe läßt es sich während der Tour von Zeit zu Zeit leider nicht vermeiden, daß durch Ortschaften oder auf Feldwegen auch manche geteerten Teilstrecken in Kauf genommen werden müssen. Der Schwarzwaldverein hat immer wieder versucht, Wege von geteerten Stra-

Kupferhammer – Ausgangspunkt der drei Höhenwege

ßen auf fußfreundlichere Pfade zu verlegen. Leider sind jedoch solchen Ausweichmöglichkeiten Grenzen gesetzt.

2. Tag: *Von Dobel zum Hochmoor*

Unsere 2. Tagesetappe von 25 km führt uns von Dobel über den Weitehäusleplatz, die Hahnenfalzhütte zu dem 984 m hoch gelegenen Hohloh. Der Hohloh mit seinem Hohlohsee und dem Kaiser-Wilhelm-Turm ist ein zauberhaftes Hochmoor-Naturschutzgebiet, und für einen Naturliebhaber und Naturschützer ist es selbstverständlich, daß er auf den markierten Wegen bleibt.

Vom Hohloh geht es weiter über die Prinzenhütte und einem steilen Abstieg über den Latschigfelsen, von dessen Aussichtskanzel man einen wunderschönen Blick auf das Murgtal hat, über Gausbach nach Forbach (332 m). Am Eingang nach Forbach schreitet der Wanderer über die größte freitragende, überdachte Holzbrücke Europas, aus dem Jahre 1776, die wohl zwischenzeitlich mehrfach restauriert wurde.

3. Tag: *Von Forbach nach Unterstmatt*

Gut ausgeruht und frisch gestärkt geht es von Forbach am nächsten Morgen weiter. 19 km liegen vor uns. Steil führt der Weg bergan zur Wegscheid, dann am herrlich gelegenen Herrenwieser See vorbei zum Seekopf (1001 m). Am Seekopf ist ein Gedenkstein für den Schöpfer des Westwegs, Philipp Bussemer, angebracht.

Unser nächstes Ziel ist die Badener Höhe (1006 m), von Sand über Hundseck und über den Hochkopf nach Unterstmatt (928 m), wo der Westweg-Wanderer im Höhenhotel Unterstmatt von einem wanderfreundlichen Wirt herzlich empfangen wird. Ein echter Wanderer muß dort einmal »Nudeln à la Chef« gegessen haben.

Am Morgen liegt der Nebel hoch in den Tälern unterhalb der Hornisgrinde

4. Tag: *Zum sagenumwobenen Mummelsee*

Auf dieser Etappe mit 27,5 km gibt es keine allzu großen Höhenunterschiede. Wir wandern von Unterstmatt über den Ochsenstall auf die Hornisgrinde (1163 m), den höchsten Berg des Nordschwarzwaldes. Da der Gipfel immer noch militärisches Sperrgebiet ist, kann man den Turm leider nicht besteigen. Doch finden wir in der Nähe einen interessanten Grenzstein, den »Dreifürstenstein«, aus dem Jahre 1722 mit den Wappen von Baden, Württemberg und dem ehemaligen Fürstbistum Straßburg.

Weiter geht der Weg zum sagenumwobenen Mummelsee über das Seibelseckle zum Wildseeblick. Dort befindet sich das Grab von Prof. Julius Euting, Forscher, Philosoph und Sprachgelehrter, der 1876 – 1912 auch Präsident des Vogesenclubs war. Über den Ruhestein zum Naturschutzgebiet Schliffkopf mit seinen typischen Legföhren geht es über die Zuflucht zum Endpunkt unserer Tagesetappe, zur Alexanderschanze (971 m). Auf der gesamten Strecke gibt es immer wieder Einkehrmöglichkeiten.

5. Tag: *Von der Alexanderschanze nach Hausach*

Heute liegt die längste Etappe des gesamten Weges mit 34,5 km vor uns. Der Weg führt von der Alexanderschanze über die Lettstädter Höhe zur See-Ebene. Hier lohnt sich ein kurzer Abstecher zum Glaswaldsee-Blick. Über die Littweger Höhe kommt man zum Hark-Bauer (700 m), bei dem man auch eine Übernachtung einlegen kann. Vom Kreuzsattel aus lohnt ebenfalls ein Abstecher zum 3 km entfernten Wanderheim Brandenkopf des Schwarzwaldvereins mit Aussichtsturm.

Von der Hohenlochen-Hütte geht der Abstieg dann über das Weiße Kreuz, am Naturdenkmal Spitzfelsen vorbei, nach Hausach (283 m). Hier findet man noch Reste von Schanzanlagen aus dem Dreißigjährigen Krieg und die Burgruine Husen. Die Dorfkirche, die Klosterkirche und die gotische Stadtkirche sind sehenswert. Da Hausach an einer sehr belebten Bundesstraße liegt, empfiehlt es sich, beim Verkehrsamt ein möglichst ruhiges Zimmer für die Übernachtung zu bestellen, zumal am nächsten Tag ein kräftiger Anstieg auf den Wanderer wartet.

6. Tag: *Über den Huberfelsen zur Wilhelmshöhe*

Die ersten sechs der vor uns liegenden 23 km von Hausach bis zum Farrenkopf mit der Hasemannhütte (789 m) führen sehr steil bergan. Von dort geht es zum Büchereck und zur Prechtaler Schanze. Diese Schanze wurde um 1800 als Befestigung gegen die Franzosen angelegt und vom Schwarzwaldverein im Jahre 1983 restauriert.

Bald erreichen wir den Huberfelsen, ein Naturdenkmal, und den Karlstein. Hier stießen im 18. Jahrhundert die Gebiete Österreich, Württemberg, Baden und Fürstenberg zusammen. Nach dem Karlstein erreichen wir den Rensberg und schließlich das Etappenziel Wilhelmshöhe (975 m).

7. Tag: *Über die Wasserscheide*

Am Wolfsbauernhof lohnt ein Blick auf ein großes altes Kruxifix, bevor es am nahe gelegenen Blindensee vorbei zur Weißenbacher Höhe und zur Martinskapelle (1094 m) geht. Hier befindet sich die Wasserscheide Nordsee/Schwarzes Meer. Bei der Martinskapelle stoßen wir auf die Breg-Quelle, einen der beiden Quellflüsse der Donau.

Der nächste Anlaufpunkt ist der Brend (1149 m), von dessen Turm eine sehr schöne Aussicht besteht. Über Neueck führt der Weg vorbei am Hohlen Bildstöckle zur Kalten Herberge (1029 m), dem Gasthaus Krone. Hier erzählt man sich, daß vor langer, langer Zeit einmal ein Mann auf der Ofenbank erfroren sein soll, daher der Name »Kalte Herberge«. Heute ist es ein sehr freundlich geführtes Gasthaus. 23,5 km liegen am Abend hinter uns.

Der Titisee, ein beliebtes Ziel für Spaziergänger und Wassersportler

8/9. Tag: *Vom Titisee zum Feldberg*

20 km sind für die 8. Etappe geplant, die am Lachenhäusle vorbei über den Hohlen Graben, die Fürsatzhöhe nach Titisee (860 m) führt. Und wenn für die 9. Tagesetappe vom Titisee zum Feldbergerhof nur 13,5 km vorgesehen sind, so ist dies bewußt so angesetzt. In solch schöner Umgebung möchte jeder Wanderer gern einmal einen etwas ruhigeren Tag einlegen.

Von Titisee führt der Weg über Bärental hinauf zum Zweiseenblick: Zu unseren Füßen liegen der malerische Titisee und der Schluchsee.

Im Caritashaus am Feldberg befindet sich in der Hauskapelle ein Flügelaltar mit Gemälden von Hans Franke, den anzusehen sich lohnt. Von hier ist es nicht mehr weit zum Feldbergerhof (1279 m), nahe dem Gipfel des höchsten Berges im Schwarzwald. Es ist ein Naturschutzgebiet, das durch starken Besucherandrang im Sommer wie im Winter leider schon sehr stark gelitten hat. Es wurde daher erforderlich, die Besucherströme zu kanalisieren, damit sich der erodierte Boden wieder etwas erholen kann. Durch mehrsprachige große Tafeln werden die Besucher über diese Notwendigkeit aufgeklärt.

Von Pforzheim bis zum Feldberg wurde der Wanderer durch die rote Raute als Wegmarkierung gut geleitet. Das wird auch auf der Strecke bis Basel so sein, doch aufgepaßt: Ab Feldberg werden zwei Wegführungen nach Basel angeboten, eine westliche über den Belchen, den Blauen und Kandern; dazu eine östliche über das Herzogenhorn, das Hochkopfhaus, Schweigmatt und das Grenzacher Horn. Beide Alternativen haben ihre Reize. Die Route über den Hochkopf ist 4,5 km länger als die über den Belchen.

10. Tag (1. Variante): *Vom Feldberg zum Belchen*

Beginnen wir zuerst mit der *westlichen Wegführung* vom Feldbergerhof zum Belchen mit 23,5 km.

Vom Feldbergerhof (1279 m) zum Seebuck mit Bismarck-Denkmal kann man zwar mit einer Sesselbahn fahren, aber ein richtiger Wanderer geht natürlich zu Fuß, wobei er aber auf den markierten Wegen bleibt, denn das ganze Feldberggebiet ist Naturschutzgebiet. Weiter geht es über das Grüble zum Feldbergturm (1493 m). Vom höchsten Berggipfel des Schwarzwaldes hat man einen phantastischen Rundblick und bei klarer Sicht ein Alpenpanorama vor Augen, das vom Montblanc bis zum Säntis reicht. Ohne die häßlichen Radarschirme, die uns die Nato beschert hat, wäre der Rundblick noch vollkommener.

Weiter geht der Weg über den Stübenwasen – beim Goldenen Kreuz ebenfalls ein sehr schöner Fernblick – zum Notschrei. Notschrei ist die Paßhöhe der Fahrstraße zwischen dem Dreisamtal und dem Wiesental. Der Name wird auf den Notschrei der umliegenden Gemeinden zurückgeführt, die sich viele Jahre lang um diese Verbindungsstraße bemüht hatten, die dann endlich 1847 gebaut wurde.

Auf den Böden entlang geht es zum Wiedener Eck (1035 m), zur Krinne und hinauf zum Belchen (1414 m). Der Belchen ist der dritthöchste Berg des Schwarzwaldes und wird zugleich als der schönste bezeichnet. Von ihm gibt es phantastische Ausblicke in die zahlreichen Täler, zu den Vogesen und zu den Alpen. Auch hier bleiben Wanderer auf den markierten Wegen, denn der Belchen ist Naturschutzgebiet.

11. Tag: *Abstieg nach Kandern*

Heute liegen über 25 km Abstieg nach Kandern vor uns. Er beginnt über den Hohen Kelch, geht über den Haldenhof, Sirnitz-Sattel, Stühle, Egerten zum Blauen (1165 m). Hier lohnt sich der Aufstieg auf den Aussichtsturm, wobei der neuerbaute Fernsehturm ein Besteigen leider nicht zuläßt. Weiter bergab kommt der Wanderer über den Hexenplatz zur Sausenburg nach Kandern (352 m). Kandern ist bekannt durch die Brezelfabrik und das Keramikmuseum.

12. Tag: *Von Kandern nach Basel*

Die letzte Etappe beträgt 22,5 km und verläuft von Kandern, Egerten, Nebenau zur Burgruine Rötteln, der zweitgrößten Burgruine in Baden. Nach Obertüllingen kommen wir über die Schweizer Grenze (Kennkarte nicht vergessen!), entlang dem Fluß »Wiese« bis Basel zum Badischen Bahnhof (272 m). Wer dann noch Lust und Zeit hat, sollte sich diese sehenswerte Stadt einmal näher betrachten.

* * *

10. Tag (2. Variante): *Vom Feldberg zum Weißenbachsattel*

Die *östliche Wegführung* ist, wie gesagt, 4,5 km länger und mit einer Tagesetappe mehr veranschlagt.

Auf dem Weg vom Feldbergerhof (1279 m) zum Zeiger liegt die moderne, sehenswerte Feldbergkirche, von wo es über die Grafenmatt hinauf zum Herzogenhorn (Gipfel 1415 m) geht, dem zweithöchsten Berg des Schwarzwaldes, mit Ski- und Leistungszentrum. Dann führt uns der Weg wieder bergab über Hofeck zur Wacht (973 m), von dort über das Präger Eck zum Leder Tschobenstein, zum Weißenbachsattel mit dem Wanderheim Hochkopfhaus des Schwarzwaldvereins auf einer Höhe von 1081 m.

11./12. Tag: *Vom Hochkopfhaus nach Adelhausen*

Am 11. Tag wandern wir vom Hochkopfhaus nach Südwesten über St. Antoni, Altensteiner Kreuz über Schwellen zur Hohen Möhr mit Aussichtsturm bis nach Schweigmatt (723 m), wo wir nach 17,5 km den restlichen Tag genießen.

Die 12. Etappe mit 18 km Wegstrecke wird plötzlich von einer völlig anderen, aber dennoch reizvollen, offenen Landschaft geprägt. Kommt der Wanderer von Schweigmatt nach Hasel, sollte er nicht versäumen, die 1,5 km vom Westweg entfernte Erdmannshöhle bei Hasel zu besuchen.

An der nächsten Station, der Hohen Flum (535 m), hat man wieder eine schöne Aussicht vom Aussichtsturm. Adelhausen (457 m) ist dann Ende dieser Etappe.

13. Tag: *Von Adelhausen nach Basel*

Die letzte Tagesetappe mit insgesamt 20,5 km führt von Adelhausen über Kohlrütte, Siebenbannstein, Rührberg, vorbei an St. Chrischona, Grenzacher Horn nach Basel/Badischer Bahnhof (272 m). Da auf dem letzten Stück die Schweizer Grenze mehrfach überschritten wird, sollte man auch hier die Kennkarte bei sich führen.

Für einen Fernwanderweg wie den Westweg, der durch seine vielen Auf- und Abstiege gerne der »Sportliche« genannt wird, sollte man sich genug Zeit nehmen. Nur wenn Körper und Füße in gutem Zustand sind, hat der Geist die Möglichkeit, die vielfältigen Eindrücke einer abwechslungsreichen Landschaft genüßlich aufzunehmen, und nur so kann eine solche Wanderung zu einem unvergeßlichen Erlebnis werden.

Zu den vier Hauptwegen durch den Schwarzwald, also auch für den Westweg, gibt es einen Wanderpaß mit Urkunde und Abzeichen, den Sie schriftlich bei der Hauptgeschäftsstelle des Schwarzwaldvereins e.V., Postfach 1520, 7800 Freiburg, bestellen können.

Entfernung: 280 bzw. 285 km
Dauer: 12 bw. 13 Tage
Art der Wanderung: Durch Wälder und Täler, wobei mehrfach bedeutende Höhenunterschiede überwunden werden müssen.
Ausgangspunkt: Pforzheim
Ziel: Basel
Beste Jahreszeit: Mai – Oktober
Wegmarkierung: Rote Raute

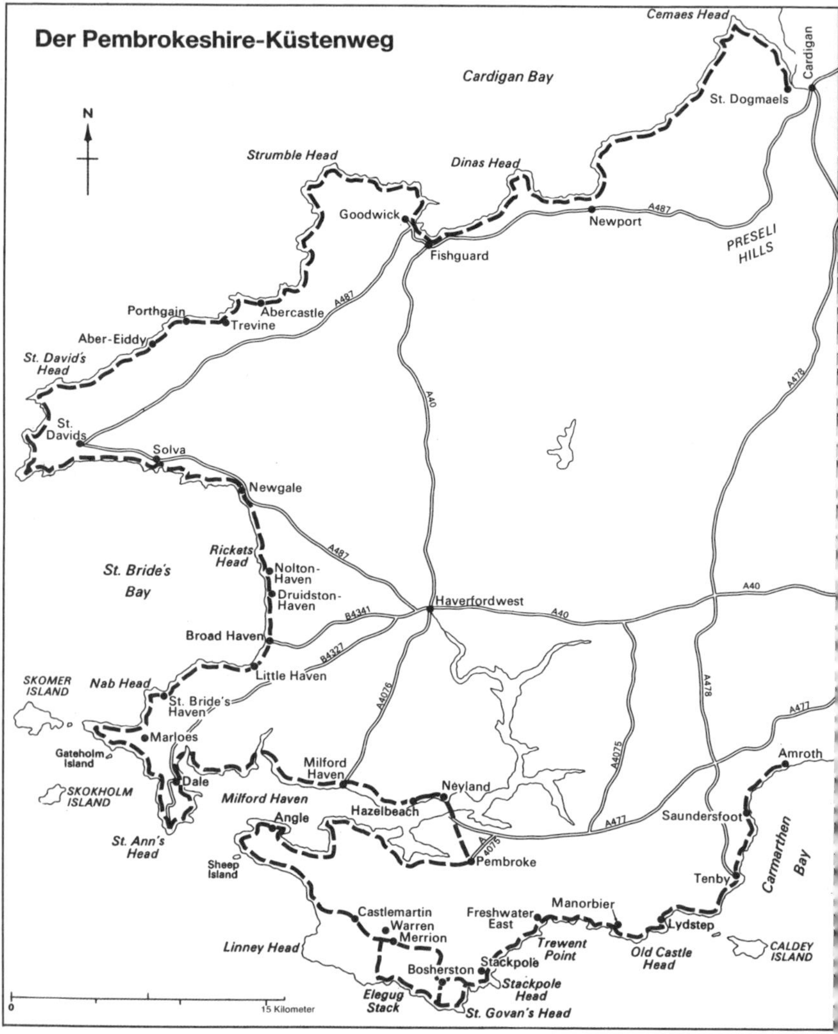
Der Pembrokeshire-Küstenweg
N
Cemaes Head
Cardigan
Cardigan Bay
St. Dogmaels
Strumble Head
Dinas Head
Goodwick
Newport
A487
Fishguard
PRESELI HILLS
Porthgain
Abercastle
A487
Trevine
Aber-Eiddy
St. David's Head
A40
A478
St. Davids
Solva
Newgale
Rickets Head
A487
St. Bride's Bay
Nolton-Haven
Druidston-Haven
Haverfordwest
A40
A40
B4341
Broad Haven
B4327
Little Haven
SKOMER ISLAND
Nab Head
St. Bride's Haven
A4076
A478
A477
Marloes
Gateholm Island
A4075
Amroth
Milford Haven
Dale
SKOKHOLM ISLAND
Milford Haven
Neyland
Hazelbeach
Angle
A477
Saundersfoot
St. Ann's Head
A4075
Carmarthen Bay
Sheep Island
Pembroke
Tenby
Castlemartin
Freshwater East
Manorbier
Warren
Merrion
Lydstep
Linney Head
Trewent Point
Old Castle Head
CALDEY ISLAND
Bosherston
Stackpole
Stackpole Head
Elegug Stack
St. Govan's Head
0
15 Kilometer

WALES (Großbritannien)

12. Der Pembrokeshire-Küstenweg

von *Martin Collins*

Eine Wanderung entlang der Pembroke-Klippen

Seit 1970 gibt es den Pembrokeshire-Küstenpfad. Er verläuft über 290 km durch eine der schönsten britischen Landschaften: von St. Dogmaels im Norden nach Amroth im Süden, entlang herrlichster Küste. Die geologische Beschaffenheit der Küste und auch der vorgelagerten Inseln ist faszinierend, dazu kommen die vielen Blumen und Vogelkolonien am Weg.

Festungen an übersichtlichen Kaps, Hüttengevierte und uralte Pfade erinnern an Pembrokes Vergangenheit, die bis in die Jungsteinzeit zurückreicht, während Relikte aus der neueren Geschichte – Kirchen, kleine Häfen, Steinbrüche, Bergwerke – in lebhaftem Gegensatz zur modernen Schiffahrt und zur Ölindustrie in Milford Haven stehen. Stets haben sich die Menschen in dieser Region mit Befestigungen beschäftigen müssen, und deutliche Spuren sind auf Schritt und Tritt zu entdecken: Verteidigungsanlagen aus der Eisenzeit, normannische Burgen, viktorianische Festungen und militärische Einrichtungen vom 2. Weltkrieg.

Der Weg geht meistens am Rand der Klippen oder am Strand entlang – manchmal recht gefährlich –, bleibt also ständig in der Küstenlandschaft. Obwohl die Erholungsorte in der Hochsaison sehr gut besucht sind, gibt es hier sonst nur wenige Touristen; der Wanderer wird daher abseits der Straßen kaum auf Menschen treffen.

Manchmal ist der Pfad überraschend anstrengend, dann wieder eher bequem zu gehen – vorsichtiges Verhalten verlangen die Klippenränder und das Wandern am Strand bei steigender Flut. Es empfehlen sich festes Schuhwerk und regendichte Kleidung. Auch an Vorräte sollte man denken, denn oft wandert man durch entlegenere Gegenden.

Jede Jahreszeit besitzt ihren eigenen Reiz, auch der Winter, doch er hat den Nachteil, daß man nur schwer Unterkunft und Verpflegung findet. Vielleicht ist der Frühling die beste Zeit, wenn blühende Blumen den Weg säumen und die Ferienzeit gerade erst begonnen hat. Dann ist das Wetter zuverlässiger und das Unterholz an den nicht gerodeten Stellen des Weges noch nicht so dicht.

1. Tag: *Von St. Dogmaels nach Newport*

St. Dogmaels ist ein buntes, ziemlich altmodisches Fischerdorf mit Läden, Pubs und einem Postamt. Es liegt nicht weit von Cardigan in einem recht patriotischen Teil von Wales. Zunächst folgt man 3 km lang auf der B 4546 dem Teifi, einem der besten Lachsgewässer der Gegend, bevor eine Tafel am Straßenende den Beginn des Küstenpfades kennzeichnet.

Vor der Mündung des Teifi verursachen die beiden Sandbänke Poppit Sand und Cardigan Bar beeindruckend hohe Wellen. Ein hinter der Jugendherberge ansteigender Weg stößt nach einem Bauernhaus auf den Klippenpfad. Oben auf dem Cemaes Head weitet sich das Blickfeld bis zur Cardigan-Insel, und an klaren Tagen sieht man die gesamte Cardigan-Bucht mit Plynlimon und Cader Idris im Nordosten.

165 m über dem Meer liegt eine der luftigsten Klippen der Route. Üppig wachsende Blumen zwischen Stechginster, Farnkraut, Besenginster und stachligem Gras begleiten den Anstieg. Obwohl es auch im Winter Blumen gibt, ist die Vielfalt der Farben im Frühling unvergleichlich, wenn Fingerhut, Blaustein, Strandnelke, Orchideen, Wicke und die allgegenwärtige Sternhyazinthe blühen.

Wandert man dann südöstlich auf die Dinas-Halbinsel zu, geht es gehörig auf und ab. Hinunter in die Täler der zahlreichen Bäche und jedesmal wieder hinauf aufs flache Land, das vor 17 Millionen Jahren vom Pliozän-Meer geebnet wurde. Diese wilde, sturmgepeitschte Küste ist geprägt von düster zerklüfteten Felsen, die nach

Klippen und Felsenbögen – einer der typischen Küstenanblicke dieser Tour

Cemaes Head auftauchen und auch eine Meile weiter, wenn man vom Pen-yr-afr heruntersteigt. Außerhalb der Saison und bei schlechtem Wetter lassen die vielen Seevögel, die Möwen und Eissturmvögel mit ihrem Geschrei keine Einsamkeit aufkommen.

Durch ein Sumpfgebiet geht es hinab zur Ceibwr-Bucht, und nach einem knappen Kilometer ist Witches' Cauldron (Pwll-y-Wrach) erreicht, eine faszinierende Grotte, nun eingestürzt, die eine winzige Bucht mit durchlöcherten, immer mal wieder Wasser speienden Felsen bildet. Der Pfad führt darüber.

Nun folgt einer der härtesten Abschnitte des gesamten Weges. Wie auch an anderen Stellen der Route wurden in das steilste Gefälle Holzstufen eingelassen, sonst wäre inzwischen längst eine schlammige Rutsche entstanden. Größere Hindernisse sind Sommerfarnkraut und Dornengestrüpp, die oft bis zur Schulterhöhe wachsen. Bevor sie nicht sorgfältig aus dem Weg geräumt sind, besonders wenn Kinder den Pfad benutzen, ist kein Vorwärtskommen möglich. Diese Etappe wird eine der langsamsten sein.

Zehn einsame Kilometer nach Newport folgen, hoch über unsichtbaren Höhlen und Felsbögen. Jenseits der schwarzen Tiefen von Godir-rhûg und Godir-Turdor wird Morfa Head umrundet; die Aussicht ist hier außergewöhnlich schön. Die Preseli-Hügel bilden einen höckrigen Bergrücken am Rande grüner Felder. Von hier stammen die Steine in Stonehenge. Man ist sich noch immer nicht einig, wie wohl diese Steine in das weit entfernte Wiltshire geschafft wurden. Das ganze Gebiet um die Preseli-Hügel ist reich an Funden aus der Jungsteinzeit, der Bronze- und Eisenzeit, bis hin zu einer bemerkenswerten Festung und einem Häusergeviert auf dem Carn Ingli hinter Newport.

Sogar aus der Entfernung wirkt Newport hübsch, mit seinen grauen und weißen Häusern hinter der Nevern-Mündung. Bei näherer Bekanntschaft enthüllen sich die Vorzüge für uns Wanderer, im Sommer auch für Segler und Urlauber, nämlich Cafés, Läden und Gasthäuser.

Bei Niedrigwasser kann der Nevern an seiner flachsten Stelle gegenüber dem alten Kornspeicher am Parrog durchwatet werden;

Die Ruinen der St.-Brynachs-Seemannskapelle bei Cwym-yr-Eglwys

oder man folgt dem Fluß landeinwärts bis zur Brücke bei Pen-y-Bont. Von 1566 bis ungefähr 1930 bestanden von hier Handelsverbindungen mit Bristol (Kohle und Kohlenstaub), jedoch war die Sandbank in der Mündung stets eine Gefahr.

2. Tag: *Von Newport nach Fishguard*

Hinter Hütten und vertäuten Booten klettert der Pfad auf niedrigen Klippen mit weißem Quarz um Cat Rock herum. Die Klamms (walisisch Cwms genannt) bei Aber Rhigian und Aber Fforest unterbrechen den bis dahin ebenen Weg, hier gibt es Kiesstrände, und die Ebbe legt Steinplatten frei, die in der neueren Erdgeschichte vom Meer ausgebrochen wurden, die besten Beispiele dafür in Pembrokeshire.

Dinas Island wird vor uns sichtbar, und in Lee, weg vom beißenden Salzwind, drängen sich Stechginster, Hagedorn und Brombeergestrüpp an den Pfad. Nur die Westmauer und der Glockenturm der Seemannskapelle St. Brynach überstanden im Oktober 1859 einen gewaltigen Sturm, bei dem auch die »Royal Charter« und 113 andere Schiffe vor Wales sanken. Heute scheint das verschönte Cwm-yr-eglwys auf Segler und Touristen eingestellt.

Dinas Island wurde erst vor 8000 Jahren mit dem Festland verbunden. Davor war Cwm-Dewi (heute eine sumpfige Abkürzung, die die Halbinsel durchschneidet) ein Wattgebiet. Bäume weichen steilen Klippen, sobald hinter Needle Rock der Weg ansteigt, ein ganzjähriger Sammelplatz für Seevögel. Die häufigsten Arten sind Lummen, Kormorane, Silbermöwen, Krähenscharben, Eissturmvögel und Tordalken, das Symbol des Nationalparks. In den kleinen Buchten darunter hausen Seehunde.

Mit 140 m Höhe ist Dinas Head (Pen-y-Fan) bei klarem Wetter ein herrlicher Aussichtspunkt. Hinter uns liegen Cemaes Head und Pen-yr-afr, vor uns Fishguard Harbour und Strumble Head, während im Westen das glitzernde Wasser bis zu den Wicklow-Bergen reicht.

Im Pub von Pwll Gwaelod kann man Hunger und Durst stillen – selten genug auf unserem Küstenweg. Dann erklettert man am westlichen Ende von Cwm-Dewi Klippen und wird wieder umfangen von der urtümlichen Einsamkeit, die die Wanderung prägt. Pwll Gwylog, eine kleine, farnbewachsene Bucht, ist typisch für die vielen Flecken an der Küste von Pembrokeshire, unzugänglich – außer zu Fuß – und abseits vom Tourismus.

Rauf und runter geht es nun mit herrlichem Klippenpanorama, besonders westlich von Penrhyn. Auf Fishguard zu wird der Boden felsiger. Zauntritte zeigen an, wie übrigens auf der ganzen Route, wo man über Privatgrund gehen darf. Sie sind von Süden nach Norden durchnumeriert, und wir treffen gerade auf den 400sten von 478!

Die kleine Landspitze von Penrhynychen mit ihren Wohnwagenreihen und Zelten und einem nützlichen Laden lassen wir hinter uns und biegen an einer verlassenen Festung links ab. Der Weg mündet in die A 487, die uns nach Fishguard's Lower Town – Cwm Abergwaun – hinabführt, dessen unverdorbener malerischer Hafen sofort bezaubert. Er hat als Kulisse für Dylan Thomas' »Unter dem Milchwald« gedient.

Fishguard ist eine der wenigen Städte am Weg – mit Blick auf die lange einsame Küste davor. Hier sollte man sich gleich noch mal mit Proviant eindecken.

3. Tag: *Von Fishguard nach Trevine*

Ein langweiliger Anstieg führt zunächst zu einer Siedlung und dann zum eigentlichen Küstenpfad.

Vor uns liegt die karge Pen-caer-Halbinsel. Hier finden sich Einödhöfe, einsame Ferienhäuser, und die erodierten Felsvorsprünge sind aus deutlich anderem Material als vorher: Strumble Head selbst besteht aus Vulkangestein.

Bei heißem Wetter von Fliegenschwärmen heimgesucht, wandert man nun über steiniges Moor, Viehweiden und mehrere Flußbetten. Landzunge folgt auf Landzunge, der Weg wird nach Aberfelin Bay zu, einem kleinem Ankerplatz im Windschatten vor Carregwasted Point, immer zerklüfteter. Hier wurden 1200 französische Sträflinge mit dem irisch-amerikanischen Anführer Tate am 22. Februar 1797 an Land gebracht. Plündernd und brandschatzend sollten sie sich nach Chester und Liverpool durchschlagen. Die Castlemartin-Kavallerie unter Lord Cawdor überwältigten sie allerdings bereits nach 48 Stunden kampflos bei Goodwick Sands. Die Sträflinge waren vom gestohlenen Wein völlig betrunken. Eine Steinsäule bei Careg Goffa erinnert an die Landung.

Bald erscheint der Leuchtturm von Strumble Head, ein weißes Gebäude, mit dem Festland über eine Fußgängerbrücke verbunden. Einstmals von Hand betrieben und offen für Besucher, wird er heute von St. Anne's Head aus ferngesteuert. Der Klippenrand eignet sich hier besonders, um die Seevögel im Flug zu beobachten.

Ein weiterer beeindruckender Wegabschnitt führt über Garn-Fawr, mit seiner unverkennbaren Silhouette. Auf dem Gipfel steht eine der schönsten britischen Festungen aus der Eisenzeit. Seehunde finden sich entlang den Klippen von Pwllderi fast das ganze Jahr über, besonders zur Paarungszeit. Auch viele Seevögel halten sich hier auf. Von der nahen Jugendherberge hat man einen wahrhaft beeindruckenden Blick.

Bei schönem Wetter ist der Weg zum Carn Ogof eine angenehme Kletterei über kleine Felsvorsprünge, durch blühenden Ginster mit prächtiger Aussicht über die Küste. Wird die Sicht aber bei Wind und Regen durch niedrige Wolken verschleiert, wirkt die Landschaft plötzlich unerwartet abweisend.

Vom Gipfel aus kommt man dann über sanfte Hänge hinab an leere Sandstrände und die Klippen von Pwllcrochan. Etwa einen Kilometer später endet die Küstenstraße bei Aber-mawr abrupt. Sie wurde bei einem Sturm zerstört, der dafür einen Kiesstrand vor die fremdartigen Sumpfpflanzen am Talausgang angeschwemmt hat. Leichtes Wandern oberhalb unzugänglicher Buchten führt uns über die Klippen nach Abercastle, einem ehemaligen Hafen. Bis in die 20er Jahre Handelsort, gibt es heute nur noch Strand und Taucher. Oberhalb des Dorfes ein Zeugnis aus alten Zeiten: der Carreg Sampson. Der Sage nach hat Sampson den wuchtigen Rundblock dieser Grabkammer aus der Jungsteinzeit mit dem kleinen Finger auf die sieben hochgestellten Blöcke gehoben.

Der restliche Pfad nach Trevine geht an Ackerland, oft außerhalb der Grenzmauern, entlang. Nach einer Kurve bei Pen Castell-côch kommt der gefährlichste Teil des gesamten Weges. Nicht nur, daß die Klippen beängstigend hoch sind, es öffnen sich auch Spalten auf dem Kamm, dem man nun einmal folgen muß. Zum Glück ist dieses Stück kurz, und schon bald erscheint die Landstraße nach Trevine, einem Dorf mit Lädchen, Pub sowie *Bed and Breakfast*, Jugendherberge und Campingplatz.

4. Tag: *Von Trevine nach St. David's*

Ungefähr 3 km westwärts führen kleine Buchten und Landzungen zum Hafen Porthgain, sicher die interessanteste Industrieruine von Pembrokeshire. Bis 1931 wurde hier Granit aus den nahen Steinbrüchen in der riesigen Ziegelei zu Schotter verarbeitet und über Rohre in die wartenden Küstendampfer verfrachtet. Die halbgeborstenen Steinmühlen und Behälter und die Ziegelei laden zur Erkundung ein und gewähren einen faszinierenden Blick in die Vergangenheit. Das Pub und das Hafencafé erhöhen den Reiz beträchtlich!

Der Weg hält sich oberhalb der Klippen entlang der alten Gleise zum Steinbruch und umgeht einen Vorsprung durch eine Abkürzung zum Strand von Traeth-Llywn. Die Stufen zum Strand wurden im 2. Weltkrieg von italienischen Kriegsgefangenen in den Fels geschlagen.

Ganz unerwartet bietet die nächste Landspitze eine Überraschung. Die Schiefersteinbrüche von Porthgain konnten nicht mit denen von Caernarvon konkurrieren und wurden 1904 stillgelegt. Ein Zugang zum Meer wurde herausgesprengt und so für die Fischer ein geschützter Ankerplatz geschaffen. Je nach Lichteinfall besitzt diese tiefblaue Lagune eine geheimnisvolle Schönheit.

Die Aber-Eiddy-Bucht besteht aus Schiefer, ein melancholisch grauer Strand, dem ständigen Wellenschlag ausgesetzt, an den sich der Weiler vor dem Westwind duckt. Einige Wasserrinnen unterbrechen nun den bisher leichten Weg. Vor uns ragt der Penbiri auf, wuchtige vulkanische Erhebungen, die seit Pen-caer die Küste beherrscht haben und jetzt, auf der Landzunge von St. David's Head, ihrem Höhepunkt zustreben. Hier gibt es wilde Moorlandschaft auf den Hängen zur See hinunter. Die Hügel erscheinen hoch und zerklüftet, obwohl keiner höher als 200 m über die flache, karge Landschaft ragt.

Das Brombeergestrüpp bleibt hinter uns, und wir wandern befreit durch einen beeindruckenden Landstrich zum Carnllidi. Ein Aufstieg auf den 181 m hohen Gipfel ist empfehlenswert, denn vor uns liegt nun wie eine Landkarte die St.-David's-Halbinsel, und nach Süden öffnet sich bei guter Sicht die weite St.-Bride's-Bucht. Solange der Farn nicht zu hoch gewachsen ist, erkennt man auf Carnllidis Seeseite winzige keltische Felder aus der Bronzezeit, ein Kontrast zur modernen Landwirtschaft.

Viele Seevögel brüten in dieser Gegend, gelegentlich taucht ein Wanderfalke auf. Am Wegrand und Feldrain blühen Blumen, ein Genuß für den Küstenwanderer. Aber für Seeleute ist St. David's Head mit seinen tückischen Riffen ein teuflischer Ort, der schon viele Opfer gefordert hat.

Direkt vorne an der Landzunge liegen die Grundmauern von acht runden Steinhütten, verbunden durch uralte Pfade und von einem Steinwall geschützt. Funde aus dieser vorgelagerten Festung der Eisenzeit sind im Tenby-Museum zu besichtigen. Man sollte sich bewußt sein, daß diese Halbinsel für das mittelalterliche England das Ende seiner Welt bedeutete und lange vor Canterbury ein Zentrum des Christentums war. Die Eisenbahn kam niemals nach St. David's; bis zur Erfindung des Autos blieb es unberührt.

Steigt der Wanderer südlich zur Whitesand-Bucht (Porthmawr) ab, so wird er rasch wieder ins 20. Jahrhundert zurückversetzt. Nahe bei der Kapelle St. Patrick finden sich Parkplatz, Strandläden und Toiletten und in der Weite von Strand und Brandung im Sommer entsprechend viele Urlauber. Eine Jugendherberge gibt es, und die Straße nach St. David's ist nur 3 km entfernt. Will man St. David's aber auf der schönen Südseite erreichen, braucht man 2 bis 3 Stunden mehr – eine herrliche Wanderung.

Ein breiter, von Erika gesäumter Pfad führt um Point St. John, und dort liegt etwa einen Kilometer entfernt auf der anderen Seite des Sunds die Insel Ramsey. Die ruhelose Meerenge läßt durch heftige Gezeitenströmungen das Wasser oft bis fast zum Pfad steigen. Früher war die Insel karges Weideland, heute lohnt sich die Viehzucht dort nicht mehr. So hausen nun Seevögel und Robben hier, die von Touristen – im Sommer ganze Schiffsladungen! – besichtigt werden können.

Nun klettert man ostwärts zu der Landzunge oberhalb von Mrs.-Morgan's-Höhle (niemand weiß, wer sie war!) und erreicht einen der Hauptorientierungspunkte der Wanderung. Nämlich den nördlichen Ausläufer der St.-Bride's-Bucht, die einem fast quadratischen Ausbiß aus dem Küstenstrich von Pembrokeshire gleicht. Unpassend lugen die hohen Schornsteine der Ölraffinerien von Milford Haven nach Südosten über eine pastorale Landschaft. Grasnelken, Blausterne, Thymian und Lichtnelken schmücken diesen zerklüfteten Abschnitt, und die Schafe tragen ihren durchdringenden Geruch bei. Im Frühlingssonnenschein ist der Anblick der Porthlysgi-Bucht ein Augenschmaus – gelber Ginster gegen ein smaragdgrünes Meer –, doch die Bucht selbst ist für die meisten Leute zu felsig und zu weit entfernt.

Um St. David's herum gibt es genügend Übernachtungsmöglichkeiten – Campingplatz, Pension oder Hotel –, und nach etwa 32 km Tagesleistung wird der Wanderer sich die Freuden des winzigen Städtchens bestimmt bis zum nächsten Tag aufheben.

5. Tag: *Von St. David's nach Broad Haven*

St. David's ist kaum größer als ein Dorf. Etwas abseits der Läden und Cafés steht die Kirche, deren Hauptschiff sich bedenklich nach Osten neigt. Sie liegt etwas tiefer neben der hübschen Ruine des Bischofspalastes und ist wert, besichtigt zu werden. Die Steine für die Kirche stammen aus den Steinbrüchen um die Caerfi-Bucht. Mehr von diesem rotbraunen walisischen Sandstein werden wir hinter der aufregenden eisenzeitlichen Festung auf Penpleidiau in der Caerbwdi-Bucht entdecken.

Ein steiler Abstieg nach Porth-y-Rhaw mit den verlassenen Mühlen und seiner Festung aus der Eisenzeit führt dann zu hohen Klippen voller Ginster und vielen Kaninchen. Vor ungefähr fünf Jahren sind hier zwei Schlepper auf Grund gefahren und wurden durch Ebbe, Flut und Stürme zwischen dem Felsen festgeklemmt. Neugierige Touristen haben einen Weg die Klippen hinunter ausgetreten, und bei schönem Wetter lohnt sich die Kletterei.

Trotz seiner schwierigen Hafeneinfahrt war das malerische Solva im frühen 19. Jahrhundert eine blühende Stadt. Auch wenn im Sommer sich die Touristen in den Straßen drängen, bewahrt Solva seine walisische Ursprünglichkeit.

Die zerklüfteten Landspitzen von Dinas-fawn und Dinas-fach zwingen zu anstrengenden Auf- und Abstiegen durch Flußtäler bis zum breiten Strand von Newgale Sands und dem dahinterliegenden Kiesstrand. Hier drängen sich wieder Läden, Cafés und Campingplätze. Am Südende stehen Überreste der Trafrane-Cliff-Kohlengrube, die 1905 stillgelegt wurde. Wir befinden uns nun an der westlichen Grenze des Kohlereviers von Pembrokeshire, aus dem das beste walisische Anthrazit stammt. Schon im 15. Jahrhundert wurde es hier gewonnen, und man schätzt die unterirdischen Kohlereserven auf etwa 230 Millionen Tonnen.

Die Etappe nach Broad Haven ist landschaftlich weniger imposant. Hinter den Stränden von Nolton Haven und Druidston Haven liegen mehrere kleine Buchten und Felsgesimse am Meer, die vom Weg aus erreichbar sind.

Nach Settling Nose, einer messerscharfen Klippe, die man schon von weitem sieht, kommen wir zur Haroldston Bridge, einem imponierenden natürlichen Felsbogen, und zu einer großen Geröllhalde. Danach führt ein vielbegangener Weg sanft hinunter nach Broad Haven.

6. Tag: *Von Broad Haven nach Dale*

Außer bei allerniedrigster Ebbe muß man die kleinen Wege nach Little Haven entlanglaufen. Farn und Dornengestrüpp wechseln über zu Wäldern mit Eschen, Eichen, Haselnußsträuchern, Schlehdorn und sogar Kiefern, die sich an den geschützten Nordhängen bei Talbenny halten können. Hier stehen einige der größten Bäume des Küstenweges.

Die Landzunge von Borough Head besteht aus vorkambrischem Gestein, dem ältesten Gestein der Welt. 2–3 Kilometer weiter trifft man wieder auf roten Sandstein, und der Rest des Wegs nach

St. Bride's Haven verläuft oberhalb der Felsen, die eine Farbe wie getrocknetes Blut haben.

St. Bride's Haven – nach einem Heiligen aus dem 6. Jahrhundert benannt – ist ein kleiner Weiler mit Kapelle, aber ohne Annehmlichkeiten für den Wanderer. Das außergewöhnliche Gothic Kensington Hospital, heute ein Altersheim, ist umgeben von Gärten und Rasen, was in starkem Kontrast zur Felslandschaft rundum steht. Einige Meter nördlich der Kalkbrennerei sieht man Steinsärge aus dem 6.–10. Jahrhundert im verwitterten Fels.

An einer festen Grenzmauer entlang läuft man um Nab's Head herum zum verlassenen MOD-Bombentestgelände. Unerreichbare Buchten begleiten den Weg zum Musslewick-Strand, der aber schmal und bei Flut vom Land abgeschnitten ist. Das Dorf Marloes liegt gerade landeinwärts, man erreicht es auf einem Feldweg.

Früher befand sich auf den Vogel- und Naturschutzinseln Skomer und Skokholm das Gebiet der Westwalisischen Naturschutz-Stiftung, dem WWNT. Im Sommer fahren Boote von Martin's Haven nach Skomer. Auch Skokholm ist berühmt für seine Vogelkolonien von Möwen, Sturmvögeln, Tordalken, Lummen, Sturmtauchern und Papageienvögeln. Besuche auf der Insel sind nur nach Absprache möglich. Das Meer um die Inseln wird wahrscheinlich zum Meeresschutzgebiet erklärt werden.

Bei Ebbe ragt das Wrack des Raddampfers »Albion« aus dem Sand, und man kann vom Festland zur Insel Gateholme gehen, wo es Spuren uralter Hüttengevierte gibt. Wir lassen die Südspitze der St.-Bride's-Bucht hinter uns und befinden uns zwischen Deer Park und St. Anne's Head auf einen der ebensten und angenehmsten Strecken der gesamten Route. Campingplätze und die Jugendherberge in Runwayskiln bieten Übernachtungsmöglichkeiten.

Wenn man einen ehemaligen Luftwaffenstützpunkt umrundet hat, kommt ein kurzer Abstieg zur schmalsten Stelle der Halbinsel, eine Abkürzung nach Dale. Entlang der Küste erreichen wir aber zuerst den Leuchtturm von St. Anne's Head.

Stürme sind nichts Außergewöhnliches auf der Landzunge, und Windgeschwindigkeiten von 150 km/h sind keine Seltenheit. So ist der Leuchtturm ein lebensnotwendiges Signal für Schiffe nach Milford Haven. Er markiert aber auch einen Wechsel im Charakter des Küstenweges, der ab hier geschützter durch landwirtschaftlich genutztes Gebiet läuft, bevor er ein wichtiges Industriegebiet erreicht.

West Blockhouse, eine große, verfallene Festung, gehörte früher zur Verteidigungsanlage in der Bucht gegen eine befürchtete französische Invasion: neun nie benutzte Forts, die unter dem Namen »Palmerston's Follies« (Palmerstons Narrheiten) bekannt sind. Danach führt die Straße nach Dale hinunter. Es ist als Yachtzentrum von Bedeutung, hat aber sonst kaum Vorzüge, außer daß sich der Wanderer wieder einmal mit Vorräten versorgen oder dort übernachten kann.

7. Tag: *Von Dale nach Pembroke*

Bei Pickleridge ziehen alte Baggerseen Stelzvögel, Enten, Schnepfen und andere Wasservögel an. Trittsteine und eine glitschige Holzbrücke kann man je zwei Stunden vor und nach der Ebbe bei The Gann benutzen. Man kann nur raten, die Gezeitentafeln gründlich zu studieren!

Nach Monk Haven führt ein leichter Weg um Great Castle Head herum nach Sandy Haven. Hier ist, wieder bei Ebbe, eine Reihe schlüpfriger Steinblöcke zu überqueren. Der Anlegekanal von Sandy Haven ist schmal, die Hafenmole, wo das Öl umgeladen wird, entsprechend lang. Und der ganze Komplex von sandfarbenen Tanks und Schornsteinen bildet einen geradezu bestürzenden Gegensatz zur bisherigen Route. Wenn man sich der Esso-Raffinerie nähert, drängt sich der Pfad unter qualmenden Röhren und öligem Rauch am Rand des Nationalparks entlang, um dann nach Hakin und weiter nach Milford Haven abzubiegen.

Sogar mancher Aufseher des Nationalparks empfiehlt, hier lieber den Bus nach Pembroke zu nehmen, und mancher Wanderer wird den Küstenpfad sogar erst wieder bei Angle aufnehmen, um den häßlichen Abschnitt ganz zu vermeiden. Zu Fuß erreicht man

Rote Sandsteinklippen am Greenala Point

Pembroke auf Straßen durch eine flache, zersiedelte Landschaft, durch die reizlose Stadt Neyland und über die Cleddau-Brücke. Genießen können diesen Weg nur Liebhaber von Schiffen und Ölindustrie.

8. und 9. Tag: *Von Pembroke nach Bosherton*

Pembroke, schön gelegene Hauptstadt der maritimen Grafschaft, besitzt ein wundervolles Schloß aus dem 13. Jahrhundert, heute Staatsbesitz. Dort wurde Henry Tudor geboren.

Zum Teil überwachsen und ungenügend markiert führt der Weg jetzt an Bauernhöfen und Telegrafenmasten vorbei nach Angle Bay. Nirgends sonst fehlt die Atmosphäre des Pembrokeshire-Küstenpfades so völlig wie hier, doch schon ein paar Kilometer weiter erreicht man wieder eine der herrlichsten Etappen.

In Angle finden sich alte hölzerne Schiffswracks neben modernen Dingis, farbenfrohen Ferienhäusern, Autos und Urlaubern. Vorräte und Unterkunft gibt es hier genügend, und das Old Point Inn ist eine beliebte Kneipe, in der man einen kurzen Tag (17 km) angenehm beschließen kann. Die nächsten Bequemlichkeiten bietet erst wieder Bosherton, 26 km weiter.

Oberhalb der alten Seenotstation tritt man aus dem Unterholz wie aus einem Tunnel und kann die weite Sicht über die gesamte Bucht genießen. Steile, glatte Klippen und schöne Buchten prägen die Halbinsel Angle, es gibt aber auch Relikte aus dem Krieg: Geschützstellungen, Späherposten und einen verlassenen Flugplatz.

In den gefährlichen Spalten der Klippen sieht man den gleichen roten Sandstein wie in St. Anne's Head und Skokholm, und bald dehnt sich vor uns Freshwater West aus, ein interessanter Strand mit Dünen und Strandgut. Baden ist nicht ungefährlich wegen der Felsen im Süden, die sich an den Sandstrand anschließen.

Weil Castlemartin Manövergebiet ist, kann man nicht direkt von Gupton Burrows um Linney Head herum wandern, und sogar die Strecke Flinston Down nach St. Govan's Head, 6 km interessanter und angenehmer Marsch, wird bei Schießübungen abgeriegelt. Die Post in Bosherton und die Lokalpresse geben die Zeiten bekannt.

Ist das Sperrgebiet offen, so steigen wir südlich von Warren Camp hinauf nach Flinston Down, gegenüber von zwei beeindruckenden Steinpfeilern und der Green Bridge of Wales, einem breiten, natürlichem Felsbogen, der den Beginn einer interessanten Wegetappe markiert. Die Elemente haben aus der Kalklandschaft eine aufregende Folge von Höhlen, Bögen, Buchten, Steinpyramiden und Felslöchern geformt. Vögel nisten hier, Blumen gedeihen prächtig, und man wandert in 60 m Höhe über einen Grasteppich auf der uralten Klippe. Kletterer kommen gern hierher.

Die Kapelle St. Govan, die im 13. Jahrhundert an einer Stelle erbaut wurde, an der sich im 5. Jahrhundert eine Eremitenhöhle befand, schmiegt sich in einen Felsspalt, der über eine steile, in den Fels gehauene Treppe zugänglich ist. Oberhalb des unausweichlichen Park- und Picknickplatzes führt eine Landstraße nach Bosherton, wo es im Sommer von Touristen nur so wimmelt. Einkaufs- und Übernachtungsmöglichkeiten sind vorhanden.

10. und 11. Tag: *Von Bosherton bis Amroth*

Boshertons berühmte Seerosenteiche überquert man auf schmalen Stegen, und bald erreicht man die Küste bei den Dünen von Broad Haven wieder. Es folgen erneut oben abgeflachte Klippen, die von Wind und Wasser zu monumentalen Höhlen und Schächten geformt wurden. Stackpole Head ragt wie ein Schiffsbug zweieinhalb Kilometer ins Meer hinaus.

Die Barafundle-Bucht ist ein auserwähltes Fleckchen Erde, zu Fuß erreichbar und meist menschenleer. Ihr weißer Sand und das klare Wasser erinnern an das Mittelmeer. Hinter Stackpole Quay, dem früheren Steinbruch mit winzigem Hafen und küstennahen Steinpyramiden, liegt eine prächtige eisenzeitliche Festung auf dem Greenala Point. Hier finden wir auch den alten roten Sandstein wieder.

Das Fehlen jeglicher Stadtplanung sowie wohl mangelnde Naturverbundenheit prägen den Eindruck von Freshwater East: Ein Durcheinander aus Ferienhäusern, Bungalows und Appartements verschandelt die Dünen im Hinterland. Eineinhalb Kilometer weiter liegt Swanlake Bay, mit dem Auto nicht erreichbar und noch unverdorben.

Manorbier wird in der Hochsaison viel besucht, obwohl es etwas heruntergekommen scheint, ganz im Gegenteil zu seinem malerischen Schloß, das man sich ansehen sollte. Militärgebiet um Shrinkle Camp zwingt noch einmal zu einem Umweg von 3 Kilometern über Lydstep. Die Küste erreicht man wieder bei Lydstep Haven. Hier stehen zwar reihenweise Wohnwagen, doch ist es ein angenehmer Ort, mit Schieferplatten zwischen Felsformationen, und berühmt für seine Höhlen.

Natürliche wasserspritzende Felslöcher, Patronenhülsen und Schnecken finden wir hier überall auf den sonst glatten Klippen, die nach Giltar Point führen und in majestätischem Bogen in die Carmarthen-Bucht hineinlaufen: Zum ersten Mal erblicken wir nun die Küste außerhalb der Grafschaft Pembrokeshires.

Auf Tenbys langem Kiesstrand, gegenüber der Caldey-Insel gelegen, kommt man schnell voran. Muscheln knacken unter den Füßen, bis man die Promenade erreicht. Schon im Mittelalter war Tenby bedeutender Fischereihafen und strategisch wichtig. Der Ort hat schöne alte Gebäude, ein interessantes Museum und eine weitere »Palmerston's Folly« auf der St.-Catherine-Insel. Heute lebt die Stadt ausschließlich vom Tourismus, je nach Wirtschaftslage besser oder schlechter. Die meisten Wanderer machen hier halt und bewahren sich die letzten 10 Kilometer für den nächsten Tag auf.

Der Küstenweg schlängelt sich der Küste entlang durch kleine Wälder hindurch, bis man den Monkstone Point (75 m) erreicht. Idyllisch sehen die Strände schon aus, ihre Strömungen aber sind gefährlich. Auf und ab geht es weiter auf oft überwachsenen Pfaden durch Saundersfoot hindurch. Hier war früher Stahl- und Ziegelindustrie angesiedelt, auch Anthrazitbergbau, nun beherrschen

Segler und Urlauber das Bild. Der Coppet-Hall-Stollen, ursprünglich Teil des Küstenpfades, wird öfter wegen Steinschlags geschlossen. In diesem Fall ist man gezwungen, einen steilen Umweg durch den Wald zu machen.

Am Strand von Amroth fand 1943 die Generalprobe für die Landung in der Normandie statt. Bei sehr starker Ebbe werden die fossilen Reste eines Waldes freigelegt. Hinter der unscheinbaren Burg bei Amroth erreichen wir die Grenze nach Carmarthen: das Ende der Wanderung.

Entfernung: 290 km
Zeit: 10 – 12 Tage
Art der Wanderung: Meistens über wellenförmige Klippen, an ein oder zwei Stellen steil und ausgesetzt, ansonsten problemlos
Ausgangspunkt: St. Dogmaels
Ziel: Amroth
Beste Jahreszeit: Frühling, Frühsommer oder Herbst (dichtes Unterholz auf manchen Abschnitten im Hochsommer)

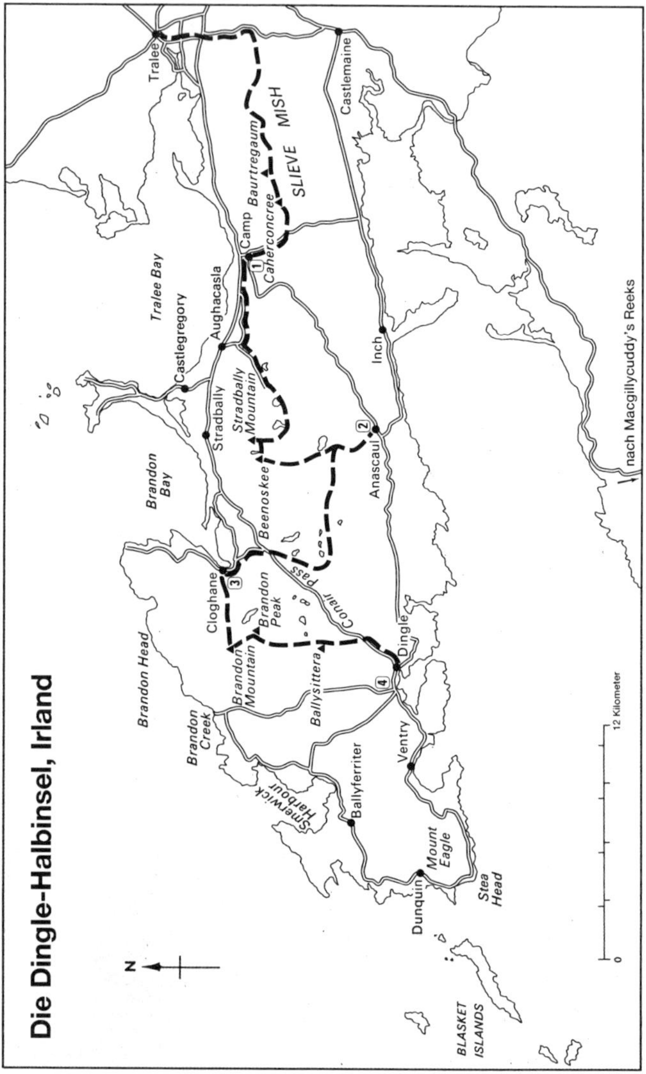
Die Dingle-Halbinsel, Irland
N
Tralee
Castlemaine
SLIEVE MISH
Baurtregaum
Caherconcree
Camp
1
Tralee Bay
Aughacasla
Castlegregory
Inch
Stradbally
Stradbally Mountain
2
Anascaul
Brandon Bay
Beenoskee
Conair Pass
3
Cloghane
Brandon Peak
Brandon Mountain
Brandon Head
Dingle
4
Ballysittera
Brandon Creek
Smerwick Harbour
Ballyferriter
Ventry
Mount Eagle
Dunquin
Stea Head
BLASKET ISLANDS
0
12 Kilometer
nach Macgillycuddy's Reeks

13. Europas westlichster Zipfel

von *Hamish M. Brown*

Durch die Dingle-Halbinsel

Die Dingle-Halbinsel ragt weiter in den Atlantik hinein als jeder andere Festlandsteil Europas. Das klingt zwar sehr romantisch, doch darf man nicht vergessen, daß man gerade dadurch mit höchst unstabilem Wetter rechnen muß.

Aber die Romantik siegt. Die Halbinsel lebt noch immer mit ihren uralten Sagen und den Zeugnissen ihrer blutigen Geschichte. Kultur, Literatur und die tiefe Ruhe ziehen viele Menschen an. Sie besitzt traumhafte Strände, Klippen und Berge; Dichter besingen ihre Schönheit. Der Berg der Heiligen und Sünder, der Brandon, ist atemberaubend. Die Slieve-Mish-Berge tragen die Namen legendärer Helden. Auf ihren Höhen entlang zu wandern ist herrlich – solange das Wetter hält.

Das Wetter kann teuflisch sein, aber wenn es zwischen Schauern sonnig wird oder auch an klaren Herbsttagen oder in der flirrenden Sommerhitze ist die Landschaft einzigartig. Das hat mit dem Licht zu tun, den riesigen Wolkenlandschaften und dem weiten Meer.

Nicht die harschen Acryltöne des Südens herrschen hier vor, sondern sanfte Aquarellfarben. Man fühlt sich nicht in der Fremde, sondern zu Hause – in einer langsameren, gesünderen, freundlicheren Welt, wo Wind und Gezeiten, Sonne und Sturm das Leben bestimmen.

Tralee ist das kaufmännische Zentrum vom County Kerry und besitzt dementsprechend gute Geschäfte und Einrichtungen. Es hat Straßen- und Bahnverbindungen mit dem übrigen Irland, und es gibt genügend Pensionen, Hotels und ein Fremdenverkehrsamt. Es bietet sich als günstiger Ausgangspunkt für die Wanderung an, ebenso wie Dingle als Ziel.

Die Route ist auf ihre Art ziemlich anstrengend. Das wechselhafte Wetter und die unübersichtliche Landschaft (mangelhaft kartographiert) macht sie für Neulinge nicht unbedingt empfehlenswert. Tralee und Dingle sind die einzigen Städte. Dazwischen liegen verstreute Weiler und einige wenige Unterkunftsmöglichkeiten. Für die Wanderer, die auf Selbstversorgung angewiesen sind, im folgenden die nötigen Informationen. Allerdings kann sich manches ändern, und Sie sollten daher beim Tralee Tourist Office, Arus Siamsa, Godfrey Place, Tralee, Co. Kerry (Tel.: 066-21288), die neuesten Listen mit Unterkunftsmöglichkeiten anfordern. Das Amt hat auch die notwendigen Landkarten und den Fahrplan der Buslinie Tralee–Dingle. Ich empfehle, die Wanderung höchstens zu viert zu machen, die Zimmersuche wird sonst schwierig. Überhaupt sollte man die Zimmer immer einen Tag im voraus reservieren.

Tralee ist ein heiterer Ort. Es gibt wenig richtig alte Gebäude (dank Cromwell), aber bemerkenswerte viktorianische Bauten (Ashe Memorial Hall), Denkmäler und Kirchen (besonders St. John's), meistens etwas abseits der belebten Hauptstraße. Die Häuser sind bunt, der Stadtpark hübsch, und es fehlt nicht an Unterhaltung. Das Fremdenverkehrsamt befindet sich im Siamsa Theatre an der Straße nach Dingle, gegenüber der Dominican Church (ein Besuch lohnt sich). Vom Pub bis zum Luxushotel findet sich in dieser Straße für jeden Geschmack eine Bleibe. Etwas weiter in Richtung Berge gibt es auch Bed and Breakfast (Übernachtung mit Frühstück in Privathäusern).

1. Tag: *Von Tralee bis Camp*

Vom Fremdenverkehrsamt aus geht es zu einer gut beschilderten Kreuzung. Die Straße nach Dingle biegt rechts ab, während unsere Straße, kenntlich am Schild »Viewing Park 4¼«, geradeaus ver-

Brandon Mountain – vielbesungener Berg trotz seiner Kargheit

läuft. Die Aussicht wird mit jedem Schritt weiter, und die schmale Straße schlängelt sich oberhalb einer tiefen, waldigen Klamm zum Hochmoor hinauf. Man läßt ein letztes einsames Gehöft und einen noch einsameren Neubau hinter sich, dann führt die Straße zum Paß, der einen hübschen Blick zurück auf Tralee bietet.

Es gibt auch zwei Alternativen hierher: Entweder einfach weiter hinauf am Viewing Park vorbei und dann westlich am Kamm entlang auf einer neuen Straße zum Paß. Wer dagegen möglichst schnell weg von der Straße will, geht gleich ins Tal hinunter. Zu diesem Zweck verläßt man die Straße kurz vor einem Steinbruch auf der linken Seite, geht auf eine deutlich sichtbare Flußmündung zu und folgt dem westlichen Fluß bis in die Hügel hinter Scota's (oder auch Scotia's) Grave hinauf, eine riesige in die Erde eingelassene Steinplatte voller eingravierter Zeichen.

Auf der Paßhöhe zweigt eine unbefestigte Straße von der Hauptstraße ab. Sie führt an zwei neuen Sendeanlagen vorbei und endet bei einer Betonburg, nach der man Richtung Moor wandert.

Nach der ersten Steigung wartet eine Reihe sich ähnlich sehender Hügel auf uns, aber danach liegt wenig Interessantes am Weg, und man registriert betroffen die Mängel der Landkarten. Sie zeigen nämlich einen durchgehenden Aufstieg, wo in Wirklichkeit viele Hügel vor uns liegen. Ich war froh, den ersten eingezeichneten Punkt mit Höhenangabe (553 m) zu finden. Doch da dieser eine öde, grasige Kuppe ist, war ich mir nicht einmal sicher, ob ich ihn auch richtig identifiziert hatte – bis die Wolken aufrissen und ich auf der nächsten Anhöhe den Iron Man erkannte. Das ist der Spitzname für einen Fernsprechverstärker, und die verstreut auftauchenden Pfosten an der Nordseite des Tales dienen als Wegmarkierungen für das Wartungspersonal.

In den kurzen Momenten, in denen es aufklarte, konnte ich das grünliche Kalkgestein der Ebene unter mir erkennen und auch den Knockauncorragh (568 m) über ein Stück ockerfarbenes, herbstliches Moor hinweg. Bis zu dieser Stelle läuft man leicht über Gras und Heidekraut, aber danach wird das Gelände aus altem rotem Sandstein immer kahler.

Nach Glanbrack Mountain (660 m) und das letzte Stück den Baurtregaum (843 m) hinauf steigert sich die Landschaft noch. Wir haben den höchsten der Slieve-Mish-Berge erreicht. Dieser Platz bietet einen der schönsten Aussichten Irlands: nördlich bis zu den Aran-Inseln, südlich nach Carrauntoohil und bis zu den Spitzen der Iveragh-Halbinsel.

Baurtregaum bedeutet »Gipfel der drei Täler«. Entlang einem von ihnen sind wir gerade gekommen, dem Curraheen-Tal, das – östlich verlaufend – die Nordflanke des Bergs spaltet, bevor es nach Norden zur Tralee Bay abfällt. Das Schönste ist das Derrymore Glen, das zwischen dem Berg und Gearhane liegt. Am Talende haben sich drei hintereinanderliegende Seen gebildet.

Nun geht es weiter zum Caherconcree (827 m), von wo aus der Blick wohl noch schöner ist, weil er jetzt auch nach Westen frei ist. Hier gibt es viele Kämme und Talmulden zu erforschen, doch die reizvollste Expedition führt vom kleinen Steinmandl an der Spitze über den südwestlichen Grat zur gleichnamigen vorgeschichtlichen Festung (600 m) hinunter. An drei Seiten von natürlichen Wänden geschützt, wurde hier ein Ausläufer mit einer 350 m langen Mauer im Osten befestigt; natürlich ranken sich viele Geschichten um diesen legendären Ort.

Solche Anlagen aus der Eisenzeit sind an der Küste häufig, im Land seltener und hier, in 600 m Höhe, erstaunlich. Man sieht sie viele Kilometer weit.

Gebaut wurde die Festung wohl um 500 v. Chr., doch die Legenden stammen aus dem ersten nachchristlichen Jahrhundert. Curoi MacDaire war König hier, als Conor MacNessa in Ulster herrschte. Weil sie die gleiche Prinzessin liebten, hatte König Curoi eine Fehde mit einem von Conors Männern, mit Cuchulainn. Die Prinzessin liebte Cuchulainn, doch sie mußte mit Curoi in der Festung leben. Cuchulainn kampierte unterdessen im Tal und wartete auf das Zeichen der Prinzessin zum Angriff. Sie sollte so viel Milch in den Fluß Finglas schütten, bis er sich weiß färbte (Finglas bedeutet: weißer Fluß). Der Fluß wurde weiß, Cuchulainn griff an und tötete alle bis auf Curois Barden. Dieser unterhielt später die Liebenden auf einer Klippe über dem Meer, packte dann aber plötzlich die Prinzessin und sprang mit ihr in den gemeinsamen Tod.

Wir lassen die Märchenwelt hinter uns und gehen einfach den Ausläufer unterhalb der Festung entlang zur Straße, die bei Beheenagh über die Berge führt. Die Bäume auf der Landkarte gibt es längst nicht mehr, man sollte also das höchste Haus an der Straße anpeilen. Bei schlechtem Wetter tut man sich leichter, wenn man einer Reihe weiß-roter Pfosten an der Straße folgt. Von der Straße zum Weiler Camp hinunter, auf der Westseite des Finglas-Tals, hat man beeindruckende Aussichten auf die Festung oben und die zerklüftete Spitze des Caherconcrees.

Nach einer Kurve überquert die Straße den Finglas. Wir gehen am Ostufer etwa 50 m entlang und sehen jetzt die Reste einer Eisenbahnbrücke, Teil der Linie Tralee–Dingle, die 1891 in Betrieb genommen wurde. Die engen Kurven und steilen Steigungen machten die Strecke langsam und gefährlich. Am Pfingstmontag 1893 verunglückte hier ein Schweinetransportzug mit angehängtem Personenwagen – die Bremsen hatten versagt. Der Personenwagen blieb an der Brüstung hängen, aber drei Schaffner – und sämtliche Schweine – kamen ums Leben. Heftige Entrüstung über das Schicksal der Schweine bewegte die Öffentlichkeit. Nach dem Krieg verkehrten nur noch Güterzüge, und 1953 wurde die Linie ganz eingestellt.

Sie werden sicher schon den üppigen Pflanzenwuchs an allen geschützten Stellen bemerkt haben. Gestrüpp, Fuchsien, Stechpalmen und Eschen bilden dichte Hecken, die Felder sind mit Blumen übersät. In diesem milden Gebiet gedeihen Gewächse, die es sonst nur in Spanien gibt. Auch die Tierwelt wird vom Klima geprägt. Kerry besitzt sogar eine nur hier vorkommende Art von Wegschnecken.

Die Häuser von Camp liegen weit verstreut. In Ashe's Restaurant an der Kreuzung bekommen Sie tagsüber einen Imbiß und am Abend warme Mahlzeiten. Leider sind am Ort nur zwei Bed-and-Breakfast-Unterkünfte; wenn die voll sind, kann man nur im Tralee Bay Hotel übernachten, das etwa eine Stunde entfernt an der Küstenstraße in Aughacasla liegt.

2. Tag: *Von Camp nach Anascaul*

Von Camp aus wandern wir westlich weiter zu der Straße, die das Owencashla-Tal hinaufführt. Der Stradbally Mountain beherrscht hier die Aussicht. Außerhalb der Hochsaison ist die »Hauptstraße« nach Aughacasla zwar ungefährlich, aber ziemlich langweilig, und ich empfehle besonders für Juli und August die kleinen Wege zwischen den Häusern am Fuß der Hügel. Wir folgen der Hauptstraße bis zu einer Kreuzung (nicht auf der Karte verzeichnet) mit dem Schild »Anchor Caravan Park« und biegen nach links ab. Folgt man mit den Augen der linken Seite des Stradbally nach unten, kann man den Weg gerade noch erkennen. Passen Sie gut auf, daß Sie nicht in die falsche Schlucht geraten; die Sicht ist durch die Fuchsienhecken oft recht eingeschränkt! Aughacasla hat einen guten Laden, von dem aus wir westlich an einer Kreuzung mit Telefonzelle die weiterführende Straße erreichen.

Unsere stille Straße ins Owencashla-Tal wird immer dramatischer, je enger die Hügel rechts und links zusammenrücken. Der Stradbally erscheint von hier nicht mehr wie eine Kuppel. Die geschwungenen Flanken bestehen aus kahlem Fels. Ein Vorsprung ragt jetzt ins Tal, an dessen rechter Seite ein erstaunlicher Wasserfall herunterstürzt. Naheliegend, daß das Tal Glenteenassig heißt, Tal der Wasserfälle.

Alle Mulden in diesem Tal der Seen wurden reichlich aufgeforstet, und diese Bepflanzung hilft und behindert uns nun gleichzeitig. Wo sich von links ein weiterer Wasserfall ergießt, steht ein Schild »No Through Road« (keine Durchgangsstraße). Wir wenden uns hier nach rechts auf einen Forstweg, der sich durch die Bäume des Glenteenassig-Parks schlängelt – viele Picknickplätze, Wanderwege und Aussichtspunkte. Man passiert Loch Slat, das man leider nicht sieht, und geht die Straße zum Lough Caum und seinem Quellfluß Doo Lough hinauf. Der oben erwähnte Vorsprung mit dem Wasserfall steht nun genau gegenüber am anderen Ufer.

Die Straße endet als Sackgasse und ist abgesperrt; wir kommen aber bald zu einem Pfad mit Wegweiser zum See. Links um den See herum erreichen wir den Bach zwischen den Seen. Mit Hilfe einiger Trittsteine kann man ihn sogar nach Regen problemlos überqueren. An dem zerklüfteten Block vor uns gehen wir zunächst rechts vorbei und steigen dann nach links auf die erste Spitze. Eine mit Heidekraut bewachsene Rinne bietet einen bequemen Weg. Die andere Möglichkeit wäre, der Straße bis zu ihrem morastigen Ende zu folgen und sich auf dem steilen Hang am Talausgang an einem anderen Wasserfall entlang durchzukämpfen. Diese Route würde ich jedoch nur meinen Feinden empfehlen. Wird das Wetter plötzlich scheußlich, kann man so allerdings direkt über den Paß nach Anascaul gelangen.

Wir steigen nun steil ab zum Fluß unterhalb des Wasserfalls, überqueren ihn und gehen jetzt den Stradbally selbst hinauf. Durch Heideland verläuft der Weg am Felsen rechts entlang zum steinigen Gipfel (800 m). Auf der flachen Gipfelplatte müssen Sie auf die Spalten achten. Der höchste Punkt, Beenoskee (827 m), liegt einen halben Kilometer westlich, doch mein liebster Aussichtspunkt ist der Stradbally.

Der Ausblick von hier ist märchenhaft: die ganze Brandon-Kette, das dunkle Auge des Lough Acummeen zu unseren Füßen, hinten die Klippen des Beenoskee und die breiten Strände zwischen Tralee Bay und Brandon Bay mit ihrer wilden atlantischen Brandung. Im regnerischen Herbst sind die Farben und Formen geradezu überwältigend.

Wir wandern nun um den Beenoskee herum, überblicken dabei schon die Route von morgen, und steigen den breiten südwestlichen Hang hinunter zu dem Pfad, der über den Sattel zwischen Ballyduff und Anascaul führt. Dieser Pfad schlängelt sich zum Lough Anscaul hinunter, wo er zur geteerten Straße wird.

Die Hügel hinter dem Lough Anscaul haben viel mit den Geschichten um Cuchulainn zu tun. Zum Beispiel bewarfen er und

Lough Cruttia, einer der vielen abgelegenen Seen, an denen wir vorbeikamen

ein Riese sich eine Woche lang mit Felsbrocken über den See hinweg. Als unser Held getroffen aufstöhnte, glaubte Scal Ni Mhurnain, das Mädchen, um das es ging, daß er tot sei. Sie stürzte sich in den See und ertrank.

Der eine Stunde dauernde Weg hinab nach Anascaul führt durch eine Landschaft, die sich im Lauf der Jahrhunderte kaum verändert hat. Sie ist wunderschön.

Wer nur drei Tage Zeit hat, steigt vom Beenoskee nach Cloghane ab. Entweder über Coumbaun und Beenatoar und dessen südlichen Kamm zum Anfang des Glennahoo-Tals. Oder noch einfacher zum Sattel hinab und wandert auf den Serpentinen hinunter ins Tal.

3. Tag: *Über den Conair-Paß nach Cloghane*

Erst einmal geht es zurück Richtung Lough Anscaul, aber vor dem Viehgatter auf dem Weg biegt man hügelaufwärts ab in Richtung Knockmulanane (595 m). Kurz danach wendet sich der Pfad nach rechts die Carrigblagher Klippen hinauf, zur zerklüfteten Mulde über Lough Anscaul. Der Weg ist einfach, aber steil, und einmal oben angelangt, nie anstrengend. Das Gefühl von weitem Raum ist belebend und wird noch verstärkt durch die Farben: Grüntöne unter uns, lohfarbenes Braun rundherum und hoch oben das Blauweiß des Himmels. Geradeaus führt ein Kamm zum Banoge North (638 m) und abwärts nach Windy Gap. Kleine Seen liegen zu beiden Seiten und überall auf den vielen Terrassen der Landschaft in Richtung Norden verstreut.

Ein Fuhrweg mit unbekanntem Zweck (es ist kein Torfweg) läuft abwärts und um den nördlichen Kamm herum. Wir steigen aus der Schlucht auf den Gowlane Beg (650 m) und geraten dahinter in eine weite, leere Gegend, grasig und voll von vermoderndem Torf. Es lohnt sich, zum Croaghskearda (610 m) weiterzugehen, der einer Kommandobrücke gleicht und unübertreffliche Aussichten bietet. Man erkennt die Reeks, den Mount Eagle und die Blasket Islands, den westlichsten Teil Irlands.

Bei Nebel verliert man hier leicht die Orientierung – ich spreche aus Erfahrung –, aber der Conair-Paß (Conor), mit den wild aufragenden Felsen dahinter, dient als gut kenntlicher Anhaltspunkt. Wir wollen auf den Slievanea (618 m), von dem aus wir genau auf die Paßhöhe herab sehen können. Westlich die Felsen querend führen uns sanfte Grashänge zum Paß (424 m).

Ab diesem Punkt gibt es mehrere Routen, doch sollte man auf jeden Fall die Teerstraße vermeiden. Sie ist schmal und daher für Fußgänger nicht ungefährlich. Etwa 150 m weiter finden Sie bei genauem Hinsehen die engen Serpentinen eines alten Saumpfades, der zur Straßenbefestigung emporführt. Entweder Sie gehen diesen Weg parallel, aber in sicherem Abstand zur Straße, oder Sie wandern auf dem neu ausgebaggerten Weg zum Cloghane Lough hinunter und auf der ruhigen Straße am Westufer des Owenmore River nach Cloghane. Es kann schwierig sein, den Abfluß des Sees zu überqueren, also geht man am besten um den See und dann bei Lough Gal über den Owenmore.

Bei schönem Wetter kann man auf den Höhen bleiben und vom Slievanea aus östlich an den Felstürmen vorbei wandern. In den Mulden unten verstecken sich erstaunlich tief gelegene Gletscherseen. Besteigen Sie dann die große Kuppe (sie hat auf der Karte weder Namen noch Höhenangabe), an deren Ostseite Lough Camclaun liegt, und wandern Sie auf dem langen Kamm nach Kilmore Lodge hinab. Lohnend ist der kurze Umweg über Lough Adoon mit einem großen Wasserfall oben im Tal. Der Weg nach Cloghane hinunter kann aber durchaus mithalten: Der Brandon beherrscht den Horizont, und der Salzgeruch und das Rauschen des Meeres empfangen uns im Dorf, wo wir übernachten.

4. Tag: *Über den Brandon nach Dingle*

Schwer zu entscheiden, wie man den Brandon am besten angeht. Ein einziger Besuch reicht nicht aus, um ihn zu erforschen, aber eine Überquerung bietet zumindest eine Einführung. Auf dem Hang oberhalb von Faha, dem Ausgangsort für Wallfahrten auf den Brandon, steht ein Schrein. Deshalb heißt unsere heutige Route auch »Pilgrim's Way« (Pilgerweg), ein gut markierter Weg.

Durch Weiden klettert er fast bis zum Scheitelpunkt hinauf und dann etwas unterhalb der östlichen Kammhöhe bis mitten ins großartige südöstliche Kar. Diese Mulde ist ein Gletscherschliff aus nackten Sandsteinplatten, auf denen unzählige kleine Teiche wie Diamanten glitzern. Bäche stürzen von See zu See bis hinunter zum Owenmore-Fluß, der von Felsen und Vorsprüngen des Brandon Peak eingerahmt ist. Mit seiner scharfen Spitze scheint der Brandon Peak (842 m) höher zu sein als der zahmere, abgerundete Brandon Mountain (953 m). Auf den Felsen kann man die schönsten Bergblumen finden.

An der geschwungenen Sandsteinplatte entlang steigen Serpentinen die Rückseite des Kars hinauf zu einem Paß, der etwa 400 m nördlich des Gipfels liegt. Hier kann es sehr windig und ungemütlich sein. An klaren Tagen eröffnet sich plötzlich eine beeindrukkende Aussicht auf Gebirge und Küste. Ein bequemer Kammweg führt zum Gipfel.

Nun zu den Alternativrouten. Sie sind alle etwas schwieriger, aber interessant: Von Cloghane aus können Sie die wenig befahrene Straße zum Loch Gal nehmen, südlich vom Brandon Peak. Ein deutlich erkennbarer Weg führt über den Paß (zwischen dem Gearhane und dem Ballysitteragh), eine Route bei schlechtem Wetter, wenn Dingle noch am selben Tag erreicht werden muß. Wo unsere Straße sich den hohen Felsen nähert, biegen wir in die Straße entlang des Baches aus dem Lough Avoonane ein. An einem Gehöft vorbei kommen wir zum See und um diesen herum weiter zum Lough Cruttia (Harfensee) und Lough Nalacken (Entensee). Wir klettern über Steinplatten, Geröll, Matsch, vorbei an Wasserfällen hinauf bis zur Pilgrim's Route, die hier im tiefsten Inneren der Halbinsel verläuft. Dieser Weg ist nicht markiert und recht anstrengend, dafür ist die Landschaft grandios.

Die aufregendste Tour allerdings folgt dem Ostkamm oberhalb der Pilgrim's Route. In Faha beginnen wir und wenden uns zum

Brandon Peak vom Brandon Mountain aus

Kamm, der zu einer Spitze führt, die entweder East Top, Binn na Port oder Benagh (806 m) genannt wird. Zwei Mauern, quer über dem Rücken, deuten knapp unterhalb des Gipfels eine weitere hochgelegene Festung an. Möglicherweise steht sie mit verschiedenen heidnischen Riten in Zusammenhang, die mit christlichem Anstrich in Cloghane noch lange praktiziert wurden. Der Kamm ist schön, aber schmal, und der Abstieg nach Westen scheint unmöglich. Wandern Sie trotzdem weiter, die Route wird bald klar. Sie können wieder auf die Pilgrim's Route stoßen, indem Sie nach den Felstürmen ins Hochtal absteigen (ein Felsband bietet die

Möglichkeit), oder aber Sie klettern die zerklüftete, ausgesetzte Flanke des Bergs hinauf, am besten steil nach rechts. Dieser Weg eignet sich für klettererfahrene Wanderer.

Der St.-Brendans-Pfad, der Heiligenweg, führt am einfachsten vom Brandon herunter. Sie müssen allerdings dann ziemlich lange auf der Straße nach Dingle wandern, wenn Sie keine Mitfahrgelegenheit haben. Doch es ist der schnellste Weg nach unten, wenn das Wetter umgeschlagen ist. Die Route, anfangs etwas unklar, steigt mehr oder weniger auf der Südwestflanke zum Weiler Ballybrack ab, 8–9 km von Dingle entfernt. Falls Sie mit dem Auto abgeholt werden, können Sie die malerische Strecke nördlich in Richtung Masatiompan und Brandon Head bis zum Brandon Creek nehmen. Dort hört die befestigte Straße auf, und man kommt sich vor wie am Ende der Welt.

Am schönsten erreicht man Dingle aber über die Höhen: ein gewundener großartiger Weg über den Brandon Peak und den Ballysitteragh. Anmutig segeln die Raben im Höhenwind über den Felswänden. Bei meinem letzten Besuch entdeckte ich auch Schneeammern. Und ich traf einen Schäfer, der neben der alten Mauer vom Brandon Mountain zum Gearhane noch einen Zaun anbrachte, damit nicht mehr so viele Schafe über die Felsen stürzten. Das ganze Material mußte er auf dem Rücken nach oben schleppen. Fünf Wochen lang ging er den Weg täglich!

Im allgemeinen bleibt man am besten auf der Felsenseite der Mauer oder des Zauns. Ein oder zwei Vorsprünge, einer davon groß und mächtig, ragen über die Tiefe. Nach dem Brandon Mountain geht man auf sanften Wiesen weiter.

Den Gearhane erreicht man in einer Höhe von etwa 700 m über einen schmalen Grat (den ich bei einem Sturm tatsächlich schon auf allen vieren gekrochen bin!), der letzte Höhepunkt. Ein neuer Zaun verläuft südöstlich, aber wenn man sich an die Pfosten des alten Zauns hält, südwestlich den Felsvorsprung am Talausgang entlang, sieht man bald Smerwick Harbour, Mount Eagle und die Blasket-Inseln. Man überquert ein Torfgebiet und steigt auf dem Kamm zum Paß ab, der zum Ballysitteragh führt.

Der Ballysitteragh (625 m) lohnt eine letzte Anstrengung. Die Aussicht nach Westen ist besonders am Abend sehr schön. Ein kleiner Steinhaufen markiert den grünen Gipfel, eine Nebenspitze erhebt sich östlich über einer Mulde. Danach folgt genüßliches Gratwandern. Der Gearhane und der Brandon Peak bilden hinter uns einen gezackten Sattel, und der Lough Coumeenoughter ist das letzte dunkle Wasser zwischen den Felsen. Man kann einen Zaun entlang zum Conair-Paß gehen, ich aber ziehe es vor, um den geheimnisvollen See und die Erhebung dahinter herumzulaufen, dann direkt abzusteigen, die Teerstraße zu überqueren und dann der alten, zugewachsenen Straße auf der Talsohle zu folgen.

War der Brandon der richtige Höhepunkt unserer Wanderung, so ist das charmante Dingle der angemessene Ausklang. Es gibt zahlreiche alte Sehenswürdigkeiten hier – und so viele Kneipen wie Wochen im Jahr.

Länge: Etwa 110 Kilometer
Dauer: 3 – 5 Tage
Art der Wanderung: Bergig, aber meist über Gras. Guter Orientierungssinn erforderlich.
Ausgangspunkt: Tralee
Ziel: Dingle
Beste Jahreszeit: April – September (Juli – August wenig gut, da Hochsaison)

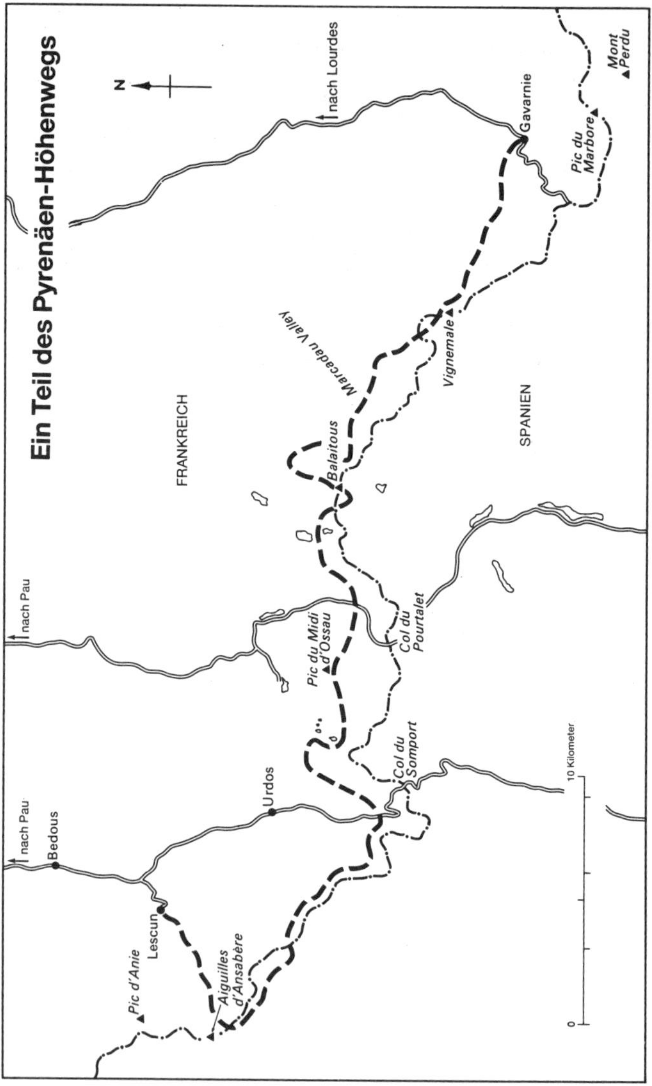

Ein Teil des Pyrenäen-Höhenwegs
N
nach Lourdes
Gavarnie
Mont Perdu
Pic du Marbore
Marcadau Valley
FRANKREICH
SPANIEN
Vignemale
Balaitous
nach Pau
Pic du Midi d'Ossau
Col du Pourtalet
Col du Somport
Urdos
nach Pau
Bedous
Lescun
Pic d'Anie
Aiguilles d'Ansabère
10 Kilometer
0

14. Der schönste Teil des Pyrenäen-Höhenwegs

von *Kev Reynolds*

Durch den Nationalpark der westlichen Pyrenäen

Von Lescun nach Gavarnie durchs Hochgebirge
An den üppig begrünten Hang geschmiegt liegt das malerische Dörfchen Lescun in der Sonne. Ein angenehmer Ort in einer idyllischen Umgebung, einfach und friedlich mit seinen anspruchslosen Steinhäusern und Heuschobern. Am linken Abhang des Aspe-Tals erheben sich im Hintergrund Reihen ausgebleichter Kalksteingipfel: die Grenze zwischen Frankreich und Spanien. Im Westen steht der Pic d'Anie. Jenseits dieses Wächters erstreckt sich das Baskenland bis zum Atlantik. Im Osten ragen die Massive der Hochpyrenäen empor.

Die Hochpyrenäen besitzen Gipfel wie die Alpen, kleine Gletscher und Schneefelder, blumenübersäte Täler und kleine Bergseen, in denen sich die Bergspitzen spiegeln. Immer mehr Bergsteiger und Wanderer entdecken die Großartigkeit dieser verzauberten Landschaft. Hier liegt auch der Nationalpark der Westpyrenäen, dessen West-Ost-Durchquerung wir vorschlagen. Sie ist ein Teil des klassischen Pyrenäen-Höhenwegs, der 45 Tage in Anspruch nimmt.

Es gibt in dieser Bergregion drei Nationalparks. Zwei davon gehören zu Spanien: *Ordesa,* im Süden des sehr bekannten Cirque de Gavarnie, und viel weiter östlich *Aigües-Tortes* mit den berühmten Encantados. Der größte und vom Panorama her interessanteste der drei aber liegt auf der französischen Seite, der *Parc National des Pyrenées Occidentales* (PNP). Unsere Route erschließt diese außergewöhnliche Gegend von ihrer schönsten Seite.

Zweimal auf der Tour ist die Übernachtungsfrage ungeklärt. Das erste Mal gleich nach der ersten Etappe von Lescun zu den Aiguilles d'Ansabère. Dort gibt es keine Berghütte, doch kann man vielleicht in einer *cabane* der ansässigen Schafhirten unterhalb der Spitze des Petit Aiguille d'Ansabère schlafen. Ansonsten heißt es, im Freien biwakieren oder zelten. Zwei Tage darauf landen Sie im Aspe-Tal, ein bißchen unterhalb des Col du Somport. Für dieses Gebiet ist eine Hütte geplant, doch bisher ist man über das Stadium der Überlegungen nicht hinausgekommen. Übernachtungsmöglichkeiten bieten Urdos im Tal, 10 km entfernt, oder ein Hotel auf der spanischen Seite des Gipfels, 2,5 km weit.

Sonst können nachts immer Hütten erreicht werden. Einige gehören dem Französischen Alpenverein (CAF). Mitglieder des Deutschen Alpenvereins erhalten dort Ermäßigung. Andere Hütten werden von der Nationalparkverwaltung geführt und das Refuge Wallon im Marcadau-Tal vom Touring-Club de France (TCF). Im Sommer gibt es auf allen Hütten warme Mahlzeiten. Den Proviant für unterwegs sollte man aber von Lescun mitbringen, denn zwischen Lescun und Gavarnie, dem Ende der Tour, findet man keine Ansiedlung.

Die beste Zeit für unsere Route liegt zwischen Anfang Juli und Mitte September. Je später man geht, desto verlassener liegen Berge und Hütten. Doch vor dem Juli und ab der zweiten Septemberhälfte sind viele Hütten nicht mehr bewirtschaftet. Vor Julianfang können auch die Schneeverhältnisse auf höheren Pässen schwierig oder gar gefährlich sein.

Mit nur wenigen Ausnahmen findet man gute Pfade vor, deutlich mit Steinen oder farbig markiert. Einmal, am zweiten Tag, »verirrt« sich der Weg über die Grenze nach Spanien. Hier wird der Verlauf dann ziemlich vage, und es wird notwendig, den Anweisungen eines Reiseführers zu folgen. Abgesehen von dieser Stelle ist die Tour für den alpenerprobten Wanderer gut zu bewältigen.

Ein trainierter und erfahrener Geher könnte – was den Zeitaufwand betrifft - das Ganze in sieben oder acht Tagen schaffen. Doch wäre es schade, diese Landschaft in Höchstgeschwindigkeit zu bewältigen. Sie ist ein Wunder an Farben, Anmut und Großartigkeit. Seltene Blumen, Murmeltiere, Pyrenäengemsen und viele Raubvögel sind zu entdecken. Es gibt klare Flüsse zum Rasten und verträumte Bergseen. Und außerdem noch kleine Gipfel zum Klettern an »Ruhetagen«.

Zwei Ferienwochen sollten Sie sich Zeit nehmen und dabei nicht immer auf die Uhr schauen, um das, was die Landschaft bietet, wirklich zu genießen.

1. Tag: *Von Lescun zu den Aiguilles d'Ansabère*

Zunächst fahren Sie mit dem Zug nach Pau, wo Sie in eine Nebenbahn umsteigen und bis zur Endstation Bedous im Aspe-Tal rattern. Ein SNCF-Bus bringt die Fahrgäste anschließend den Somport hinauf. Nimmt man diesen Bus bis zur Kreuzung mit der Straße, die nach Lescun führt, erspart man sich immerhin 6 km lästigen Weges. Doch der ermüdenden Teerstraße den Hang hinauf entkommt man nicht. Allerdings lohnt sich die Mühe. Oben öffnet sich ein herrlicher Blick auf Weiden, Wälder und die sie einschließenden Gipfel des Cirque de Lescun. Und da ruht das Dorf, in sanfte Wiesen gebettet, eine wunderbare Einführung in das Gebiet der Pyrenäen und ein verheißungsvoller Beginn einer langen Wanderung.

Neben den kleinen Kaufläden von Lescun weist ein GR-10-Schild den Wanderer aus dem Dorf auf einen schmalen Weg, wo ein weiteres Schild zum Cirque d'Ansabère zeigt. Der Weg läuft gemütlich zwischen Weiden mit Heuschobern und Bächen dahin, wobei immer wieder der Blick auf die verlockenden, zerklüfteten Gipfel fällt, die über die Baumwipfel ragen. Der Feldweg wird zum Waldweg, der dann in einen Kletterpfad mündet. Der gewinnt allmählich an Höhe, bis man plötzlich auf einer Anhöhe steht und über eine grüne Mulde zum Wald hinaufblickt, dann über einen Geröllhang zu den herrlichen Aiguilles d'Ansabère, die ihre Kalksteinfinger gegen den Himmel recken.

Man ist versucht, den Rucksack von sich zu werfen, im Gras hockenzubleiben und einfach nur zu staunen. Die Kletterer unter uns wird es in den Fingern jucken, die Träume der Fotografen werden erfüllt.

Die Route fällt nun ab in die grüne Senke, überquert Wildbäche, die hier den ein Amphitheater bildenden Bergen entspringen, und führt dann unter breitblättrigen Bäumen steil aufwärts. Man muß aufpassen, daß der Rucksack sich nicht in niedrigen Zweigen verfängt. Nach dem Waldstück steigt man über rauhes Terrain mit Felsblöcken und kargem Gras weiter empor. Links stürzt ein Wildbach hinunter. Die Aiguilles scheinen perspektivisch kleiner zu werden, während der Petite Aiguille zu imposanter Größe vor uns wächst. Und dort, inmitten von Geröll und steilem Weidegrund, stößt man auf die *cabane* des Schafhirten, eine Szene aus einer anderen Zeit, einer anderen Welt.

Bleibt an diesem ersten Tag noch genug Zeit und Kraft, so lohnt es sich, links vom Petite Aiguille zum Col de Pétragème hinaufzuwandern und dann auf Schrofen rechts herum den an sich leichten Aufstieg zum Pic d'Ansabère (2377 m) anzugehen. Trotz der bescheidenen Höhe gewährt er einen wunderschönen Blick auf die Zwillingsspitzen direkt vor Ihnen und auf die Landschaft, die Sie in den folgenden Tagen durchqueren werden.

2. Tag: *Von den Aiguilles d'Ansabère zum Refuge d'Arlet*

Der Tagesanbruch taucht die Nadel des Petite Aiguille in ein zauberhaftes rosafarbenes Licht, und die blassen Kalksteine scheinen von innen her zu leuchten. Langsam läuft die Farbe dann vom Gipfel hinab bis zum Fuß der Geröllhalden, während die Sonne noch unsichtbar hinter den Bergen aufgeht. Für den Frühaufsteher beginnt der Tag so voller Freude und Verheißung.

Ein schmaler Pfad führt von der Hütte des Schafhirten um das Talende herum, steigt allmählich an und nähert sich dem Lac d'Ansabère, einem Juwel von Bergsee. Östlich hinter dem See und nördlich vom Pic de Lac de la Chourique ragt ein Gebirgskamm

Auf dem Paß Mademète, Blick auf den Lac d'Aubert

empor, der einen Ausläufer nach Westen hat. Diesen entlang verläuft die Grenze. Der Weg steigt direkt den Kamm hinauf auf etwa 2032 m. Zu Ihren Füßen liegt jetzt Spanien.

Wie verschieden die Pyrenäen auf beiden Seiten der Grenze sind! Schaut man zurück, so blickt man auf Frankreich mit seinen wilden Wänden, Bergseen, Flüssen, Karen und Wäldern. Vor uns dagegen breitet sich das leere Spanien aus: eine sanfte Hügellandschaft mit einladenden, aber menschenleeren Tälern. Bläuliche Sierras verblassen in der Weite des Horizonts. Menschenhand hat hier keine Spuren hinterlassen. Eine Vision von Frieden, Ruhe und Einsamkeit.

Vom Kamm geht es über schlüpfriges Gras hinab zu einem kleineren Bergrücken und über diesen wieder an einen See. Der Ibon de Acherito ist größer als der vorherige See und liegt vor einem Hintergrund herrlicher Felsen, die zur Erkundung locken. An seinem südlichen Ende rauscht ein Wildbach. Hier heißt es, die Wasserbehälter aufzufüllen, denn die nächste klare Quelle kommt erst nach mehreren Stunden Wanderung. Wir befinden uns im Kalkfels, und dieses Gestein läßt alles Wasser rasch versickern.

Der Pfad führt bequem abwärts nach Südosten. Man ist versucht zu glauben, so gehe es nun weiter bis zum Refuge d'Arlet, doch das täuscht. In Wirklichkeit muß man sich grasbewachsene Hügel fast ohne Wegspuren und Markierungen hinaufkämpfen und dann stundenlang einem welligen Kamm folgen. Vorausgesetzt, man hat die richtige Route gefunden. Der Pfad vom Acherito führt schließlich zu einer duftenden Buchsbaumgruppe. Hier läßt sich vage ein Weg ausmachen, der nach links zu einer seichten Wasserrinne aus weißem Gestein führt. Darüber verwirren weite Hänge die Fortsetzung der Route. Oberhalb dieser grasbewachsenen Hänge wird der Grenzkamm felsiger, was den Wiederaufstieg unter der sengenden spanischen Sonne recht anstrengend macht. Oben angelangt, gibt es zwei Pfade, beide um den massigen Pic de Burcq herum. Im Norden über den Cold de Pau, im Süden über den Col de Burcq. Der letztere ist vorzuziehen.

Der Paß bietet eine neue Aussicht: tief unten französische Täler zwischen den vom Norden herandrängenden Bergstöcken. Flüsse blitzen auf, und in der Ferne verschwimmen die Wälder im Dunst. Östlich hinter Bergkämmen aber erhebt sich unverkennbar der Pic du Midi d'Ossau, dieser schöne und majestätische Gipfel, der zum Symbol der Pyrenäen wurde und um den herum unsere Route in ein paar Tagen führen wird. Der Pfad, der sich auf der französischen Seite ein wenig unterhalb der Grenze schlängelt, bringt uns schließlich nach ein paar weiteren Pässen genau vor die Tür des Refuge d'Arlet, einer PNP-Hütte. Sie liegt hoch oben auf einem schroffen, spärlich bewachsenen Fels mit Blick auf einen glitzernden See.

3. Tag: *Vom Refuge d'Arlet bis zum Aspe-Tal*

Die kurze, leichte Tageswanderung, fast durchgängig hangabwärts, kommt als eine erfreuliche Überraschung nach den Strapazen von gestern. Es ist ein Tag, an dem man die Blumen am Wegrand genauer betrachten kann, ein Tag zum Dasitzen und In-die-Weite Schauen. Die Aussicht ist nicht besonders aufregend, weder gibt es Bergseen noch tosende Wasserfälle, weder ragende Gipfel noch phantastische Schluchten. Aber es ist lieblich hier, der Weg ist leicht zu finden, man kann träumen und den ziehenden Wolken, den Bussarden, Adlern und Geiern nachblicken, die in der Höhe ihre Kreise ziehen.

Nicht weit von Arlet liegen verstreut seltsame runde Steine, eine liebliche Landschaft zieht sich mit schmalen Tälern zum breiteren, tieferen Aspe-Tal hin. Der Pfad windet sich gemütlich durch Geröll und Weideland, steigt über einen oder zwei Kämme und fällt dann steil ab in den Espélunguère-Wald. Es führt von dort ein Weg hinauf zu einem Kessel oberhalb des Waldes, ein wundervolles Stückchen Erde. Doch unsere Route läßt diesen *cirque* beiseite.

Nach der Überquerung eines kleinen Baches steigt man über einen steilen Hang, und wieder senkt sich der Pfad zum nächsten Waldstück. Doch bald darauf erreicht man eine Lichtung mit einer einfachen Bauernhütte, umgeben von einer Blumenwiese, davor ein sprudelnder Wassertrog. An jenem strahlenden Nachmittag trockneten die Milchkannen an den Ästen eines abgestorbenen Baumes, und eine Horde Schweine schlief im Schatten des armseligen Anbaus. Vor uns erheben sich die herrlichen Gipfel des Cirque d'Aspe.

Nach einer knappen Stunde mündet der Pfad in die Straße nach Somport, und hier muß man entscheiden, wo man übernachten will. Im Nationalpark ist es verboten, näher als eine Wegstunde von der Straße entfernt zu kampieren.

4. Tag: *Vom Aspe-Tal bis zum Refuge d'Ayous*

Die Lage des Refuge d'Ayous oberhalb einer Seengruppe mit Blick auf die Westflanke des Pic du Midi ist typisch für die Pyrenäen und natürlich ein Ziel unserer Route. Den Sonnenaufgang hinter Jean-Pierres Rücken zu erleben, ist einer der tiefsten Eindrücke, auf die man hoffen kann. Jean-Pierre ist der Spitzname für den Pic du Midi.

Etwas die Straße hinauf, vorbei am Parkplatz in Sansanet, beginnt der Pfad aus dem Aspe-Tal; in der Nähe sind Sie gestern von Arlet her angekommen. An Büschen und einzelnen Bäumen entlang läuft der Weg stetig nach Norden. Der Wanderer aber bleibt unwillkürlich immer wieder stehen und blickt zurück auf den herrlichen Cirque d'Aspe. Nur zögernd wendet man ihm den Rükken zu, doch auch der Blick nach vorn lohnt sich: hinunter ins Tal zu den Hügeln mit ihren Blumenwiesen – und zur rechten Jahreszeit kann man beim Laufen Heidel- und Himbeeren pflücken.

Bald geht's hinunter in ein gewundenes Tal, der Wohnsitz eines Schafhirten, und durch einen kleinen Wald wieder hinauf, um den Hang des Gouetsoule zu queren. Am Col de Gouetsoule biegt der Weg nach Osten ab, und kurz darauf erscheint der Refuge de Larry, eine kleine, unbewirtschaftete Nationalparkhütte, leider viel zu früh für eine Übernachtung. Nach der Hütte steigt man zu zwei Pässen empor: Col de Larry (2130 m) und Col d'Ayous (2185 m). Vom letzteren aus sieht man den Pic du Midi vulkanartig im Osten. Die Ayous-Hütte, unser Nachtquartier, liegt nun eine kurze Strecke bergab.

Manche sind sicherlich dafür, noch die vier Stunden zur Pombie-Hütte am südöstlichen Abhang des Midi zu wandern. Aber diejenigen, denen es mehr auf das Genießen der Berglandschaft ankommt als auf das Erproben ihrer eigenen körperlichen Grenzen, werden gerne eine Nacht in Ayous verbringen. Die Hütte blickt hinab auf den Lac Gentau und das Weideland, das sich jenseits des Sees bis zum von hier aus nicht sichtbaren Bious-Tal erstreckt. Dort ragt im königlichem Schwung seiner Wände und

Hier werden sogar die Milchkannen zum Trocknen aufgehängt

Türme, die sich bis hinauf zur Gipfelkrone ziehen, der Jean-Pierre empor.

5. Tag: *Vom Refuge d'Ayous zum Refuge de Pombie*

Zwischen Ayous und Pombie kommt man auf einen der schönsten Rundgänge der Pyrenäen. Dieser Rundgang kann an einem Tag geschafft werden, läßt sich aber auch zu einem äußerst reizvollen Zweitagesausflug ausdehnen. Wenn die Zeit es erlaubt, ist dies für den Wanderer unserer Route eine interessante Möglichkeit. Doch die Entscheidung trifft man am besten am Ende der heutigen Etappe, denn Pombie ist der günstigste Ausgangspunkt für das Unternehmen.

Der Pfad steigt vom Refuge d'Ayous südwärts zwischen Felsbrocken bis zum Lac Bersau. In der düster-schönen Umgebung bilden die vielen Blumen um den See die einzigen Farbtupfen. Linkerhand verdeckt der merkwürdige Block des Pic Castérau den Pic du Midi. Nach einem Sattel fällt der Weg in ein kleines Tal ab, das mit Kalksteinbrocken übersät ist, bis man auf einen See trifft, an dem Schafe, manchmal auch Ponys grasen. Und plötzlich wieder der Blick auf den Pic du Midi vor uns.

Über einen rauschenden Wildbach und an einigen Hütten vorbei kommt man in ein kleines Tal, wo am Fuß eines Hügels im üppigen Ampfer noch eine *cabane* steht. Auf dem mit Kiefern und dichtem Gebüsch bewachsenen Hügel biegt der Weg nach rechts ab und dann, mit Blick auf den Petit Pic, beginnt der lange Aufstieg zum Sattel, der zum See und zur Pombie-Hütte führt. Es ist eine wilde Strecke, die wir durchqueren. Auf dem westlichen Zugang zum Col de Peyreget gibt es einen Abschnitt, wo man von Felsbrocken zu Felsbrocken springen muß, die vor langer Zeit aus den gewaltig hohen Wänden herausgebrochen sind. Aber auf dem östlichen Abstieg geht es schon bald wieder zwischen Grashängen und Bergseen dahin, stets mit der Sicht auf die Tiefen des Südkessels, wo täglich loses Gestein im ewigen Schatten der Schluchten auf die Geröllhalden der Grande Raillere fällt.

Die Pombie-Hütte schaut über einen kleinen See auf die Südhänge des Pic du Midi. Von dieser beliebten Hütte starten die Bergsteiger zu ausgedehnten Touren in die Wände des uralten Berges. Von hier aus finden sich aber auch viele Möglichkeiten für eine Tagestour außerhalb unserer Route. Einzelheiten stehen ausführlich in den Wanderführern.

6. Tag: *Vom Refuge de Pombie zum Refuge d'Arrémoulit*

Die meiste Zeit führt diese Tour durch grüne, liebliche Landschaft, folgt Flüssen und schattigen Waldwegen. Aber im letzten Stück wird klar, daß sich der Charakter der Gegend ändert. Das sanfte Weideland rund um den Pic du Midi macht einer zerklüfteten, härteren Landschaft Platz. Arrémoulit liegt am Rand der Granitwildnis von Balaitous: eine Wildnis aus Fels, Geröll, eisigen Seen und kleinen Gletschern mit eigenartigem Reiz.

Ein vielbegangener Weg senkt sich östlich von der Pombie-Hütte die Steilseite des Hangs hinunter, und man betritt die Wälder des Brousset-Tals. Eine Brücke über den Fluß im Talbett bringt uns zur anderen Seite, wo uns bergauf die Soque-Hütte erwartet. Hier kann man einen kleinen Imbiß einnehmen und manchmal die wichtigsten Vorräte aufstocken. Soques liegt neben der Straße nach Pourtalet. Auf der anderen Straßenseite steht ein riesiger Felsblock, an dem vorbei wir wieder ein Waldstück erreichen. Eine steile Wanderung aufwärts zum engen Tal des Arrious erwartet uns. Der Pfad führt geradeaus am linken Flußufer durch dieses Tal bis zum kleinen Paß an seinem Ende. Dahinter entfaltet der Pic du Midi seine mächtige Ostflanke – eine wunderschöne Aussicht.

Den Col d'Arrious kann man auf zwei Wegen erreichen. Der erste fällt nordöstlich ab in eine felsige Senke mit dem großen Lac d'Artouste, bevor er sich in Serpentinen südöstlich direkt zur Hütte emporwindet. Oder man hält sich rechts bis zu einem fjordartigen, tropfenförmigen See, überquert einen kleinen Kamm, um anschließend auf einem luftigen, aber sicheren Pfad entlangzubalancieren (auf der Karte als *Passage d'Orteig* verzeichnet), der vor etwa 100 Jahren vom CAF eingerichtet wurde. Ein interessanter Abschnitt. Über eine ausgebleichte Granitebene weisen Steinhäufchen den Weg zur Hütte.

Die zweite Route ist schneller und abenteuerlicher, die erste günstiger für den weniger erfahrenen Trekker.

7. Tag: *Vom Refuge d'Arrémoulit zum Refuge Larribet*

Geübte Bergwanderer werden sich nicht von einer Kletterei schrecken lassen, die zum zweiten Paß des Tages hinauf und ebenso steil wieder in die Niederungen von Batcrabere hinab führt. Man kann also, mit guter Kondition, diesen Abschnitt auch noch am 6. Tag machen. Ich selbst ziehe es vor, ihn in Ruhe zu gehen.

Für Unerfahrene gibt es eine Alternative, in der die Kletterei ganz entfällt: Auf einer Acht-Stunden-Tour überquert man den Col du Palas (wie bei dem anderen Weg), wandert nach Spanien hinein zur Südseite des Balaitous und kehrt über den Col de la Fache (2664 m) nach Frankreich ins Marcadau-Tal zurück. Dabei spart man sich eine Tagesetappe und einen möglicherweise ziemlich anstrengenden Weg.

Eine Stunde von der Hütte entfernt klettert man über den Col du Palas, umrundet einen Felskessel und steigt über Port du Lavedan (2615 m) auf den Kamm, der Pic Palas mit Batcrabere verbindet. Östlich dieses Passes geht es über Schnee steil hinab durch Rinnen und Kare zu einer Wildnis aus Felsbrocken, dann vorbei an tiefschwarzen Bergseen und über einen Gebirgsrücken, bis man endlich erleichtert die Larribet-Hütte erreicht. Es gibt von hier aus einige anspruchsvolle Routen auf den Balaitous, den ersten Dreitausender, auf den wir stoßen. Die Hütte ist einfach und anheimelnd, umgeben von einer abweisenden Welt. Doch dafür entschädigt am nächsten Tag die Wanderung durch das zauberhafte Weideland des Marcadau.

8. Tag: *Vom Refuge Larribet ins Marcadau-Tal*

Der Balaitous verkörpert das Bedrohliche der Natur zwischen den freundlich wirkenden Gegenden des Marcadau-Tals und um den Pic du Midi. Das Marcadau ist eine Oase der Farben, Düfte und des Lichts zwischen den finsteren Wänden des Balaitous und des Vignemale. Der Reiz der Wanderung dieses Tages liegt in den Kontrasten.

Das rauhe Land von Larribet weicht schon bald dem der plätschernden Bäche, der Gewässer zwischen Felsen und den Wasserfällen des unteren Tals, wo Blumen den Weg säumen. Dann biegt der Pfad in ein zweites Tal, das Tal des Gave d'Arrens, und geht auf sanften Wiesen südlich um den Vorsprung des Crète Fachon herum, der eigentlich den langen Nordkamm des Balaitous bildet. Weiter oben verengt sich das Tal. Dort finden sich ein paar winzige Bergseen, die im Westen von steilen Wänden begrenzt sind. Geradeaus – zwischen Bergrücken – liegt ein Paß, der hinüber nach Spanien führt. Doch wir zweigen ab, um uns über den versteckten Col Cambales hinüberzuarbeiten.

Hier ist das Reich der Felsen. Der Blick fällt auf die Balaitous-Ostflanke und, etwas näher, auf den Pic de Cambales. Direkt unter uns liegen zahlreiche Bergseen. Bei Sonnenschein ist der Abstieg ins Marcadau-Tal einer der reizvollsten Abschnitte unserer Route. Jeder Schritt scheint tiefer in ein Märchenland hineinzuführen: Seen und Wasserfälle, sanfte Wiesen, duftende Sträucher und weiträumige Ausblicke. Dieses Tal ist ein Ort zum beschaulichen Genießen, zum Zeitnehmen, und nicht zum Durchhetzen mit starrem Blick aufs Ziel.

9. Tag: *Vom Marcadau-Tal zum Refuge Bayssellance*

Die Wallon-Hütte im oberen Teil des Marcadau-Tals blickt über den Fluß zum engen, reizvollen Arratille-Tal hinüber. An seinem Ende ragen die Zinnen des Vignemale, ein verlockender Anblick. Früh am Morgen grasen die Pyrenäengemsen oft nahe der Hütte, später am Tag trifft man kleine Herden eher weiter oben zum Fluß hin.

Ein guter Weg läuft am Arratille entlang zu einem Hochsee und führt jenseits des Sees im Karst hinauf zu einer Mulde, in der etwa 20 m unterhalb des Col d'Arratille sich wieder ein See angesammelt hat. Vom Paß erblickt man das spanische Ara-Tal und dahinter den Vignemale (3298 m), den höchsten Berg hier im Grenzgebiet. Uns führt der Weg ins Ara-Tal und auf der Ostseite wieder empor zum Col des Mulets. Anschließend kommt wieder ein steiler Abstieg zu einem kleinen Gletscher, der einen besonders schönen Blick auf die mächtige Nordflanke des Vignemale bietet.

Dort gibt es eine Biwakschachtel, an der vorbei der Weg zum heutigen dritten Paß führt, zum Hourquette d'Ossoue (2734 m), und dann zu der alten Bayssellance-Hütte. Kürzlich renoviert, bietet sie bequeme Unterkunft und hübsche Ausblicke auf den ent-

Ein kleiner Gletscher an der Nordseite des Vignemale

fernten Cirque de Gavarnie. Gleich in der Nähe findet sich der größte Gletscher der Bergkette, der Ossoue-Gletscher, der eine interessante Route auf den Vignemale ermöglicht. Bei genügend Zeit und Gletscherausrüstung kann man den Aufstieg sehr empfehlen.

10. Tag: *Vom Refuge Bayssellance nach Gavarnie*

Die letzte Etappe geht es auf einem guten Weg, der sich dann zur Straße verbreitert, fast nur noch abwärts.

Gavarnie begeistert schon seit über 200 Jahren die Bergwanderer mit seiner spektakulären Felskulisse. Das Dorf ist der meistbesuchte Ort der Pyrenäen. Täglich ergießen sich im Sommer Autos und Busse in die Gassen, und die Touristen reiten dann auf Eseln, Ponys oder Maultieren talaufwärts zum Hotel an der Grande Cascade wie in einem jahrhundertealten Historienspiel. Aber nachts sind die Touristen wieder verschwunden, und die Wanderer können in Ruhe die gewaltigen Felswände unterm blinkenden Sternenhimmel bewundern. Dann ist auch hier etwas von dem Zauber zu spüren, der über der ganzen Wanderung liegt und der zur Wiederkehr lockt.

Entfernung: 75 km
Dauer: 10 Tage
Art der Wanderung: Anstrengend und abwechslungsreich mit einigen sehr rauhen Abschnitten, aber meistens auf guten Pfaden.
Ausgangsort: Lescun
Ziel: Gavarnie
Beste Jahreszeit: Juli – September

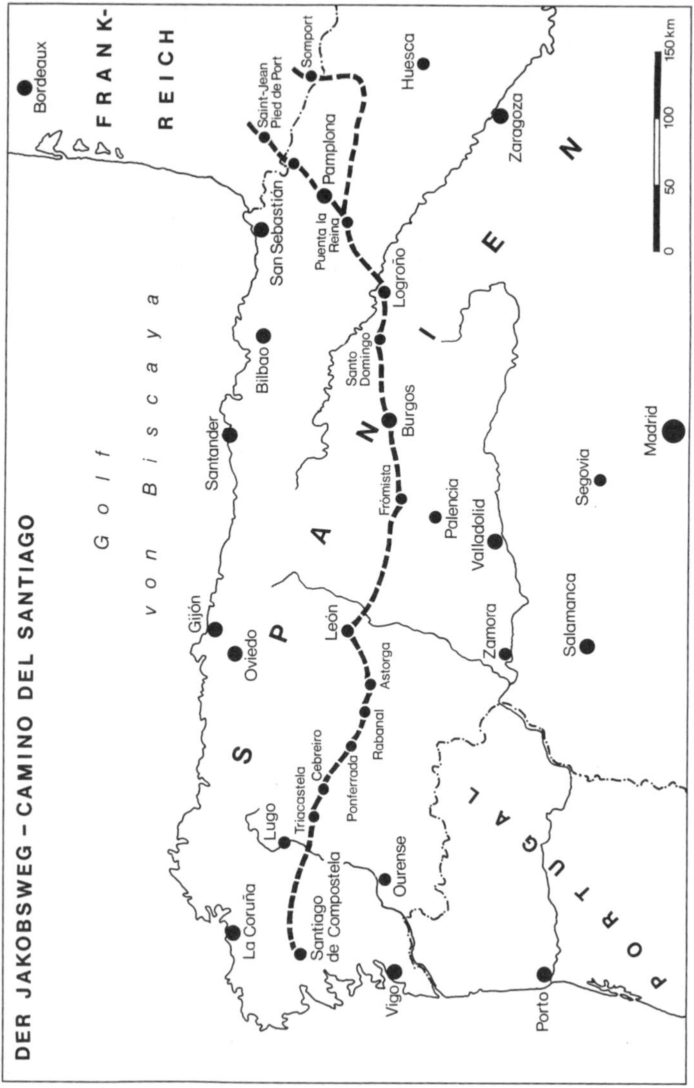

DER JAKOBSWEG – CAMINO DEL SANTIAGO
Golf von Biscaya
FRANKREICH
SPANIEN
PORTUGAL
Bordeaux
Saint-Jean Pied de Port
Somport
San Sebastián
Pamplona
Puenta la Reina
Huesca
Zaragoza
Logroño
Bilbao
Santo Domingo
Burgos
Santander
Frómista
Palencia
Valladolid
Segovia
Madrid
Gijón
Oviedo
León
Astorga
Zamora
Salamanca
Rabanal
Ponferrada
Cebreiro
Triacastela
Lugo
Ourense
La Coruña
Santiago de Compostela
Vigo
Porto
0
50
100
150 km

SPANIEN

15. Der Jakobsweg – Camino de Santiago

von *Carmen Rohrbach*

Von den Pyrenäen nach Santiago de Compostela

Dichte Laubbäume bilden ein grünes Gewölbe. Ich hatte mir die Pyrenäen ganz anders vorgestellt – mit Schluchten, Steilwänden und Abgründen, statt dessen sanftgerundete Bergketten, zwar von enormer Höhe, aber doch in ihrem Habitus an dichtbewaldetes Mittelgebirge erinnernd. Hier, auf diesem Paß oder in jenem Tal soll die letzte Schlacht getobt haben, von der die Rolandssage berichtet?

Mich beschäftigt im Moment mehr die drückende Schwere meines Rucksackes. Da waren die Pilger besser dran gewesen. Die meisten hatten nur ein Bündel mit ein wenig Wegzehrung, Wasser und Geld über dem Rücken baumeln. Jahrhundertelang waren sie nach Santiago de Compostela im nordwestlichen Zipfel von Spanien gepilgert – Hunderte, Tausende, vielleicht Millionen von Menschen, seit im Jahr 812 das Grab Jakobs des Älteren, eines der zwölf Apostel, dort aufgefunden worden war.

Von dem Augenblick an, da ich zum ersten Mal vom Jakobsweg hörte, hat es mich gereizt, diesen Weg zu gehen, und zwar allein. So würde ich mich besser in die Stimmung versetzen können, um nachzuempfinden, was die Menschen damals nach dem fernen Galicien, an das Ende der mittelalterlichen Welt, getrieben hatte und was sie unterwegs erlebt, gefühlt und gespürt haben. Wer waren sie? Warum gingen sie nach Santiago? Warum wagten sie eine Pilgerfahrt voller Gefahren, Mühsal und Entbehrungen?

Heute gibt es Wallfahrten im Bus, oder man fährt im eigenen Auto über eine gut ausgebaute Asphaltstraße, sogar mit speziellen Hinweisschildern. Zahlreiche Kulturdenkmäler säumen die Straße: Kirchen, Klöster, Kathedralen, Kapellen – Romanik, Gotik, Renaissance, Barock – kunsthistorische Reminiszenzen. Eine Pilgerfahrt von heute ist vor allem eine Kulturreise.

Und doch gibt es auch eine Art Renaissance der mittelalterlichen Pilgerschaft. Während meiner Wanderung treffe ich auf Menschen verschiedenen Alters, die wie ich zu Fuß nach Santiago gehen. Doch nicht wie im Mittelalter wegen eines Gelübdes oder um zu büßen – viele sind wie ich gar keine gläubigen Christen –, sie wollen vielmehr, angelangt an einer bestimmten Etappe ihres Lebens, zur Besinnung, zu einer Art Selbstfindung kommen.

Der spanische Teil des Jakobsweges von Roncesvalles in den Pyrenäen bis Santiago de Compostela beträgt rund 800 Kilometer. Wird eine durchschnittliche Tagesleistung von 30 Kilometern zugrunde gelegt, braucht man für die gesamte Strecke etwa 27 Tage. Natürlich kann man bei viel Zeit und Wanderlust bereits in Frankreich beginnen. Dort hat man die Qual der Wahl zwischen vier verschiedenen Wegen, die jeweils in Paris, Vezelay, Le Puy oder Arles beginnen. Dagegen führt der spanische Teil des Pilgerweges wie eine einzige große Ader durch den spanischen Norden, durch – heute – vier Provinzen und vielgestaltige Landschaft.

Eine unvorstellbar lange Strecke liegt vor mir. Noch nie bin ich so viele Kilometer hintereinander gegangen. Aber es führt zu nichts, jetzt bei den ersten Schritten schon an das ferne Ziel zu denken. Es ist besser, ich konzentriere mich auf die Tagesetappenziele.

Die erste Etappe kostet gleich zu Anfang eine gewaltige Anstrengung. Ich bin mit dem Zug bis zu dem französischen Grenzort St.-Jean Pied de Port gefahren. Um auf die spanische Seite, nach Roncesvalles, zu gelangen, muß ich die Pyrenäen überqueren. Es ist ein Tagesmarsch von etwa 40 Kilometern. Der steile Anstieg läßt diese erste Etappe zu einer sehr mühseligen werden.

In Roncesvalles befindet sich ein Augustinerkloster aus dem 12. Jahrhundert. Als ich mich, erschöpft und todmüde von der langen Gebirgswanderung, nach einer Übernachtungsmöglichkeit erkundige, schickt man mich zum Kloster. Vom Abt erhalte ich einen Pilgerausweis. Mit diesem Ausweis, so erzählt er mir, kann ich unterwegs in jeder Ortschaft eine unentgeltliche Unterkunft bekommen. Ich brauche nur beim Pastor vorsprechen, der mir dann außerdem einen Stempel in den Ausweis drücken würde. Wer dann am Ziel, in der Kathedrale von Santiago de Compostela, diesen Ausweis als Beweis für die Pilgerschaft vorlegt, bekommt eine Urkunde.

Daß es wieder wie im Mittelalter Tradition geworden ist, den Pilgern eine Unterkunft zu stellen, bestätigt sich, als mich der Abt von Roncesvalles eine knarrende Holztreppe hinaufführt und die Tür zu einem gemütlichen Zimmer öffnet. Doch solche komfortablen Übernachtungen sind die Ausnahme. Manchmal ist es auch nur ein kahler Raum mit Steinfußboden, ein Schuppen oder der überdachte Vorplatz einer Kirche. Ein Schlafsack und eine Isomatte leisten da gute Dienste.

Doch wer nicht diese kleinen Entbehrungen des »echten Pilgerns« auf sich nehmen will, findet in den Ortschaften preisgünstige Zimmer in Pensionen und Hotels. In Santo Domingo de la Calzada, San Juan de Ortega, León, Hospital del Orbigo und Astorga gibt es sogar extra Pilgerherbergen.

Der zweite Wandertag läßt sich nicht gut an. Mir ist kalt. Ein heftiger Wind bläst, und es hat auch noch zu regnen begonnen. Um nicht in der Sommerhitze zu schwitzen, habe ich mir den Mai als Pilgerzeit gewählt. Meine Füße sind müde und schwer. Sie haben sich noch nicht an das Laufen gewöhnt. Ich marschiere durch eine Hügellandschaft. Langsam lichtet sich der Wald, dunkles, immergrünes Buschwerk tritt an die Stelle der Laubbäume. Nun erst fühle ich mich völlig in Spanien. Der schmale Pfad führt an blühenden Wiesen, von Insekten umschwirrten Hecken und verlassenen Bauernhäusern vorbei. Nur wenn ich durch Ortschaften komme, begegne ich Menschen. Sie erkennen am Rucksack, daß ich ein Pilger bin, grüßen mich freundlich und wünschen mir viel Glück auf dem Weg nach Santiago.

Der ist meist einfach zu finden. Dank der Hilfe der Jakobsbruderschaften und der Pfarrer wurde er mit gelben Punkten und Pfeilen markiert. Sollte man einmal trotzdem die Orientierung verlieren – die Bevölkerung kennt genau den Wegverlauf und gibt bereitwillig und gern Auskunft. Dennoch ist eine Karte von großem Nutzen, da man sich so besser in die Umgebung einfühlen kann. Einen Gesamt-, aber sehr groben Überblick gibt eine Spanienkarte 1 : 1000000. Detaillierter sind die Michelinkarten 1 : 400000, von denen man aber eine ganze Anzahl benötigt. Das detaillierteste Kartenwerk – wenn auch ziemlich schwergewichtig – konnte ich im Kloster von Roncesvalles kaufen.

Vor mir liegt Pamplona, die Hauptstadt Navarras. Seine Geschichte ist älter als die der anderen großen Städte, die ich noch sehen werde. Die Herrscher von Navarra unterstützten das Pilgerwesen, bauten für die Pilger Raststätten, Hospitäler und sorgten für die Sicherheit des Weges. Heute findet man in Pamplona nur noch wenig, was an diese Zeit erinnert: eine Skulptur des Apostels Jakob als Pilger und einige enge Gassen aus dem Mittelalter, die von breiten modernen Alleen und Plätzen bedrängt werden.

Der Weg führt entlang des Flußtales der Arga nach Puente la Reina. Ein wichtiger Punkt des Pilgerweges, denn hier traf er mit einem weiteren Weg zusammen, der über einen anderen Paß der Pyrenäen, den Somportpaß, kam. Die Brücke über die Arga, die im 11. Jahrhundert erbaut wurde, um den Pilgern das Weiterkommen zu erleichtern, ist noch erhalten.

Die Landschaft ist jetzt dichter besiedelt, und ich komme häufig durch Ortschaften. Oft werde ich von den Menschen angesprochen. Sie sind erfreut, weil ich Spanisch spreche und sie mir so ihre Freude und ihren Dank dafür ausdrücken können, daß ich nach Santiago laufe. Sie sind stolz darauf, daß Menschen aus anderen Ländern kommen, um zu ihrem Heiligen zu pilgern. Es ist für mich ein sehr schönes Gefühl, und es belohnt die Mühsal des täglichen Fußmarsches, wenn die Menschen einen so warmen und herzlichen Anteil an meiner Wanderschaft nehmen.

Templerburg von Castrojeriz

Die navarresische Landschaft besteht aus weiträumigen Tälern, kühnen Bergkonturen in der Ferne, korngelben Feldern, in Talsenken geschmiegten Seen und Flußläufen mit üppiger Vegetation. Das Wetter ist sommerlich warm. Die Regenkleidung ist seit Tagen tief unten im Rucksack. Ich übernachte jetzt in meinem Schlafsack oft im Freien. Es entsteht ein intensives Gefühl, wenn ich den Rhythmus von Tag und Nacht so erleben kann. Ich habe das Empfinden, dadurch dem Ursprung allen Lebens sehr nah zu kommen.

Bei Logroño verlasse ich nach fünf Wandertagen die Provinz Navarra und komme nach Altkastilien. Ich wandere durch eine eigenartige Kulturlandschaft – fast baumlose Hügelketten mit ausgedörrten, stacheligen, braunen Grasflächen, die in der Glut der Mittagssonne den köstlichen Duft ihrer Würz- und Heilkräuter verbreiten. Daneben erstrecken sich weite Kornfelder, die ich so gelb und trocken noch nirgendwo gesehen habe. Macht es die Kurzstieligkeit und die kleinere Ähre des Korns, oder ist es die

Weite der bis zum Horizont wogenden Felder, daß sie mir eher wie ein Symbol der Trockenheit und Unfruchtbarkeit erscheinen denn als Versprechen für Nahrung und Leben?

In glühender Sonne wandere ich eine kleine Straße entlang, fast so schmal wie ein Fahrradweg. Kein Fahrzeuglärm unterbricht die Stille. Die Luft flimmert über den Kornähren. Kein Baum, dessen Schatten mich vor Hitze schützen könnte. Ausgedörrt, ohne Gedanken, trabe ich meinen Weg entlang. Gegen Abend erreiche ich ein altes Kloster hoch oben auf einem Berg, umgeben von dichtem Wald. Es ist das Kloster San Millan de Suso, im 6. Jahrhundert von einem einfachen Hirten gegründet. Während seines langen Lebens – er soll über hundert Jahre alt geworden sein – hat San Millan, der zum Heiligen ernannt wurde, vielen Menschen Rat und Hilfe gegeben. Nach seinem Tod im Jahre 574 bauten seine Anbeter das kleine westgotische Heiligtum. Später, im 11. Jahrhundert, wurde es im mozarabischen (christlich-romanischen, vom Arabischen beeinflußt) Stil erweitert und restauriert. Heute ist das Kloster leer. Mit seinen schönen Säulen und interessanten überkreuzten Doppeltonnengewölben liegt es verlassen da, eingesponnen in die Waldeseinsamkeit.

Das nächste größere Etappenziel erreiche ich nach neun Tagen, es ist Burgos. Mit seinen Türmen und der stadtbeherrschenden gotischen Kathedrale ist Burgos schon von weitem sichtbar. Die reiche Stadt war eine der Hauptstationen der Jakobspilgerschaft. Die Hauptstadt Alt-Kastiliens ist die Stadt von El Cid, dem spanischen Ritterhelden, der die Heere der Mauren (Araber, die seit dem Jahr 711 Spanien erobert hatten) besiegte, aber auch auf deren Seite gegen die Christen kämpfte.

Burgos inspiriert mich nicht zum Bleiben. Die laute, verkehrsreiche Stadt ist ein zu großer Kontrast nach den einsamen Wanderungen in der weiten ungestörten Landschaft. Auch gibt es in Burgos keine Unterkunft für Pilger, und ich verspüre kein Verlangen, in einem komfortablen Hotelzimmer von meiner Pilgerstimmung abzurücken.

Von Burgos aus geht es immer weiter westwärts. Ich bin jetzt seit zwölf Tagen unterwegs, laufe täglich mehr als 35 Kilometer. Zwar habe ich schon fast die Hälfte der Strecke zurückgelegt, aber das Ziel erscheint mir noch so weit und fern, daß ich kaum daran denke. Was ich am Weg sehe, fordert meine ganze Aufmerksamkeit.

Ich durchquere die kastilische Hochebene, die Meseta. Es ist eine tischebene Landschaft, Felder reichen bis zum Horizont. Manchmal sehe ich in der Ferne einen einzelnen Baum, aber es dauert Stunden, bis ich ihn endlich erreiche. Einen vollen Tag laufe ich, ohne einem Menschen zu begegnen. Der Himmel scheint in der Meseta der Erde näher zu sein. Tiefblau hängt er über dem leuchtenden Gold der Kornfelder. Obwohl erst Ende Mai, ist das Getreide schon reif. Die Sonne brennt heiß, dörrt alles aus. Ich bin froh, daß ich mich mit genügend Wasser versorgt habe.

Erfrischendes Naß aus dem Dorfbrunnen

Der Pilgerpfad, auf dem einst Tausende von Menschen entlanggegangen sind, unterscheidet sich nicht von beliebigen anderen Feld-, Wiesen- oder Waldwegen. Der festgetretenen Erde sieht man nicht an, wie viele Füße über sie geschritten sind. Doch überraschend sind die zahlreichen Baudenkmäler aus dem 10., 11. und 12. Jahrhundert, die den Weg säumen. Sie stehen in keinem Verhältnis zu der heute dünn besiedelten Gegend. Der Pilgerstrom, der ehemals auf dem Jakobsweg pulsierte, hatte das Land erblühen lassen; denn nicht nur mittellose Pilger folgten dem Ruf nach Compostela, und da der »camino de Santiago« von den Fürsten geschützt wurde, nahm auch der Handel diesen Weg. Heute aber sind viele ehemals reiche Ortschaften wieder zu unbedeutenden Dörfchen geschrumpft oder ganz verschwunden.

Bei Frómista, immer noch in der Provinz Altkastilien, erwartet mich eine Überraschung: eine Kirche, ein Kleinod der spanischen Romanik. Über und über ist die Basilika mit rätselhaften Skulpturen verziert, mit Tieren und Tiermenschen, Fruchtbarkeitszeichen und Menschen, die von Dämonen bedroht werden. Die Zeit der Romanik ist ungeheuer reich an mystischen Symbolen, deren Bedeutung wir heute nur noch zum Teil verstehen.

Wenige Kilometer später die eigenartige Kulisse von Villalcázar. Kleine, geduckte Bauernhäuschen reihen sich um eine riesige, imposante Kathedrale. Was macht solch eine Kathedrale in einem kleinen, weltabgeschiedenen Bauerndorf? Auch Villalcázar muß einmal eine reiche Ortschaft gewesen sein. Am Dorfbrunnen kühle ich die Blasen an den Füßen. Ein Mann stürzt wild gestikulierend auf mich zu – vielleicht ist es hier verboten, die Füße ins Wasser zu hängen, denke ich erschrocken. Doch er sagt, er sei Pablo, ob ich noch nichts von ihm gehört habe? Er sei doch der Pilgervater. Bei ihm gebe es Wein und Essen für alle. Ich schaue ihn ungläubig an. In welches Jahrhundert habe ich mich denn da verirrt?

In einer dunkelgewölbten Gaststätte sitzen sie schon, die anderen, halten mir grüßend ihre Rotweinkrüge entgegen, löffeln eine kräftige Suppe. Manche tragen, wie die früheren Pilger, das Zei-

Selten trifft man andere Pilger auf dem langen Weg

chen für die Pilgerschaft, die Jakobsmuschel, um den Hals oder haben sie am Rucksack oder am Hut befestigt. Andere unterstreichen ihre Wanderschaft durch einen dicken Stock, den Pilgerstab. Ich setze mich zu ihnen, gehöre selbstverständlich gleich dazu. Sie kommen aus Spanien, Frankreich, Holland, Italien, einer sogar aus Polen. Einzeln oder in Gruppen wandern sie nach der Jakobsstadt. Pablo hat sie genauso wie mich draußen eingefangen.

Ich wundere mich, daß ich nicht schon früher anderen Pilgern begegnet bin. Doch da die Ferienzeit noch nicht begonnen hat, sind nicht sehr viele Menschen unterwegs. Auch später werde ich während des Laufens nur selten von jemandem überholt oder komme an Rast machenden Wanderern vorbei. Da ich außerdem sehr häufig im Freien übernachte, entgeht mir die Möglichkeit, in den Herbergen auf Pilger zu treffen.

Wir tauschen Erfahrungen über den Weg aus. Spanische und französische Lieder werden gesungen. Ich fühle mich geborgen und heimisch. Auf einmal bin ich nicht mehr ein einsamer Wanderer, der eine verrückte Idee verwirklicht, sondern das Pilgern nach Santiago ist das Normalste auf der Welt und ein »tolles Erlebnis«. Ein Spanier aus Salamanca meint, daß er erst während dieser Wanderschaft einen Teil seiner Heimat wirklich kennen und verstehen gelernt habe. Die anderen stimmen ihm bei. Sergio, ein Baske, sagt: »Nur zu Fuß ist man langsam genug, um seine Umgebung auch wahrnehmen zu können.«

Es ist spät am Nachmittag, als wir uns verabschieden. Müde vom Wein, aber froh und angeregt, laufe ich noch ein Stück des jahrhundertealten Weges aus der Ortschaft hinaus. Mit was für Träumen und Hoffnungen werden die Menschen vor mir diesen Weg gegangen sein? Wie war ihr Schicksal? Noch nie schien mir der Himmel so nah und gleichsam weit. Im Getreidemeer versinkt die Sonne wie ein reife Orange.

Nach zwanzig Tagen habe ich die Provinz León durchquert, habe die wunderbaren Glasfenster der Kathedrale in der gleichnamigen Hauptstadt und die romanischen Backsteinkirchen von Sahagun bewundert. Das Kloster San Miguel de Escalada, einsam und verlassen auf einem Hügel gelegen, hat mich sehr beeindruckt. Nach Astorga, früher eine der wichtigsten Pilgerzentren des Jakobsweges, muß ich den Rabanal-Paß überwinden. In Ponferrada, der nächsten größeren Ortschaft nach den Montes de León, war eine trutzige Templerordensburg zu besichtigen.

Dann gelange ich nach Galicien, bin schon ganz nah dem Ziel. Aber diese Provinz wird noch zu einer letzten harten Probe. Die gelben Farben sind verschwunden. Alles ist nun üppig grün und tropft. Galicien ist wie ein Schwamm, der alle Feuchtigkeit der Welt in sich zu speichern scheint. Es regnet tagelang ohne Unterlaß. Der Weg verwandelt sich oft in einen dahineilenden Bach. Nebelfetzen und Wolkenschleier verhängen das Land. Die durchnäßten Schuhe quietschen bei jedem Schritt, und aufgewärmtes Wasser quillt heraus, um neues, kaltes einzulassen.

Es ist schon dunkel geworden, und noch immer habe ich die nächste Ortschaft nicht erreicht, wo ich mir ein Nachtquartier suchen könnte. Der Pfad vor mir ist kaum noch zu erkennen. Ich stolpere über eine nasse Wurzel, fange mich nur mit Mühe. Erschöpft hocke ich mich am Weg nieder. Neben meinen Füßen bilden sich Pfützen. Von oben tropft Wasser in den Kragen des Regenumhanges, sickert kalt den Rücken hinunter. Also weiter! Der Weg steigt manchmal gewaltig an, dann fällt er wieder steil ab. Ich kann in der Dunkelheit nichts erkennen, aber es muß eine schluchtenreiche Gebirgslandschaft sein, die ich lieber bei Tage durchqueren würde.

Dann endlich, nach einem stockfinsteren Hohlweg, in dessen Schlamm ich bis zu den Knien wate, ein Dorf. Niedrige Häuser, alles still und dunkel. Ich traue mich nicht, irgendwo anzuklopfen und die Bewohner aus dem Schlaf zu reißen. Unschlüssig lehne ich mich an eine kleine Mauer, entlaste den Rücken vom Gewicht des Rucksacks. Im Haus gegenüber öffnet sich eine Tür, eine Frau kommt heraus, erblickt mich und winkt mich heran. Als sie erfährt, daß ich nicht weiß, wo ich schlafen soll, lädt sie mich zu sich ein.

Ihr Haus besteht aus einem einzigen dunklen Raum aus unverputzten Feldsteinen mit offener Feuerstelle, einem Hängeregal, wo sauber Geschirr aufgereiht ist, einem großen Tisch und einem Bettgestell. In einem auf halber Höhe abgeteilten Verschlag quieken Schweine, und drei Katzen schleichen durch die dunkle Wärme. Die Frau legt einige Holzscheite in das glimmende Feuer, so daß es bald hell aufleuchtet. Meine nasse Kleidung wird um das Feuer mit Stöcken aufgestellt, wie man es auch an einem Lagerfeuer macht. Dann bringt die Frau zwei Speckscheiben, die sie zum

Rösten direkt in die Flammen legt. Zusammen mit einem Glas Rotwein ist der scharf angebratene Speck eine Delikatesse. Der Rauch des Holzes hat ihm eine köstliche Würze verliehen. Später bekomme ich noch eine dicke, wohlschmeckende Gemüsesuppe. Wir sitzen zusammen auf der Bank, vom rötlichen Feuerschein beleuchtet.

Die Frau erzählt mir, daß sie allein ist. Zwar hat sie erwachsene Kinder im Dorf und auch in den Nachbardörfern. Aber ihr Mann ist vor knapp drei Wochen gestorben, und seinen Verlust wird sie nie verwinden können. Sie klagt nicht, sondern sagt es als Feststellung, die bitter ist, aber nicht zu ändern.

Die Strecken, die ich nun zurücklege, werden immer länger. Ich habe mich so gut eingelaufen, daß ich an jedem Tag bis zu 50 Kilometer ohne große Anstrengungen schaffe. Nach Cebreiro mit seinen keltischen Bauernhäusern, deren Kegeldächer aus Stroh, Heidekraut und Ginster sich bis zum Boden ziehen, wandere ich durch schattige Wälder und an blumendurchwirkten Wiesen vorbei nach Triacastela. Die Felder und Gärten sind mit aufrechtstehenden, mitunter mannshohen Schieferplatten bezäunt, und auch die Dächer sind mit in der Sonne silbern glänzendem Schiefer bedeckt. Am Wegesrand fallen die *horreos* auf, die auf Stelzen stehenden Vorratsspeicher aus Granit. Am Giebel sind sie aus Schutz vor bösen Geistern auf der einen Seite mit dem Symbol des Christentums, dem Kreuz, verziert, auf der anderen Seite mit Symbolen aus keltischer Zeit.

Am Nachmittag des 27. Tages erreiche ich die Kuppe eines Hügels – und sehe unten eine große Stadt liegen: Santiago de Compostela! Das Ziel! Auf dem Monte de Gozo (Berg der Freude), auf dem ich nun stehe, sollen die Pilger mit Tränen in den Augen niedergesunken sein, gebetet und Gott gedankt haben, daß er sie durch alle Gefahren sicher ans Ziel gebracht hat. Ich dagegen verspüre keinen Freudenrausch. Seltsam nüchtern stelle ich nur fest, daß ich nun wohl angekommen bin. Das soll das Ziel sein – diese große

Stadt? Aber was hatte ich denn erwartet? Etwas Besonderes, ohne mir dessen jedoch ganz bewußt gewesen zu sein. Ich fühle mich plötzlich innerlich sehr müde. Vielleicht wäre ich einfach gern weitergewandert, einem ungewissen Ziel entgegen, ohne jemals anzukommen.

Ich gelange in die Altstadt, irre durch enge, gewundene Straßen und stehe plötzlich vor der Kathedrale!

Sie war es, die das Denken und Hoffen der Pilger im Mittelalter während der langen, gefahrvollen Wanderung beherrschte. Und waren die Pilger endlich angekommen, war die Kathedrale das Ziel ihrer Erfüllung. Sie ist wie ein Orgelwerk aus Stein, wie ein aus Stein geformtes Jubellied. Alle Kunstrichtungen von Romanik bis Barock haben sich in ihr vereinigt. Die Halle des riesigen Bauwerkes ist ausgefüllt mit Hunderten, vielleicht sogar Tausenden von Menschen. Von der Kanzel ertönt die Predigt. Vor einer Säule warten Wallfahrer geduldig und still, bis sie an der Reihe sind. Sie alle wollen die Stelle berühren, wo sich die Form einer Hand abzeichnet, der Legende zufolge dem Abdruck der Hand von Jesu. Die Vertiefung an der matt glänzenden Stelle ist abgegriffen und glatt poliert von der Berührung von Abermillionen. Voller Andacht und Inbrunst drücken die Menschen ihre Hand gegen die Säulenhand. Noch nie habe ich solche Massen von Menschen gesehen, versunken in ihren Glauben. Die meisten sind mit Bussen aus ihren entlegenen Dörfern und Ortschaften gekommen. Später sehe ich sie am Straßenrand sitzen und mitgebrachtes Essen verzehren.

In Santiago gibt es keine Pilgerherberge mehr, doch ist man hier bestens auf Besucher eingerichtet. Von einer fürstlichen Unterkunft wie im »Hotel de los reyes catolicos«, also dem »Hotel der Katholischen Könige«, bis zu einer Billigstpension reicht das Spektrum. Vier Tage bleibe ich in der Stadt. Sie scheint mir kaum Einwohner zu haben, aber Straßen und Plätze sind voll mit Touristen, Gästen, Urlaubern, Wallfahrern und Pilgern.

Das Apostelgrab, das vor mehr als tausend Jahren entdeckt wurde, hat seine Anziehungskraft nicht verloren – wenn auch der heilige Jakobus nicht mehr auf seinem weißen Roß erscheinen muß, um das Christenheer im Kampf gegen die Mauren anzuführen und zu bestärken. Die Verehrung, die dem Apostel heute entgegengebracht wird, hat sich an die moderne Zeit mit neuem Inhalt angepaßt.

Der Jakobskult entstand damals Anfang des 9. Jahrhunderts, als ein Hirte durch seltsame Lichterscheinungen erschreckt wurde. Als drei Nächte lang das Licht leuchtete, meldete er die Erscheinung in der Kirche. Bischof Teodomiro ließ die Gegend untersuchen. Man fand eine überwucherte Grabhöhle mit einem Marmorsarg. Den kirchlichen Würdenträgern war sofort klar, daß es sich nur um das Grab des Apostels Jakobus handeln konnte, denn ihm war während der ersten Jahre der Christenheit das ferne Hispania zur Evangelisierung zugesprochen worden. Als er seinen Auftrag nicht erfüllen konnte, was sich in einer ganz geringen Anzahl von Missionierten zeigte, kehrte er nach Jerusalem zurück. Dort wurde er auf Befehl von Herodes im Jahre 44 enthauptet. Für die Kirche war der Grabfund deshalb so wichtig, weil sie ein stärkendes Symbol im Kampf gegen die Araber brauchte. Bischof Teodomiro ließ eine Kirche über der Grabstätte bauen.

Das Sternenfeld, das *campus stellae*, wo der Hirte das überirdische Licht gesehen hatte, wurde zu Compostela, der Stadt von Santiago – so heißt der heilige Jakob auf spanisch. Damit nahm das Phänomen der Pilgerfahrten, einer gewaltigen Massenbewegung des ganzen christlichen Europas, seinen Anfang. Der Einfluß auf Kunst, Literatur, Musik, Wirtschaft und Politik wirkt bis heute weiter.

An meinem letzten Abend umrunde ich die Stadt – besonders im Westen hat man vom Herradura-Park aus einen eindrucksvollen Blick – und nehme Abschied von meiner Pilgerwanderung. Die Türme, Kirchen, Klöster und Paläste scheinen bei Sonnenuntergang wie vergoldet. Ich bleibe lange auf einer Parkbank sitzen. Die Erinnerungen an den *camino de Santiago* stehen mir lebhaft und deutlich vor Augen. So habe ich gar nicht bemerkt, daß es dunkel geworden ist. Schwarz heben sich jetzt die Silhouetten der Türme gegen den Nachthimmel ab. Es beginnt leise zu regnen. Die Stille wird von den klaren, weithin schwingenden Glockentönen der Kathedrale durchdrungen.

Entfernung: ca. 800 km
Zeitdauer: 27 Tage bei einem Tagesdurchschnitt von 30 km
Ausgangspunkt: St.-Jean Pied de Port auf der französischen Seite der Pyrenäen
Ziel: Santiago de Compostela
Beste Jahreszeit: April bis Juni; September bis Oktober. Doch wie Eintragungen in den Gästebüchern der Pilgerherbergen beweisen, wird der Weg das ganze Jahr über begangen.
Art der Wanderung: Durch Felder, Wiesen und Wälder, lange Strecken durch baumlose Kultursteppe, die Meseta. Drei Gebirge sind zu überwinden: am 1. Wandertag gleich die Pyrenäen, am 20. die Montes de León und am 24. die Sierra de Ancares an der Grenze zu Galicien.

Frederking & Thaler

REISEN · MENSCHEN · ABENTEUER

Diese Buchreihe vermittelt die Kunst des Reisens, sensibilisiert das Gefühl für ferne Länder, rückt den Horizont näher. In rund 60 Büchern erzählen Globetrotter und Individualreisende von ihren Erlebnissen, ihren Ängsten und Freuden in einer fremden Welt. Sie berichten von vielfachen Beschwernissen, aber auch von dem Glücksgefühl, Herausforderungen bestanden zu haben. Aus allen Büchern spricht die Sehnsucht, die engen Grenzen unseres Lebensalltags zu verlassen, fernab der Touristenströme die Natur unmittelbar zu erleben, fremden Menschen und Kulturen offen zu begegnen. Es ist ein Aufbruch ins Unbekannte – ein echtes Abenteuer.

REISEN · MENSCHEN · ABENTEUER – spannende Lektüre für „Schaukelstuhl-Reisende", unterhaltsame Ergänzung zu einem Spezialreiseführer, Handbuch und Reisebegleiter für alle, die es in die Ferne zieht. Jeder Band mit Fotos, Karten und Reisetips.

Sonderband mit Farbfotos DM 10.-

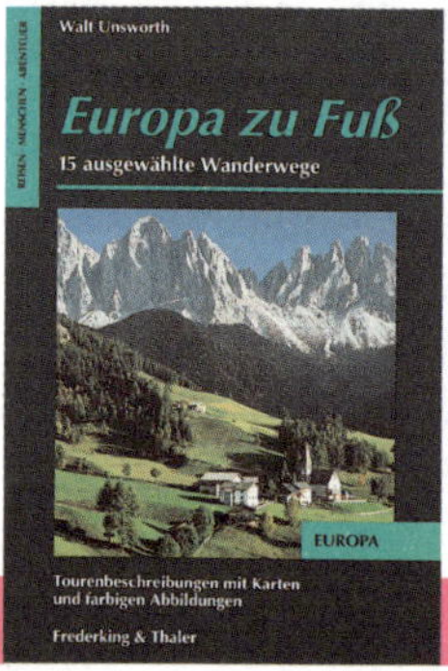

NEU IM FRÜHJAHR '90

Die schönsten Wanderrouten, ausgesucht von Experten, in folgenden Ländern: Deutschland, Frankreich, Schweiz, England, Griechenland, Italien (Dolomiten), Island, Irland, Norwegen, Österreich, Spanien

Walt Unsworth
Europa zu Fuß
15 ausgewählte Wanderwege.
Ca. 256 Seiten, 15 Farbfotos, 30 s/w Fotos, 16 Karten, Reisetips, Paperback, **DM 10,00**
ISBN 3 89405 **055** 1

FRÜHJAHR '90

Anja Meister
Albanien – das nahe, ferne Land
Reise ins unbekannte Europa.
160 Seiten, 37 s/w Fotos,
1 Karte, Reisetips, Paperback,
DM 15,80
ISBN 3 89405 **051** 9

Felix Heidenberger
Mit Skiern durch das weiße Lappland
Eine Tour durch das winterliche Nordschweden.
192 Seiten, 23 s/w Fotos,
2 Karten, Reisetips, Paperback,
DM 15,80
ISBN 3 89405 **050** 0

Hjalte Tin/Nina Rasmussen
Perestroika mit dem Motorrad
Vom Roten Platz zum Baikalsee. Ca. 416 Seiten, ca. 40 s/w Fotos, 10 Karten, Reisetips, Paperback, **DM 19,80**
ISBN 3 89405 **054** 3

Herbert Lindenberg
Mit dem Fahrrad in die Türkei
6000 Kilometer von Polen bis Kurdistan.
Ca. 256 Seiten, 35 s/w Fotos,
2 Karten, Reisetips, Paperback,
DM 17,80
ISBN 3 89405 **052** 7

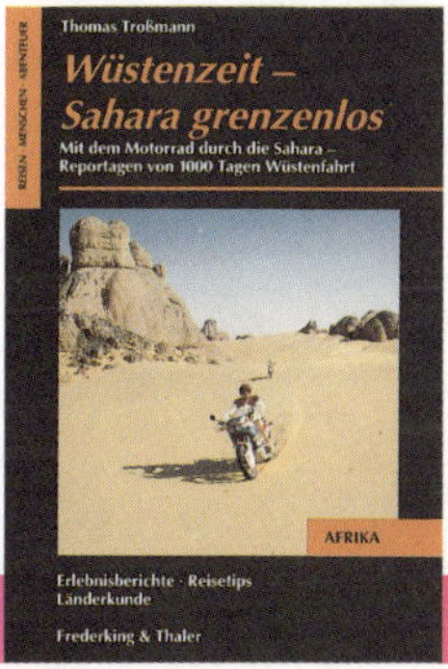

Thomas Troßmann
Wüstenzeit – Sahara grenzenlos
Erlebnisse und Reportagen aus 1000 Tagen Motorradfahrt.
Ca. 224 Seiten, ca. 30 s/w Fotos, 1 Karte, Reisetips, Paperback, **DM 15,80**
ISBN 3 89405 **053** 5

REISERATGEBER

Tips für Ausrüstung und Vorbereitung

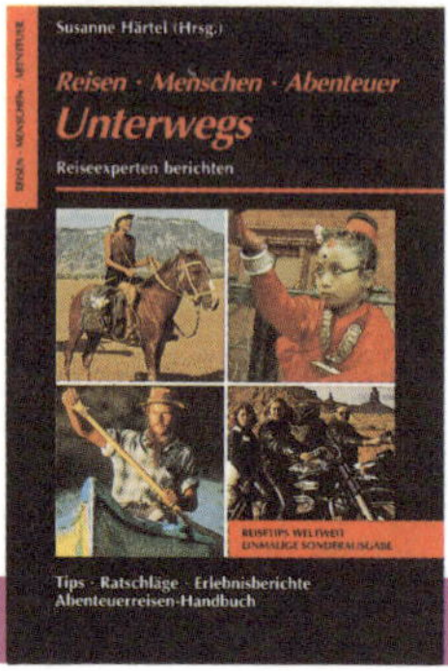

Susanne Härtel (Hrsg.)
Unterwegs
Reiseexperten berichten.
346 Seiten, 43 s/w Fotos,
8 Karten, 6 Tabellen,
2 Skizzen, 11 Zeichnungen,
Paperback, **DM 5,00**
ISBN 3 89405 **001** 2

Christine Dodwell
Globetrotter-Handbuch
Überlebenstips für Abenteurer.
224 Seiten, 30 s/w Fotos,
10 Skizzen, Reisetips,
Paperback, **DM 15,80**
ISBN 3 89405 **011** X

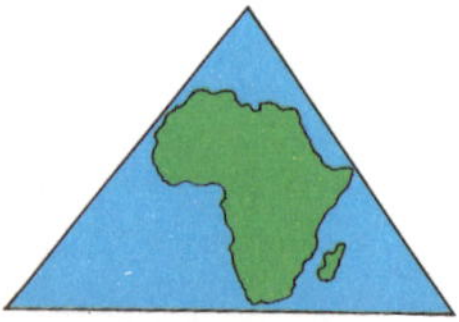

A F R I K A

Christine Cerny
Von Senegal nach Kenia
Schwarzafrika hautnah.
320 Seiten, 64 s/w Fotos,
3 Karten, Reisetips,
Paperback, **DM 17,80**
ISBN 3 89405 **004** 7

Helmut Hermann
Heiße Tour Afrika
Mit dem Fahrrad von Algier nach Kapstadt.
272 Seiten, 85 s/w Fotos,
3 Karten, 2 Tabellen,
Reisetips, Paperback,
DM 15,80 ISBN 3 89405 **016** 0

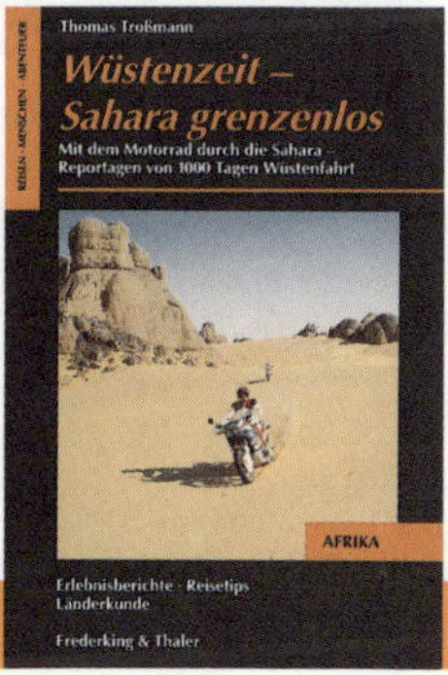

Thomas Troßmann
Wüstenzeit – Sahara grenzenlos
Erlebnisse und Reportagen aus 1000 Tagen Motorradfahrt.
Ca. 224 Seiten, ca. 30 s/w Fotos, 1 Karte, Reisetips,
Paperback, **DM 15,80**
ISBN 3 89405 **053** 5

Thomas Troßmann
Wüstenfahrer
Mit dem Motorrad durch das Land der Tuareg.
224 Seiten, 38 s/w Fotos, 1 Karte, Reisetips,
Paperback, **DM 15,80**
ISBN 3 89405 **040** 3

Klaus Höppner
Cowboy der Wüste
Mit einer Kamelkarawane durch den Sudan.
192 Seiten, 62 s/w Fotos, 2 Karten, Reisetips,
Paperback, **DM 15,80**
ISBN 3 89405 **017** 9

Patrice Franceschi
Vier Männer gegen den Dschungel
Expedition zu den Pygmäen.
320 Seiten, 47 s/w Fotos, 2 Karten, Reisetips,
Paperback, **DM 15,80**
ISBN 3 89405 **013** 6

Richard u. Nicholas Crane
Kilimandscharo per Rad
Mit dem Mountain-Bike auf den höchsten Berg Afrikas.
192 Seiten. 39 Farbfotos, 2 Karten, Paperback **DM 17,80**
ISBN 3 89405 **006** 3

Wolf-Ulrich Cropp
Schwarze Trommeln
Auf Entdeckungsreise durch Westafrika.
256 Seiten, 56 s/w Fotos, 4 Karten, Reisetips,
Paperback, **DM 15,80**
ISBN 3 89405 **008** X

Denis Walls/Stella Martin
Drei Jahre in einem Kampong in Malaysia
Unser Leben in einem exotischen Dorf.
256 Seiten, 41 s/w Fotos, 10 Zeichnungen, 1 Karte, Reisetips, Paperback, **DM 17,80**
ISBN 3 89405 **036** 5

Elfie Stejskal
Malediven – Das Mädchen Robinson
Ich wählte die Ursprünglichkeit.
288 Seiten, 45 s/w Fotos, 2 Karten, Reisetips, Paperback, **DM 17,80**
ISBN 3 89405 **029** 2

Ulrich Look
Wo der Mond auf dem Rücken liegt
Auf eigene Faust von Nepal bis Malaysia.
224 Seiten, 29 s/w Fotos, 2 Karten, Reisetips, Paperback, **DM 15,80**
ISBN 3 89405 **038** 1

John Pilkington
Am Fuß des Himalaja
Nepal-Trekking im Alleingang.
256 Seiten, 31 s/w Fotos, 9 Karten, Reisetips, Paperback, **DM 15,80**
ISBN 3 89405 **026** 8

Mike Jones
Sturzfahrt vom Everest
Mit dem Kajak durch Wildwasser und ewiges Eis.
224 Seiten, 48 s/w Fotos, 1 Karte, Reisetips, Paperback, **DM 15,80**
ISBN 3 89405 **020** 9

Joe Tasker
Eishölle am Everest
Durch Winterstürme zum Gipfel der Welt.
256 Seiten, 52 s/w Fotos, 2 Karten, Reisetips, Paperback, **DM 15,80**
ISBN 3 89405 **031** 4

Michael Möbius/Annette Ster
Inselträume in Indonesien
Die Sunda-Inseln – Wo die Vergangenheit noch lebt.
224 Seiten, 39 s/w Fotos, 2 Karten, Reisetips, Paperback, **DM 15,80**
ISBN 3 89405 **039** X

Ulrich Look
Auf Tramptour bis Pakistan
Per Daumen durch die Weiten Asiens.
320 Seiten, 48 s/w Fotos, 2 Karten, Reisetips, Paperback, **DM 17,80**
ISBN 3 89405 **024** 1

Dieter Kühnel
Motorrad-Odyssee
Von Burma durch die Inselwelt Südostasiens.
224 Seiten, 37 s/w Fotos, 1 Karte, Reisetips, Paperback, **DM 15,80**
ISBN 3 89405 **023** 3

Christine de Colombel
„Der siegreiche Berg"
„... Ein Buch einer intelligenten jungen Frau, die mit Wissen und Einfühlungsvermögen Land und Leute beschreibt und so auch Nichtbergsteiger begeistert."
(ALPIN/Bergwelt, 9/89)

Helmut Hermann
Von Thailand nach Tahiti
Ein Globetrotter auf dem Weg zur Südsee.
240 Seiten, 88 s/w Fotos, 4 Karten, Reisetips, Paperback, **DM 15,80**
ISBN 3 89405 **015** 2

Christine de Colombel
Der siegreiche Berg
Eine Zweier-Mannschaft kämpft um den Berggiganten Masherbrum im Himalaja.
256 Seiten, 58 s/w Fotos, 2 Karten, Reisetips, Paperback, **DM 15,80**
ISBN 3 89405 **005** 5

„Es wird Zeit, daß die Gattung des spannend und kompetent geschriebenen Reiseberichts neu belebt wird…"
„Das soll anders werden: Für den Verlag Frederking und Thaler hat eine Anzahl gestandener Globetrotter Erlebnisberichte erfaßt, die gute Lektüre versprechen. In der Reihe **REISEN · MENSCHEN · ABENTEUER…"**
Reisemagazin Reisefieber, 05/06/1989

ARKTIS

Thomas Jeier
Am Ende der Welt
Bei den Eskimos am Polarkreis.
224 Seiten, 44 s/w Fotos,
2 Karten, Reisetips,
Paperback, **DM 15,80**
ISBN 3 89405 **018** 7

Willy de Roos
Segeln in der Arktis
Ein Mann bezwingt die Nordwest-Passage.
224 Seiten, 26 s/w Fotos,
4 Karten, Reisetips,
Paperback, **DM 15,80**
ISBN 3 89405 **041** 1

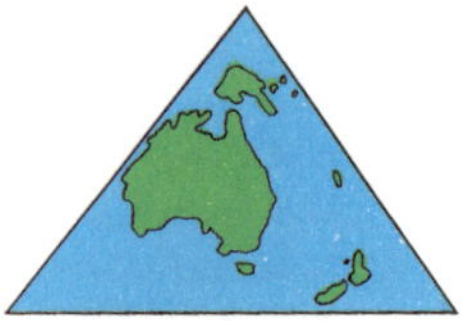

AUSTRALIEN

Bernd Keiner
Quer durch den roten Kontinent
Unterwegs in Australien.
224 Seiten, 46 s/w Fotos,
4 Karten, Reisetips,
Paperback, **DM 15,80**
ISBN 3 89405 **021** 7

Axel Thorer
Endstation Dschungel
Auf der Suche nach Flugzeugwracks in Papua-Neuguinea.
224 Seiten, 35 s/w Fotos,
2 Karten, Reisetips,
Paperback, **DM 15,80**
ISBN 3 89405 **032** 2

Christina Dodwell
Im Land der Paradiesvögel
Mit Pferd und Einbaum durch Papua-Neuguinea.
256 Seiten, 32 s/w Fotos,
3 Karten, Reisetips,
Paperback, **DM 15,80**
ISBN 3 89405 **010** 1

Hjalte Tin/Nina Rasmussen
Motorradtour Singapur – Australien
2 Motorräder, 2 Kinder, 2 Erwachsene. 320 Seiten, 35 s/w Fotos, 1 Karte, Reisetips,
Paperback, **DM 17,80**
ISBN 3 89405 **043** 8

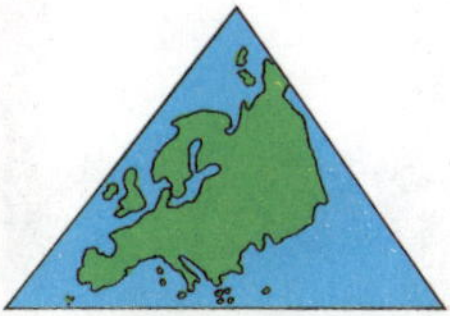

E U R O P A

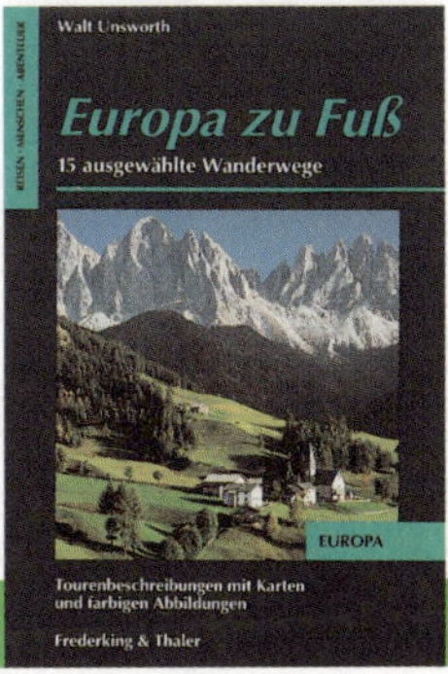

Walt Unsworth
Europa zu Fuß
15 ausgewählte Wanderwege.
Ca. 256 Seiten, 15 Farbfotos, 30 s/w Fotos, 16 Karten, Reisetips, Paperback, **DM 10,00**
ISBN 3 89405 **055** 1

Anja Meister
Albanien – das nahe, ferne Land
Reise ins unbekannte Europa.
160 Seiten, 37 s/w Fotos, 1 Karte, Reisetips, Paperback, **DM 15,80**
ISBN 3 89405 **051** 9

Lorenzo Ricciardi
Auf Sindbads Spuren
Dhau-Fahrt durch arabische Gewässer.
192 Seiten, 35 s/w Fotos, 1 Karte, Reisetips, Paperback, **DM 15,80**
ISBN 3 89405 **044** 6

Christian E. Hannig
Island – Vulkane, Eis und Einsamkeit
Eine extreme Tour per Rad.
176 Seiten, 35 s/w Fotos, 3 Karten, Reisetips, Paperback, **DM 15,80**
ISBN 3 89405 **049** 7

Felix Heidenberger
Mit Skiern durch das weiße Lappland
Eine Tour durch das winterliche Nordschweden.
192 Seiten, 23 s/w Fotos, 2 Karten, Reisetips, Paperback, **DM 15,80**
ISBN 3 89405 **050** 0

Christoph Thoma
Gute Tage unter dem Halbmond
Durch die Türkei bis zum Bibel-Berg Ararat.
224 Seiten, 39 s/w Fotos, 1 Karte, Reisetips, Paperback, **DM 15,80**
ISBN 3 89405 **034** 9

Herbert Lindenberg
Mit dem Fahrrad in die Türkei
6000 Kilometer von Polen bis Kurdistan.
Ca. 256 Seiten, 35 s/w Fotos, 2 Karten, Reisetips, Paperback, **DM 17,80**
ISBN 3 89405 **052** 7

Hjalte Tin/Nina Rasmussen
Perestroika mit dem Motorrad
Vom Roten Platz zum Baikalsee.
Ca. 416 Seiten, ca. 40 s/w Fotos, 10 Karten, Reisetips, Paperback, **DM 19,80**
ISBN 3 89405 **054** 3

NORDAMERIKA

Wolf-Ulrich Cropp
Alaska-Fieber
287 Seiten, 78 s/w Fotos, 3 Karten, 2 Skizzen, Reisetips, Paperback, **DM 15,80**
ISBN 3 89405 **007** 1

K. Gallei/G. Hermsdorf
Blockhaus-Leben
Ein Jahr in der Wildnis von Kanada.
224 Seiten, 32 s/w Fotos, 2 Karten, Reisetips, Paperback, **DM 15,80**
ISBN 3 89405 **014** 4

Stephen Pern
Zu Fuß durch Nordamerika
Entlang der großen Wasserscheide von New Mexiko bis Kanada.
320 Seiten, 40 s/w Fotos, 7 Karten, Reisetips, Paperback, **DM 17,80**
ISBN 3 89405 **046** 2

Hans-J. Aubert/Ulf-E. Müller
Panamericana
Zwei Jahre auf der Traumstraße der Welt.
224 Seiten, 85 s/w Fotos, 4 Karten, Reisetips, Paperback, **DM 15,80**
ISBN 3 89405 **002** 0

Peter Jenkins
Das andere Amerika
Zu Fuß durch die Vereinigten Staaten.
288 Seiten, 58 s/w Fotos, 3 Karten, Reisetips, Paperback, **DM 15,80**
ISBN 3 89405 **019** 5

Oluf Zierl
Highway-Melodie
Mit dem Motorrad 20.000 km quer durch die USA.
256 Seiten, 78 s/w Fotos, 4 Karten, Reisetips, Paperback, **DM 15,80**
ISBN 3 89405 **037** 3

Dieter Kreutzkamp
Mit dem Kanu durch Kanada
Auf den Spuren der Pelzhändler. 192 Seiten, 35 s/w Fotos, 1 Karte, Reisetips, Paperback, **DM 15,80**
ISBN 3 89405 **045** 4

Dieter Kreutzkamp
„Mit dem Kanu durch Kanada"
„K. hat den 'schönsten Platz auf Erden' gefunden. Ein Aussteiger erzählt Abenteurergeschichten..., das Buch gibt aber auch wertvolle (Überlebens-)Tips für alle, die Lust auf ein Leben in der Wildnis haben."
(DIE WELT-ReiseWELT, 8/89)

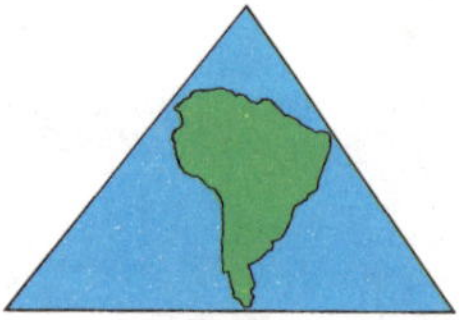

SÜDAMERIKA

John Harrison
Piranhas zum Frühstück
Durch den Dschungel Amazoniens mit dem Kanu.
320 Seiten, 30 s/w Fotos, 1 Karte, Reisetips, Paperback, **DM 17,80**
ISBN 3 89405 **042** X

Thomas Veszeltis
Brasilien, Land der Gegensätze
Riesenstädte, Urwald, Karneval.
224 Seiten, 50 s/w Fotos, 2 Karten, Reisetips, Paperback, **DM 15,80**
ISBN 3 89405 **035** 7

Rosie Swale
Zu Pferd durch Chile
Ein Jahr unterwegs bis zum Kap Horn.
288 Seiten, 33 s/w Fotos, 4 Karten, Reisetips, Paperback, **DM 17,80**
ISBN 3 89405 **030** 6

Wolf-Ulrich Croop
Im Herzen des Regenwaldes
Bei den Indianern Ecuadors.
224 Seiten, 51 s/w Fotos, 3 Karten, Reisetips, Paperback, **DM 15,80**
ISBN 3 89405 **009** 8

Carmen Rohrbach
Der weite Himmel über den Anden
Zu Fuß zu den Indios in Ecuador. 208 Seiten, 40 s/w Fotos, 2 Karten, Reisetips, Paperback, **DM 15,80**
ISBN 3 89405 **048** 9

John Ridgway
Im Land der Inkas – heute
Expedition durch Dschungel und Berge Perus.
224 Seiten, 25 s/w Fotos, 3 Karten, Reisetips, Paperback, **DM 17,80**
ISBN 3 89405 **047** 0

Elfie Stejskal
Ich lebte bei den Wayapi-Indianern
Im Dschungel Guyanas.
320 Seiten, 42 s/w Fotos, 1 Karte, Reisetips, Paperback, **DM 17,80**
ISBN 3 89405 **028** 4

Hjalte Tin/Nina Rasmussen
Traumfahrt Südamerika
Auf dem Motorrad und mit Kindern von L.A. nach Rio.
320 Seiten, 48 s/w Fotos, 3 Karten, Reisetips, Paperback, **DM 17,80**
ISBN 3 89405 **033** 0

Galapagos mit Durchblick.
„Es ist schon ein Glücksfall, wenn eine promovierte Biologin, die dazu noch brillant schreiben kann, sich des Themas Galapagos annimmt."
(Globo Reisemagazin 09/1989)

Carmen Rohrbach
Inseln aus Feuer und Meer
Galapagos – Archipel der zahmen Tiere.
224 Seiten, 40 s/w Fotos, Reisetips, Paperback, **DM 15,80**
ISBN 3 89405 **027** 6

BESTELL-COUPON

. . . Ex.	H. Aubert/U. Müller: Panamericana	DM 15,80
. . . Ex.	S. Biedermann: Im Land der aufgehenden Sonne	DM 15,80
. . . Ex.	C. Cerny: Von Senegal nach Kenia	DM 17,80
. . . Ex.	C. Colombel: Der siegreiche Berg	DM 15,80
. . . Ex.	R.u.N. Crane: Kilimandscharo per Rad	DM 17,80
. . . Ex.	W. Cropp: Alaska-Fieber	DM 15,80
. . . Ex.	W. Cropp: Im Herzen des Regenwaldes	DM 15,80
. . . Ex.	W. Cropp: Schwarze Trommeln	DM 15,80
. . . Ex.	C. Dodwell: Globetrotter-Handbuch	DM 15,80
. . . Ex.	C. Dodwell: Im Land der Paradiesvögel	DM 15,80
. . . Ex.	C. Dodwell: Wo China noch unentdeckt ist	DM 15,80
. . . Ex.	P. Franceschi: 4 Männer gegen den Dschungel	DM 15,80
. . . Ex.	K. Gallei/G. Hermsdorf: Blockhausleben	DM 15,80
. . . Ex.	S. Härtel: Unterwegs	DM 5,00
. . . Ex.	C. Hannig: Island – Vulkane, Eis...	DM 15,80
. . . Ex.	J. Harrison: Piranhas zum Frühstück	DM 17,80
. . . Ex.	F. Heidenberger: Mit Skiern durch Lappland	DM 15,80
. . . Ex.	H. Hermann: Heiße Tour Afrika	DM 15,80
. . . Ex.	H. Hermann: Von Thailand nach Tahiti	DM 15,80
. . . Ex.	K. Höppner: Cowboys der Wüste	DM 15,80
. . . Ex.	T. Jeier: Am Ende der Welt	DM 15,80
. . . Ex.	P. Jenkins: Das andere Amerika	DM 15,80
. . . Ex.	M. Jones: Sturzfahrt vom Everest	DM 15,80
. . . Ex.	B. Keiner: Quer durch den roten Kontinent	DM 15,80
. . . Ex.	D. Kreutzkamp: Mit dem Kanu durch Kanada	DM 15,80
. . . Ex.	D. Kühnel: Motorrad-Odyssee	DM 15,80
. . . Ex.	D. Kühnel: Rätselhaftes Indien	DM 15,80
. . . Ex.	H. Lindenberg: Mit dem Fahrrad in die Türkei	DM 17,80
. . . Ex.	U. Look: Auf Tramptour bis Pakistan	DM 17,80
. . . Ex.	U. Look: Wo der Mond auf dem Rücken liegt	DM 15,80
. . . Ex.	A. Meister: Albanien – das nahe, ferne Land	DM 15,80
. . . Ex.	M. Möbius/A. Ster: Dschunke, Jeep...	DM 15,80
. . . Ex.	M. Möbius/A. Ster: Inselträume Indonesiens	DM 15,80
. . . Ex.	S. Pern: Zu Fuß durch Nordamerika	DM 17,80
. . . Ex.	J. Pilkington: Am Fuße des Himalaja	DM 15,80
. . . Ex.	L. Ricciardi: Auf Sindbads Spuren	DM 15,80
. . . Ex.	J. Ridgway: Im Land der Inkas – heute	DM 15,80
. . . Ex.	C. Rohrbach: Der weite Himmel über den Anden	DM 15,80
. . . Ex.	C. Rohrbach: Inseln aus Feuer und Meer	DM 15,80
. . . Ex.	W. de Roos: Segeln in der Arktis	DM 15,80
. . . Ex.	E. Stejskal: Ich lebte bei den Wayapi-Indianern	DM 17,80
. . . Ex.	E. Stejskal: Malediven...	DM 17,80
. . . Ex.	R. Swale: Zu Pferde durch Chile	DM 17,80
. . . Ex.	J. Tasker: Eishölle am Everest	DM 15,80
. . . Ex.	C. Thoma: Gute Tage unter dem Halbmond	DM 15,80
. . . Ex.	A. Thorer: Endstation Dschungel	DM 15,80
. . . Ex.	H. Tin/N. Rasmussen: Perestroika...	DM 19,80
. . . Ex.	H. Tin/N. Rasmussen: Singapur – Australien	DM 17,80
. . . Ex.	H. Tin/N. Rasmussen: Traumfahrt Südamerika	DM 17,80
. . . Ex.	T. Troßmann: Wüstenfahrer	DM 15,80
. . . Ex.	T. Troßmann: Wüstenzeit...	DM 15,80
. . . Ex.	W. Unsworth: Europa zu Fuß	DM 10,00
. . . Ex.	T. Veszelits: Brasilien...	DM 15,80
. . . Ex.	D. Walls/S. Martin: Drei Jahre Malaysia	DM 17,80
. . . Ex.	O. Zierl: Highway-Melodie	DM 15,80

Stand: 1.1.90

Preisänderungen vorbehalten

Ihre Buchhandlung

NAME

STRASSE

WOHNORT

DATUM

UNTERSCHRIFT

Frederking & Thaler, Georgenstr. 70, 8000 München 40
Telefon 089/271 92 93 Telefax 089/271 18 01